讲 述 精 彩 故 事  分 享 人 生 感 悟

我的故事
我来讲

叶向阳◎主编

人民日报出版社

图书在版编目（CIP）数据

我的故事我来讲 / 叶向阳主编 . -- 北京：人民日报
出版社 , 2021.4

ISBN 978-7-5115-7015-4

Ⅰ . ①我… Ⅱ . ①叶… Ⅲ . ①医药卫生人员 — 先进事
迹 — 中国 Ⅳ . ① K826.2

中国版本图书馆 CIP 数据核字 (2021) 第 082358 号

书　　名：我的故事我来讲
　　　　　WO DE GUSHI WO LAI JIANG
主　　编：叶向阳

出 版 人：刘华新
责任编辑：万方正
封面设计：潇湘文化

出版发行：人民日报出版社
社　　址：北京金台西路 2 号
邮政编码：100733
发行热线：（010）65369527 65369846 65369509 65369510
邮购热线：（010）65369530 65363527
编辑热线：（010）65369533
网　　址：www.peopledailypress.com
印　　刷：东莞市比比印刷有限公司

开　　本：787mm×1092mm　1/16
字　　数：360 千字
印　　张：23.75
印　　次：2021 年 5 月第 1 版　2021 年 5 月第 1 次印刷

书　　号：ISBN 978-7-5115-7015-4
定　　价：68.00 元

序言

听奋斗者说

新时代是奋斗者的时代。

奋斗是人生最美的底色，每一位奋斗者都有精彩的人生故事。

手抚东莞市卫生健康局精心编纂的《我的故事我来讲》一书，我作为读者，作为倾听者，看到了这批卫生健康工作者与建设新时代筑梦新征程的奋斗场景，也听到了这些朴实感人、高亢嘹亮的奋斗者之歌……

在主讲台上，老院长隗伏冰说："医者初心不改，灵魂深处仍少年。壮志凌云未酬，毕生奉献在东莞。"她来到东莞这片热土，已有23年。一路走来，她像老黄牛一般默默耕耘，因为肩负责任，从来不敢懈怠。每天工作超过12个小时，手机24小时不关机，23个春节与东莞妇幼同在。作为一名医生，作为一名医院管理者，她无悔自己的选择。老党员万巧玲说："回顾自己的人生经历，我在卫生系统已经工作34年，见证了整个卫生系统的改革发展，也见证了我们公立医院、基层卫生服务中心改革的成果。我没有豪言壮语，也没有远大理想，我只有一个目标，就是服从组织的安排，全心全意做好本职工作。"

最美奋斗者故事传递奋斗力量。这些人很平凡，这些文字很朴实，但这些言语很感人。试想，把自己的一生奉献给医护事业，这是何等的高尚与伟大，这是何等的敬业与忠诚！

东莞市卫生健康局的同志们告诉我，他们从 2017 年 7 月就启动了"我的故事我来讲"党建主题学习活动，党委搭台党员唱戏，将"讲述精彩故事，分享人生感悟"作为主题。活动要求主讲人从自己的兴趣、爱好、特长选题，讲述个人精彩的人生故事，掀开了树标杆、争先进、做榜样的序幕。

现在转眼已经 4 年，"我的故事我来讲"党建主题学习活动已举办了 16 期，参与演讲的嘉宾有 64 位，超过 7 万人聆听，每次开讲都座无虚席。这些数据很翔实，这些文字很精彩，这些故事很感人。他们的故事，汇聚成一本厚重的人生教科书，感动着影响着、新时代追梦人。正如德国哲学家雅斯贝尔斯所说："教育的本质意味着：一棵树摇动另一棵树，一朵云推动另一朵云，一个灵魂唤醒另一个灵魂。"

读罢《我的故事我来讲》一书，我有几点感触：第一，讲述的是奋斗故事，履行的是时代使命；第二，打造的是党建品牌，创新的是活动载体；第三，学习的是榜样典型，践行的是责任担当；第四，形成的是常态开讲，激发的是参与热情；第五，实现的是党建双赢，收获的是磅礴力量。"我的故事我来讲"看似是 64 位代表在演讲，其实是整个东莞市卫生健康系统在深入学习贯彻习近平新时代中国特色社会主义思想，为实现中华民族伟大复兴构筑自己的"中国梦"，他们是新时代的奋斗者，他们是新时代最可爱的人。

讲中国故事是时代命题，讲好中国故事是时代使命。东莞市卫生健康局在党建工作中坚持集中教育与经常性教育相结合，积极创新党员教育方式，通过搭建平台，用通俗易懂的方法开展"我的故事我来讲"党建主题学习活动，使广大党员喜欢学、喜欢听、喜欢讲，入脑入心，唱响教育主旋律，让基层党组织焕发生机与活力。

党员的学习教育是一个取长补短、思想共融的过程，也是一个榜样带动、共同提高的过程。学习教育能否取得实效，关键要看广大党员能否很好地接受。"我的故事我来讲"党建主题学习活动能取得这么好的效果，我想光靠组织者单方面的努力是不够的，必须有丰富的教育内容和创新的形式，想方设法激发党员自我教育的活力，充分调动参与的主观能动性和内在积极性，才能有效增强教育的吸引力、亲和力和感染力。毛泽东同志提倡在人民内部让人民

"用民主的方法，教育自己和改造自己"。现在我们开展各种主题学习活动，如果没有发挥党员在学习教育中的主体作用，让大家积极参与，让人人都有机会上讲台，还是习惯于唱"独角戏"，活动就会缺乏生机和活力。

如何创新党员学习教育活动载体？如何让学习不流于形式，真正入脑入心？如何进一步推进"两学一做"学习教育常态化制度化？如何推进"不忘初心、牢记使命"主题教育？面对这些问题，读完《我的故事我来讲》这本书，会让我们找到很有借鉴性、指导性和实践性的答案。

奋进新时代，追梦新征程。《我的故事我来讲》即将出版，嘱我作序，谨以此文与广大读者朋友共享。愿追逐梦想的卫生健康奋斗者，沐浴着新时代的阳光雨露，永葆忠诚担当、永远奋斗的革命情怀；也愿"我的故事"讲得更好、播得更广、传得更远……

东莞市人民政府副市长　蔡军

2020 年 12 月 24 日

目录

如果要问新时代最可爱的人是谁？我想我们会有很多答案。但有一个答案，我想我们谁也不会否认，那便是白衣天使。在救死扶伤的岗位上，他们用大爱书写人生的篇章，是我们新时代最可爱的人。

　　《我的故事我来讲》出版了，期望大家打开此书，一起分享平凡人的感人故事……

——编者寄语

01

我的故事我来讲

第一期

（2017 年 7 月 20 日）

导语

主持人 / 曾凡荣

　　为创新党员学习方式方法，推进"两学一做"学习教育常态化制度化，东莞市卫生和计划生育局直属机关党委结合党员思想工作生活实际，组织开展"我的故事我来讲"党建主题学习活动。

　　"几度风雨几度春秋，风霜雪雨搏激流。"在人生的道路上，谁都有酸甜苦辣，谁都有精彩的故事，谁都有人生的感悟，"千言万语难再叙，向谁诉？同在茫茫人生路。"那么，就让同在茫茫人生路中的我们，有缘走到一起，走到畅谈人生的舞台，一起谈思想，一起谈工作，一起谈生活，一起谈感悟，一起分享精彩的人生故事。

　　今天"我的故事我来讲"主讲人有三位，他们分别是张亚林、万巧玲、程玮斌。

坚持社区首诊　践行党的群众路线

张亚林　东莞市卫生健康局一级调研员（原东莞市卫生健康局党组成员、副局长、东莞市人民医院党委书记、东莞市市属公立医院管理中心主任）

【凡人凡言】我们东莞的社区卫生服务在全国是领先的，我们的首诊制是领先的，现在国家和省都在总结东莞的经验，也希望我们在座的各位坚持这条道路，坚持群众路线，把这项工作做下去。坚持就是胜利。

今天很难得有机会跟大家一起来交流人生的感悟，其实我感悟不多。老师当了十几年，在原东莞市社保局工作了十几年，到卫生计生局工作也快两年了。今天叶局说让我来谈谈，我就开个头吧。

今天我用 20 分钟时间来谈谈这个题目，这也是我工作之中感悟最深的一个问题，也是我觉得最困难的一个——坚持社区首诊，坚持我们的社区卫生服务基层建设，提高社区卫生服务的能力建设。在市社保局的时候跟市领导一起推动这件事，现在到了卫生计生局，我还认为要这样坚持下去，我也想把这个理念传递给大家，希望大家也坚持下去，把我们的基础工作做好。党的十八大以及这一次的健康大会都提出，我们要保基本、强基层。那么我们怎样保基本强基层？我认为必须要在工作里面践行。今天我想谈的就是"坚持社区首诊，践行党的群众路线"。

我理解的社区首诊不单纯是一个基层医疗卫生服务工作，它实际是党的群众路线在具体工作中的体现。把认知提高到这个层面的时候，我们坚持这项工作，才能有底气，才能有决心，才能坚持下去，否则仅仅想的是做好一个基层卫生工作的话，可能会坚持不下去。因为在这个工作过程中，我们遇到了太多的阻力、困难、问题，以及很多不同的意见想法。当时我们还是有很多委屈的。但是我想，党的十八大已经提出来，我们要立党为公、执政为民。在这里我想跟大家分享一下我们领袖的一些话，我觉得很有意思。毛泽东同志曾经说过一句话，"一切空话都是无用的，必须给人民以看得见的物质福利，我们一方面的工作并不是向人民要什么东西，就我们党来讲，不是要找群众要什么东西，而是给人民什么东西，我们有什么东西可以给人民呢？"毛泽东同志当时是在延安说的这句话，意思是组织人民、领导人民、帮助人民发展生产，增加他们的物质福利，并在这个基础上一步步提高他们的政治觉悟和文化水平。毛泽东同志的观点是什么呢？我们首先要给予人民，人民才会跟着我们共产党走，这句话在以往实用，我觉得现在照样实用。如果我们党不坚持群众路线，不坚持给予人民什么，只想着让人民拿来什么的话，只想着人民为我们党做什么，而没想到我们党能为人民做什么，你的群众路线一定会出问题。围绕这个问题，在社区卫生服务工作中，其实就是我们党为人民群众做什么，尤其是要把基本的医疗服务给老百姓，要扎扎实实地给老百姓。所以我觉得，基层的社区首诊以及社区卫生服务工作，实际上是我们党群众路线的一个重要体现，如果有了这样的认识，我们就可以克服工作中的许多困难和问题。

毛泽东同志当时讲到，我们怎样才能不做群众的尾巴，有的时候群众也在提意见，群众提的有时候是落后的意见，如果我们听了，我们就停留在做群众尾巴的层次。我们在工作中一定会遇到很多问题，我们要听群众什么样的意见？当年我们开展社区卫生工作的时候，有大量的意见反馈上来。当时我们分析要用什么导向来分析和理解这些意见，要考虑到哪些意见是可能会做群众尾巴的？哪些意见我们要站在群众的前面，引领群众把这个事情做好。胡锦涛同志有一段话，我觉得可以作为我们判断这个事情的一个比较好的标准，胡锦涛同志说，"要加强思想政治工作，引导和帮助群众正确认识眼前利益和长远利益、自身利益和集体利益的关系"。这段话指导我们在分析群众意见的时候，要分析群众的意见是代表自身利益还是代表群体利益，是代表眼前利益，还是代表集体利益。对于那些代表集体利益、长远利益的意见，我们要积极听取，积极采用；对于这些可能是代表个人利益、眼前利益的，我们要加以分析，区别对待，这样我们才能在工作中找到方向，而不是简单地成为群众的尾巴。习近平总书记也说，"检验我们工作的一切成效，最终都要看人民是否真正得到了实惠，人民的生活是否真正得以改善"。全国卫生与健康大会的方针也非常明确，"以基层为重点，以改革创新为动力，预防为主，中西医并重"，也就是说把工作重点放到基层去。从这一系列的工作来看，我们坚持把工作重心、工作重点放到基层去，坚持社区首诊，这个方向是正确的，也是符合党的要求的，那么我们应该怎样把它做下去？我们就政府通过逐级转诊制度分流病人做了调查。对此，多数人认为是合理的，但是也有人认为是不合理的，觉得逐级转诊不方便、不自由。为此，我们要看待群众意见的主流方向是哪些。可能有一些群众从自身考虑，认为自己越方便越好，越到处跑越好，但是他们没有考虑到社区的建设实际上是解决我们群众就近就医问题，就近方便地开展家庭医生工作的。

2014 年有个群众意见的落款是"对社区卫生服务事业热心的工作者"，

在这个意见里面提到群众因为转诊这个事，辱骂一些社卫工作人员，意见上还有市长的批示。我们的工作人员当时的心情非常沉重，一度产生社区卫生服务工作的道路应该怎样走下去的疑问？当时都出现动摇，因为领导不大认同，个别社卫工作者也不大认同这项工作。他们认为不应该让我们社卫来承担这个转诊的压力，这种压力对我们来说非常大。面对这些问题，我们再次回归到胡锦涛同志的讲话上思考问题，还是要从群众的长远利益和集体利益这个角度来分析这些意见的正确性和如何采纳这个意见，从而决定今后的工作方向。在这种情况下，摆在我们面前的是坚持社区首诊还是放弃社区首诊的问题？

我记得当时卫生系统开了一个社区首诊的培训班，请我去讲了一堂课。我讲了一个多小时，最终提出了这个问题：是坚持社区首诊还是放弃社区首诊？如果大家都选择放弃，我们就回去改正；如果大家都选择坚持下去，我们就接着干。大家认为坚持社区首诊这条道路，坚持基层医疗的发展这条道路不能不走下去，这是党要求的发展方向，也是我们党的群众路线的体现，所以大家才会咬咬牙坚持下来。到今天为止，我们已经坚持了近九年时间。东莞的这种模式在全国都很少见。有一次在全国大会上，杭州市代表在前面发言，我们东莞在后面发言。杭州介绍的是"如何在放弃社区首诊后，再改回社区首诊"的经验交流，东莞是"始终坚持社区首诊"的经验介绍。我们为什么能做这个经验介绍？因为我们把握住了几个机会。我们东莞在坚持社区首诊中，是将社区卫生服务机构与社保的门诊统筹在2008年10月1日那一天同时进行的。我们东莞抓住了这个机会，把医保政策与我们的社区卫生服务政策同步进行，所以我们配置的是社区首诊的社区医疗服务体系。那么接下来的问题就是为什么让社区卫生服务机构及医务人员承受如此大的责任和压力？这个就必须由我们行政部门去跟我们的工作人员解释：我们要建立的是一个以家庭医生、以守门人制度为基础的社区服务体系，这种社区服务体系就必须要求我们的全科医生，我们基层医生承担起这种压力，承担起这种责任。我们认为社区医疗卫生改革是星星之火，是改革的希望，是解决人民群众健康问题的根本之策和必然之路！

有了这样的认识以后，我们社卫的发展始终坚持这条道路，但是也充分听取了群众的意见，比如说将就医点由一个增加到两个，将报销比例以及分诊的有关问题作了一些细节性的调整，在某种程度上也解决了群众的一些现实问题和要求。走到现在为止，我们东莞的社区卫生服务在全国是领先的，我们的首诊制是领先的。现在国家和各省都在总结东莞的经验，也希望我们在座的各位坚持这条道路，坚持群众路线，把这项工作做下去。坚持就是胜利。

这就是我

万巧玲　原东莞市卫生和计划生育局副调研员、人事科科长

【凡人凡言】我没有更多豪言壮语，也没有更多的远大理想，我只有一个目标：就是服从工作安排，敢于担当，全心全意做好本职工作，完成组织交给的任务。

1983 年 7 月 17 日，我完成了在校的整个学习历程——中专毕业了，拿着从惠阳卫生学校的毕业分配报到证，带着欢庆喜悦的心情回到东莞市卫生局报到。也在当天，我们怀着忐忑不安的心情坐在县卫生局的会议室听着当时的局长宣读毕业生的分配结果："万巧玲分配到石碣卫生院。"听到这句话，我心里真的不知什么滋味！一个生在石龙、长在石龙，在石龙读书的城里人，现在分配到石碣卫生院工作。大家都知道当时的石碣是一个农村，沿着东江大道一路走来左边是东江，右边是农田。我带着这份沉甸甸的分配报到证回到了家。爸妈问我：去哪呀？我说：去石碣。当时家人都沉默了，最后还是爸爸说：女儿，没问题，既然分配了，就去吧，好好地干就行了。我带着这份嘱托在石碣卫生院一干就是五年，凭着我对护理工作的热爱和坚守，凭着我在工作上勤勤恳恳任劳任怨的工作态度，我成长了，从一个毕业生成长为一名优秀护士、护士长、一名党员（1985 年 12 月我光荣地加入了中国共产党）。这就是我——一名小护士！

20 世纪 80 年代随着改革的春风扑面而来，1985 年东莞市卫生系统迎来了大的改革。所有的公立医院扩建、改建，卫生院转型升级为镇街医院，石碣卫生院也由此升级为石碣医院。当时市卫生局的重点工作是推进全市卫生系统的大改革，但面对的困难是卫生人才的严重短缺。人才培养是关键。东莞市唯一的卫生学校从停止办学又迎来了复苏期：1985 年正式成立东莞卫生职业中等学校；1989 年又升级为东莞卫生学校，纳入普通中专的序列管理。卫校的发展是卫生系统人才培养的基地，而师资的短缺又是卫校发展面临的又一道难题。1987 年 3 月，石碣医院院长找到我说，巧玲，市卫生局决定将你调到东莞卫生学校当老师，三天之内要答复。听了这个决定，我又犹豫了，因为当时毕业分配最大的心愿是回石龙，回到家人身边，现在已经在石碣医院工作五年了，又安排我去卫校，我不是学教育的，怎样当老师呢？我这个 1.5 米的身高适合当老师吗？怎么办呢？！但作为一名党员，这是组织安排呀……三天之后，我还是做了决定，服从安排，打起背包来到了东莞卫校。当时的卫校老同志可能知道，卫校的校址不是学校，而是一个我们东莞所谓的干部疗养院。学校只有两栋平房，没有校舍，没有球场；地面也是泥地面，一下雨满地都是泥水；学生只有100多人，教职员工不到15人。看到这个情景我有点后悔了。但开学后，我看到学生们有的从东莞各镇街而来，有的从河源、海丰、龙川等偏远的地方而来，大家都为了一个目标——求学！我看到校长带领全体师生员工每个学期都在为调整课室、宿舍而奔忙。当年的新涌医院（精神病院）也成了卫校的学生宿舍。学生与精神病人上下一层楼。在这么艰苦的环境下老师们共同为培养卫生专业人才，为东莞的卫生事业改革不断努力。我感悟到了这份初心，作为一个卫生教育工作者我感到肩上的责任重大。不会当老师，我就去学，不会教学，我就去听前辈老师的课。1987年9月至1988年7月，我有幸参加了暨南大学广东省第一届护理教学师资班的进修学习．这一年可以用"如饥似渴"四个字来形容我的学习状况。一年来我几乎没有回过家，周六日都在课室、图书馆、试教室看书学习练操作。凭着这股毅力，我领会了教师的师德，掌握了课堂教学规则，教学方法以及护理教学操作技巧，成了进修班上一名优秀学员。这就是我——万巧玲同学！

1988年9月，进修完回到东莞卫生学校，我接受了新学期的教学任务——承担两个班级的基础护理教学任务和一个班的班主任工作。学以致用的教学方法赢得了师生们一致好评。1990年9月，我晋升为东莞卫校教务处副主任。角色的转变对自己是一个挑战。在教师这个岗位上我一直在思考："教书育人"的内涵何在？直到有一天，当班主任的我遇到了自己班上一个学生。她中学的时候成绩非常优秀，刚进卫校时成绩也可以，但随着课程不断增加，医学专业课难度大，学习成绩逐步下降，心理承受力差，上课精神不能集中，晚上失眠，出现厌学情绪，严重影响学业。得知后，我细心做她的思想工作，开导她，鼓励她，把她当作妹妹一样，在我宿舍一起住，一起聊天。我用心理学的知识分析原因，经过近一个月的心理疏导，该学生终于解开心结，回到同学们当中，最后成为一名三好学生。现在她在我市卫生系统做了一名护理部主任。这个例子告诉我，作为一名老师，上好一堂课并不难，培育好一个学生使她成为有用的人才是"教书育人"的内涵所在。一个学校加强学生管理是关键。当时的东莞卫校没有学生科，没有团委，学生管理和教学管理都归教务处管，这也是当时卫校要改革的一部分。经过学校的努力，1991年1月东莞卫校学生科成立了，我成了第一任学生科主任。我不负重托，健全了学生管理制度，组建了第一个学生会、第一个学生广播室、第一份学生校报，设计制作了第一个校徽，组织了第一场元旦文娱晚会和学生校运会。整个校园欣欣向荣，我也深受学生们的爱戴。1993年9月，我获得了东莞市"优秀教师"光荣称号。卫校五年给了我事业发展的一个平台，让我积累了一些管理经验，锻造了我做一行爱一行专一行的工作作风，也让我拥有了一批可爱的学生。记得2015年有一次我和局领导去广州眼科医院探望住院的同事，在电梯门口，突然有人叫"万老师"。我很惊讶，回头一看，原来是毕业了近20年的一名东莞卫校学生来广州进修。人生相遇是一种缘分。这就是我——万老师。

　　1993年8月暑假，学生招生工作开始，学生科主任责无旁贷。记得有一天我在市招生办正忙着，大约早上10点钟，卫校校长和当时市卫生局人事科科长一起向我走来。校长说：巧玲，等你招生完毕，卫生局要调你去局人事科工作。我愣了一下，我去局人事科干啥工作？人事科科长说：去局人事科做职称改革等人事管理工作。说句心里话，我真有点舍不得卫校！但面对组织的安排，我没得选择。从学校管理到卫生行政管理对我又是一个新的磨炼，10月份到局人事科上班后我整整病了一个星期，因为离开我的学生，环境不熟悉，又面对新的领导，心理压力非常大。但一个星期后，我必须重新调整心态，投入新的工作上来，首先我把人事工作尤其是职改的有关政策读懂理解清楚。从政策的导向我明白了国家为什么要搞职称改革，它是专业技术人员的"命根子"，职称晋升是人才评价的重要手段，职称与薪酬待遇挂钩，与专业人员的技术水平相关……把好事办好，帮助别人排忧解难这是人事干部的工作态度。我在人事科一干就是15年，经过自己的努力，人事科所有的岗位工作我都精通了。当时我市卫生系列职称改革成了全省晋升率较高，材料最规范的，受到省卫生厅的高度赞扬。医院的人事干部、专业技术人员遇到有关人事问题、职称晋升问题。政策理解问题时第一句话就说到局人事科找阿玲，她会帮你想办法解决问题的，这就是我——阿玲！

　　随着国家的机构改革不断深入，东莞市卫生局也不例外，2007年5月迎来了新党组的成立。面临着机关干部的岗位调整，中层干部的大轮岗，我于

2008 年 1 月被任命为局基层卫生与妇幼保健科科长。这个科是卫生局新设立的一个科室，承担着两大管理职能：一是社区卫生管理工作，另一个是妇幼保健管理工作。从管人到管事又进入了一个新飞跃，而这两大块职能正是当年局改革的重点项目。妇幼保健关系到妇女儿童尤其是孕产妇的生命安全问题。当时由于医疗机构审批改革，民营妇产医院应运而生，由于审批数量不断增多，为了孕产妇安全，产科流程优化审核是一个关键，因为流程不顺畅有可能导致产妇和婴儿的死亡。"坚持一个标准，不管是公立医院还是民营医院，必须严格按照国家和省的有关标准把关验收，不能有任何的人情关"，这就是我作为科长的原则。为此，很多民营医院都不理解，背后有很多怨言。后来我把民营医院的有关领导找来，耐心地解释：这不是在刁难大家，而是为你们医院着想，如果因为产科的流程不规范不顺畅耽误了产妇的抢救，导致死亡，这个责任谁负？医院的经济赔偿损失多重？有备才能无患。经过说理，大家明白了为何万科这样无人情！为了减少孕产妇的死亡率，东莞市第一条"危重症孕产妇抢救网络"于 2009 年在全市开通。我们通过组建专家团队，整合全市妇产科专家的力量，在全市 60 多家医院开通了危重症孕产妇抢救绿色通道，24 小时值班，专家随时待命、亲临抢救现场指导，使孕产妇和婴儿死亡率逐年下降。东莞市孕产妇生产量排全省第三位。抢救网络的建立得到了当时省卫生厅的高度赞扬。

　　改革永远在路上。社区卫生服务体系建设是 2007 年连续三年市政府的十件实事之一。现在社卫发展历经九年，我对当年的创建工作感受颇深。2007 年 5 月，市社卫办带着市领导和局领导的嘱托去考察全国有关省市的社区卫生服务发展情况，并在 2008 年启动了我市的社区卫生服务体系。当时我刚从人事科调整到基妇科（与市社卫办合署办公）任科长，不知道什么是社区卫生服务工作。2008 年 5 月我去上海参加了一次培训班，在听取全国各地创建社区卫生服务机构的一系列经验和做法后，我受到很大启发，产生了新的认识和新的思路。当天晚上，我们 10 位学员在就餐的自助餐厅分享了学习体会，并结合东莞的实际在记录本上写下了我们回去后的工作计划。为什么要搞社区卫生服务？为什么要建社区卫生服务中心？我们认识到，没有社区卫生服务中心，东莞的三级医疗网络就不健全；没有社区卫生服务中心，就没有东莞的基本医疗保障制度的建立。有了社区卫生服务中心，就没有分级诊疗的基础。所以我们必须坚定不移地走下去。8月份社区卫生服务体系建设的12个规范性文件陆续出台了。但在创建过程中确实压力非常大，部分领导、同事、医院都不理解，都在责怪为什么要搞社区卫生服务中心，现在医院搞得不好吗？为什么要把医院门诊病人划出去，抢医院的饭碗等等。面对不理解，我们无语，但我们坚信社区卫生服务体系建设是东莞医疗改革的一个大品牌；没有社区医疗的建设，就谈不上今天公立医院的改革。在局领导的带领下，7月份全市社区卫生服务机构标准化建设启动："五个统一"东莞版的社区卫生服务机构标识耀眼而出。8月份，我们科室10个人分成4个小组，集体下乡督导。从来没有下过乡的我到2008年9月份全市33个镇街，374个社区卫生服务站点全部走遍了。我和同事一起会同市社保局把基本医疗保障制度同时建立起来。在2008年9月28日东莞市社区卫生服务机构与基本医疗保障制度启动仪式上，全市374个社区卫生服务站点在同一天同时开业，这打破了全国纪录。我们科的同事抱在一起欢呼雀跃，流下了不知什么感觉的眼泪！大家问：难吗？难！累吗？累！高兴吗？高兴！太高兴了！！当年市政府十件民生实事，东莞市卫生局、社保局打了一场大胜仗！2008年10月1日东莞社区首诊与基本医疗保障统筹正式在社区卫生服务机构启动。2010年全省基层卫生与妇幼保健工作会议在东莞富盈酒店召开，第一次迎来全省21个地级市关于基层卫生建设的现场参观活动。东莞基层卫生体系建设成了全省改革的标杆，我也得到了当时省卫生厅分管副厅长给我的一个称呼——万能科长。

2013年，党的十八大后新一轮的机构改革又启动了。国家把卫生与计生的职能合并在一起，这意味着市卫生局和市计划生育局要合并重组东莞市卫生计生局，职能科室也要重新调整。按照三定方案，基层卫生与妇幼保健科分成两个科，一个是基层卫生健康科，另一个是妇幼健康科。各科室的同事经常会问：万科，你去哪个科？我总会说，服从组织安排，不管去哪个科，只要用心，就会把工作做好。2014年3月党组决定把我调整到卫生计生局人事科任科长，离开人事科5年了。现在又回来了。新的改革新的岗位又有新的挑战：

机关机构改革、简政强镇事业单位机构改革、人事薪酬制度改革、公共卫生机构职能调整、人事干部选拔交流任用等等。但我相信在卫生计生局党组的领导下，平稳过渡，卫生计生必定迎来满园春风。

回顾自己的人生经历，我在东莞卫生系统工作了34年，经历了医疗卫生的历次改革，见证了卫生系统改革的成果，我深切地感受到人民健康满足感日益增加，建设健康东莞还需努力。我没有更多豪言壮语，也没有更多的远大理想，我只有一个目标：就是服从工作安排，敢于担当，全心全意做好本职工作，完成组织交给的任务。

这就是我——万巧玲！

志当存高远

程玮斌　东莞市卫生健康局一级主任科员

【凡人凡言】行政工作重复率相当高，很容易让人感到枯燥乏味。但是，强烈的责任心不允许我敷衍了事应付交差，不允许我玩忽职守当个甩手掌柜，不允许我事情悬而不决还能坦然入睡。

我今天跟大家分享的话题是《志当存高远》，关键词有三个：信念、责任、意义。

很多人介绍我的情况时，通常会说"工作狂人"。我一向喜欢辩证地思考和看待问题，我认为"工作狂人"这四个字褒贬参半，精力充沛因人体质而异，科学作息有助提高效率。我们身边的同事就有很多刻苦学习、勤奋工作的例子。年初我还在局办公室工作，有时晚饭后回来加班，还能看到大楼的一些房间亮着灯。真是一群敬业勤勉的好同事！

如何才能做到"敬业勤勉"呢？就我个人而言，大体可归纳为三个条件。

第一个是信念。我的父亲是一名中共党员，他很喜欢播放革命歌曲，所以我从小就听，也爱听。我还爱看革命题材的书籍和影视作品。"一条大河波浪宽"，经典的旋律响起，勾起思绪万千。可以说虽然我是一名"80后"，却有着六十年代的情怀。那段艰苦的岁月，那份赤诚的精神，那些忠义之士慷慨赴国难，充满英雄主义色彩，总令我心情澎湃、激昂不已。试问谁没有儿女情长，谁家没有高堂幼子，谁不懂得爱惜生命呢？为了国家、为了民族，家园都能舍弃，生命也可牺牲，我努力干好本职工作，苦一点累一些又算得了什么？所以，我一直充满敬仰和感恩之心。我相信，但凡有点精神追求的人，不会过多计较"平均主义"。黑夜给了我黑色的眼睛，我却用它寻找光明。这就是信念的力量。

第二个是责任。工作不是单凭空想就能成事的，最终还得要实干，而承载信念的正是责任。行政工作重复率相当高，很容易让人感到枯燥乏味。但是，强烈的责任心不允许我敷衍了事应付交差，不允许我玩忽职守当个甩手掌柜，不允许我事情悬而不决还能坦然入睡。我不能，我做不到。如果说"信念"是悬梁守底线，那么"责任"就是刺股催奋发。正是有了责任担当，它驱使我半夜三更离开温暖的被窝，趁着宁静激扬文字。当然，这种精神属性和意志力，不是每个人都能够拥有，不用勉强苛求自己。要严于律己，更要宽以待人。

第三个是意义。工作能够实现个人价值追求。"终身役役而不见其成功"是可悲的。职业生涯就像弹簧运动，需要渐进施压，大事干成了会释放出巨大的动能，既能改善身心感受，又让生活条件更优。工作治"懒病"。世间万物都处于"熵增"的过程，人一旦"停下来"就很容易消沉、避事，只想着"躺赢"，再想"重启"需要加倍的动力。察乎盈虚，知分之无常。漫不经心、得过且过、不为全局计的人，麻烦就会随之而来。勤勉奋发的人统筹规划能力强，自律性高，拥有积极向上的心态，往往能够见微知著，及时洞察先机。工作还有它特定的意义。周恩来同志曾说过"对待犯了错误的同志，让他在工作中认识真理、改正错误"，换句话说，如果不努力工作，连改正错误的机会都没有。

工作是快乐的，因为工作很有获得感。如果心态失衡了，造成家庭困扰，影响生活质量，甚至危及身体健康。这就是新概念的"德不配位"。对此，我们不妨尝试三种解决方案。首先，能力应与岗位配对，因材施用。现在新入职的小青年工作能力肯定是有的，就怕"上错花轿嫁错郎，入错部门干错行"，造成不必要的心理压力。其次，要有团队精神，把本属于他人的历练机会退还出来，不能主观圈定别人不行，凡事亲力亲为、包打天下。应有处世之道、通明之术，要有育人成才的耐心。再者，要减少无谓损耗，提高有限工作时间的效率，"以有涯随无涯，殆己！"通过改进工作方法，优化工作流程，把效果低的工作成分剔除，把必须现场处理的工作优先，争取把工作细化量化，分工合作、优化处理。

"自信人生二百年，会当水击三千里。"我们二十三四岁参加工作直到退休，这是人生的白金阶段。还记得那句话吗？人的一生应当这样度过：当回首往事的时候，不会因虚度年华而悔恨，也不会因碌碌无为而羞愧。渐行渐远渐无书，万叶千声时，方知悔意迟。莫要辜负了光阴流年。工作是生活的支点，当你某天不再工作时，你已经老去了……

02

我的故事我来讲
第二期
（2017 年 8 月 31 日）

导语

主持人 / 曾凡荣

"历经磨难亦不忘初心，勇敢追逐梦想的红日。"上一期，三位主讲人为我们讲述了自己不忘初心、勇敢追逐梦想的故事，与我们一起分享了精彩的人生感悟，讲得很生动，很感人。

今天"我的故事我来讲"主讲人有三位，他们分别是宋洪南、钟新光和温玉麟。

八月，让我们的心炽热；八月，让我们情浓四野。三位党员将为我们讲述自己精彩的故事，分享人生感悟，我们且洗耳恭听。

点滴感悟

宋洪南　东莞市卫生健康局三级调研员

【凡人凡言】我想，并不是需要每个人做出感天动地的英雄壮举，关键是要铆在自己的岗位上，踏踏实实把自己的工作做好，用平凡普通的工作去成就伟大。

今天讲一下我亲身经历的一些故事，以及我从这些故事中思考出的几点感悟，和大家一起分享。

第一点感悟是：所有工作都是在勤奋努力中完成的。

我1991年从军校毕业，在分配的时候，为了能上舰艇，我走了一个小"后门"：找到了父亲的一个战友，当时他在一个基地当领导。我到他办公室"汇报"，他有些纳闷："在舰艇上工作挺辛苦，没听说还有谁主动要求去的，你咋没有想来基地机关工作？"我说："张伯，感谢你的照顾，我就是想着，既然当了海军，就应该真真正正感受一下海上的生活，再说了，在海上穿呢子服、吃海灶，多好呀！"我半开玩笑回答他。

在舰艇上工作，是"海勤"待遇，冬天穿的是呢子料的衣服，比一般军人穿的布料衣服好看，而且，"海勤"的伙食费，要比"陆勤"的高很多。

张伯说："好吧，这个要求可以满足你。现在三个有船的单位，一个在海湾的对面，一个是在很远的小岛上，我觉得你还是到'水工大队'好一些，毕竟方便照顾你的父母。"

到"水工大队"报到后，我被分到了一艘一千吨的水船上。我第一次出海就是乘这条水船去西沙。

1991年的中秋前夕，水船往西沙永兴岛送淡水，顺便带些月饼之类的慰问品。第一次出海，我特别兴奋，半夜一点多跑到无人的顶层甲板。当时正好航行经过七洲列岛，一轮圆月升起，平静的海面上一片银光，整个海面平整得像一面镜子一样，似乎就在不远处，嶙峋的南峙岛突兀在海中，仿佛是海上的仙山，清晰地展现在透着光亮的黑暗中。深夜、大海、明月、仙山，还有脚下这艘似乎在缓缓飘荡的船，构成了一幅昏黄而浪漫的画面。

到了西沙以后，更是觉得太美了。虽然北回归线以南都是热带，但到了北纬18度线以南，海水就完全不一样了。海南岛有个分界洲岛，以这个岛为界，往南的海越来越清澈，往北就不行了。

西沙海水清澈极了，扔一个罐头盒，晃晃悠悠沉下去几十米还能看得见。上岛后，我们在齐腰深的海水里钓鱼，脚下是花花绿绿的珊瑚，一会儿就能钓上一条巴掌大的小石斑鱼，钓到后回来熬鱼汤喝，那味道好极了。看来，舰艇生活没有他们说的那么辛苦呀。

可第二次出海，就让我大吃苦头。1991年冬天的一个晚上，寒潮来袭，刮起了十级大风，我突然接到命令，跟一艘远洋救助拖船出海，执行救险任务。凌晨，拖船离开海湾，一头扎进狂风恶浪中。冬天的涌和夏天的浪是不一样的，浪一撞就碎了，涌却能把船高高抛起又重重砸下。加上拖船底部是圆形的，左右摇晃到40多度，晃得人把胆汁都吐出来了。甲板上都是呕吐物，我爬出去检查天线，船一晃、身体一滑，整个人滑向船舷，卡在救生艇边上的扶手缺口处，差点掉进海里去。

第二年，我又随着拖船到南沙群岛执勤。近半年的时间里，别说呢子服，连衣服都没怎么穿过，只要没有上级领导来，大家就只穿着一条短裤。说是吃海灶，但有钱也没有东西买，先是吃黄瓜冬瓜，然后吃南瓜，最后吃罐头，天天吃罐头，见到罐头就反胃。

最刺激的是有一次，出海到西沙的深航岛，突然接到命令，有20吨的工程炸药要我们的船运回去。我是第一次见到真正的黄炸药，大概20公斤一块，要求当天晚上一定要全部装船。我们怕把衣服弄脏了，就光着膀子穿着短裤，背着大块炸药，一块一块从跳板往船上搬。现在想来，当时形象实在不太好。后来船上的弹药库装不下了，船长说："小宋刚刚毕业，思想比较纯洁，而且没有结婚，没啥牵挂，就把剩下的炸药都放到小宋房间吧。"我知道船长是在开玩笑，当时只有我的房间有保险锁，而且工程炸药在没有雷管的情况下，是很难引爆的。于是，剩下的炸药就都放在了我的房间，那应该是我这辈子过得最刺激的一晚。

舰艇上的生活，现在回想起来真的很苦、很累。但是转念一想，这世界上哪有一件轻松的事呢？累是自己找的，是自己愿意去当兵，而且还是"找关系"才上了船。人活一辈子，终究是要干一些工作的。出海也好，包括后来熬夜写材料也好，这么多年了，一年一年干工作，没有努力付出，怎么可能完成一项又一项的任务？

自己选择了职业就没什么好抱怨的。有时和朋友聊天，说起现在医患关系紧张，工作压力大，所以当医生护士很辛苦。我觉得确实辛苦，但每一个行业都要吃苦，每一个把自己分内工作做好的人，都需要勤奋努力。社会当然应该对医生、教师、公安这些行业予以充分的肯定，但既然当初我们对自己的路做出了选择，那么只要认准了，再苦再累，都要踏踏实实走下去。所有的工作都是在勤奋努力中完成的，各行各业都是一样。

第二个感悟：所有的伟大都要在平凡普通中成就。

汶川抗震救灾是一个伟大的壮举。我亲身参与其中，在帐篷里住了66个昼夜，体会到的却是真实的平凡普通。

汶川地震发生后，人人都在关注救援情况，我也想加入救援队伍，参与这伟大时刻。当时我们单位去了一个旅，我很羡慕，觉得他们能够赶上"抗震救灾"这么伟大的工作，实在太幸福了。

没想到过了几天，这个"幸福"落到了我头上。

到了灾区，我发现，现场救援工作基本结束，灾后的清理和重建正在展开。我抵达灾区后，上级首先交代的并不是工作，而是告诉我们到哪里上厕所，在哪里吃饭，晚上在哪里睡觉，每天几时在哪里开例会，都是些鸡毛蒜皮的小事情。我在灾区每天的工作，就是记录今天开展了什么工作、收集汇总需要解决的问题。

有一次，成都一家公司给我们送来一大卡车的矿泉水，说要给海军，车就直接开到我们军营里。领导让我处理这件事，把水退回去，解放军不拿群众一针一线。送水的小姑娘坚持要给，最后干脆哇哇地哭了起来。我一看就心软了，解放军更不应该让群众掉眼泪呀，于是我做主把矿泉水接下了。办完了交接手续，小姑娘很开心，非要和我合影，证明自己把水给了解放军，这件事让我很感动。

还有，在灾区过端午节，我出去一趟，回来发现帐篷里的床头摆着好几个粽子，都是当地老百姓自发送过来的，拦都拦不住，很感动。

但是有时候觉得，人民群众太热情也不好。比如说，当时我们在绵竹，是德阳市下辖的一个县级市，由于被地震破坏得比较严重，需要隔三岔五去德阳购物。这一日到汽车站，一辆大巴正准备发车，我也没细看，一个箭步上了车。待我掏钱买票，群众见我穿着迷彩服，知道我是当兵的，大声要求乘务员：不能收军人的钱！我反复解释"不拿群众一针一线"的道理，群众坚决不同意，只好满怀歉意作罢。

车子继续开，我觉着方向不对劲，仔细一看，车头的牌子写的是"绵阳"，不是"德阳"，搭错车了！我大声叫："司机，请停车，我坐错车了！"人们愣了一下，纷纷再次要求司机："不能让他下车，这位解放军同志太好了，没买票，宁可编个理由下车走路，这样的好同志能不能让他下车？"一车的人回答："不能！"结果我坐了四个多小时到绵阳，等回到驻地已经是晚上九点多了。

还有一件事，在我们最后准备撤离时，听说有一个老百姓埋怨我们把他的菜地损坏了。领导叫我去调研一下，我带着两个干事，统计了群众的损失情况，确实有一些群众家里的土地，被发电机的油污染了，但他们都签字表态不要赔偿，纷纷说："没关系，解放军来给我们抗震救灾，我们这点牺牲算什么呢！"当时我深切地感觉到了军民的鱼水情。

仔细想想，这些小事情伟不伟大？好像也没有多伟大，更谈不上什么英雄壮举。但正是这些平凡普通的小事，汇聚在一起，展示了"抗震救灾"的伟大。

我们现在正处于中华民族伟大复兴的关键时刻，每个人身处这个伟大时刻，不论是努力实现中国梦，还是努力建设我们的健康东莞，参与到这些伟大的工程、关键的工作中，需要我们做什么呢？我想，并不是需要每个人做出感天动地的英雄壮举，关键是要铆在自己的岗位上，踏踏实实把自己的工作做好，用平凡普通的工作去成就伟大。

第三个感悟：所有的矛盾都能在开心快乐中解决。

有位同事那天跟我说："宋处，您还没开始讲话，我就想笑。"我说："这就对了，笑就好。因为你笑着也要做事，不笑也要做事，还不如笑着做。"我刚才讲的一些故事，不少都是平时工作生活中遇到的、能够讲出来给大家逗乐的小事情。

怎样解决问题？我想讲在亚丁湾护航时的两个小故事。

我们军舰在中东一个国家停靠时，上午靠好码头，我负责组织大家分组，准备外出观光。没想到也不知道什么原因，该国不让我们人员入境。大使馆在紧张协调，我们在做大家的工作，要求大家不要着急。从上午等到下午，一直到晚上七点，海关才同意我们外出。不少同事纷纷抱怨耽误了一天的时间。我就和大家讲，要是白天出去，早早就得回来了，现在虽然白天没出去，但今晚能够外出，看看异域的夜景，多么难得，大家应该高兴才对呀！一下子把大家的情绪调整了过来。

还有一次过中秋节，领导要求在海上搞一台晚会，宣传干事很头痛：远离港口几个月了，船上要啥啥没有，怎么搞？我和他说：搞晚会是件让大家开心的事情，愁眉苦脸办不成。然后与他一起，利用休闲时间到各个部门和大家"侃大山"，每个部门聊出了一个小节目，想方设法"发明创造"出设备和道具，最后晚会挺成功。

很多事情刚开始觉得挺难、挺折腾人，但任务总得要完成，所有的矛盾最终都要化解，所有的事情最终能过去。与其心事重重地解决问题，最后一阵轻松，不如在一开始就轻松上阵，开开心心地把问题解决好。

所以我想，一个人在工作中生活中肯定会遇到很多麻烦和痛苦，你开心也要解决，不开心也要解决，那我们为什么不开心地把它解决呢？

今天，我就想通过讲述一些自己经历的事，把我的感受告诉大家：所有工作都是在勤奋努力中完成，所有伟大都要在平凡普通中成就，所有矛盾都能在开心快乐中解决。

坚守

钟新光　东莞市第六人民医院党总支书记、院长（原东莞市卫生和计划生育局疾病预防科科长）

【凡人凡言】为了坚守，个中辛酸曲折是难以言表的，有些同事遗嘱都写好了。我没写，但用档案袋装好了存折、密码等，放在爱人的梳妆台上，万一哪一天我被隔离或牺牲了，也好有一个交代。

一、抗击非典

2003 年，央视新闻调查《非典阻击战》记录了两个场景：

一是在北大人民医院。一家三口感染非典，只有一张床位，给了孩子，夫妻两人只好坐小板凳在走廊打点滴。孩子痊愈，却不知自己成了孤儿，还叫喊要找爸爸妈妈。孩子父亲为北京卫生局工作人员，是他在工作中感染非典后传染给老婆和孩子的。

二是在北京地坛医院。一个小伙子站在医院门口，用手机短信与被隔离治疗的女友聊天。他心爱的姑娘叫王晶，为医院急诊科护士，因感染非典被隔离治疗。姑娘说"等窗前的花儿开了，我就会好起来的"，小伙就天天站在医院门口——这个世界上离姑娘最近的地方，等着姑娘窗前的花儿开。可后来整个医院被封闭隔离，姑娘窗前的花儿枯萎了，小伙再也没见到心爱的姑娘。

那一年，北大人民医院急诊科 62 人，24 人感染非典，2 人因公殉职。全国大陆地区确诊病例 5327，其中医务人员 917 人，死亡 349 人，这其中就有中大附属三院邓练贤主任，广东省中医院叶欣护士长。

当时我在 CDC 防疫科工作，全市所有疑似非典、不明原因肺炎病例都要我们去调查采样、鉴别诊断，可以说每天都与"死神"握手。我们全科没一人退缩，全都坚守岗位，全身心投入抗击非典。我觉得坚守岗位是最起码的职业道德要求，那时抗击非典是一场不见硝烟的战争，是战争就会有牺牲，"国家有难，匹夫有责"，像军人一样勇往直前，不能当逃兵。

为了坚守，个中的辛酸曲折是难以言表的，有些同事遗嘱都写好了。我没写，但用档案袋装好了存折，放在爱人的梳妆台上，万一哪天我被隔离或牺牲了，也好有一个交代。那时只要去调查疑似病例，一连几天不敢回家，那种有家不能回也不敢回的滋味，确实不好受。

通过抗击非典，更加坚定我了对党的信念，坚信只要坚持党的领导，就可战胜一切大灾大难，取得最终的胜利。

二、EV71 手足口病之殇

2009 年 4 月，大朗医院报告一例重症手足口病，我们调查时碰到一起医闹事件。几十人披麻戴孝，举小孩遗像，叫嚷"还我儿子""草菅人命"，伴随着刺耳的唢呐声一路哭闹，先是在医院大堂设置灵堂，摆花圈、烧纸钱、放鞭炮，接着冲上儿科住院部打砸，医务科谢主任为保护女医生被打得满脸是血，眼镜都打得找不到了。陈院长说那伙人疯了，见穿白大褂的就打，叫我脱下白大褂快走。

闹访的原因是说其 1 岁多的儿子在医院被误诊，没及时诊断为 EV71，后抢救无效身亡。现一要找医生讨说法，二要医院赔偿。

第二天上午，大朗医院又报告一例重症手足口病，我又去大朗医院。见到受冲击的当事医生，只见她头发蓬乱、脸色苍白、双眼布满血丝，一身疲惫，冲我歉然一笑，"钟科，不好意思，又麻烦你了。"我说："韩主任，你还好吗？不休息一下？""没办法，病人太多，想休息也休息不了。"当时儿科住了 50 多号病人，连走廊都住满了人。我翻开小孩的病历一看，发现已是严重的脑水肿和肺出血，CT 片大脑表层的沟回都不见了，我采样时从呼吸机吸出来的是粉红色泡沫痰，看来又是凶多吉少。

那一年东莞流行手足口病，疫情特别严重。EV71 为优势病毒株，报告 22716 例，重症 397 例，死亡 6 例。大朗疫情特别严重，市局组织医疗队进驻，事情才得到解决。

遭受无端的指责、谩骂和攻击，我们的医务人员还是一样救死扶伤，忍辱负重，坚守在工作岗位。这份带血和泪的坚守，不但令人钦佩，而且至今仍是我心里永远的痛。在此，我建议大家用掌声对坚守岗位的医务人员表示敬意。

三、万江基孔肯雅热歼灭战

2010 年 9 月，万江新村居民陆续出现几十例发热、皮疹、关节痛病人，疑是电信发射塔引起，到市政府信访，要求拆除。当地搞了几天也没调查出是什么原因引起，万江区政府请求我们协助调查解决。

经调查，我们发现病例分布与发射塔无关，临床表现与登革热相似，但实验室又检测不出。疫情讨论会上市疾控中心张主任提出：会不会是基孔肯雅热？送省 CDC 检测，得到初步证实。

10 月 1 日国庆节，经国家 CDC 复核，证实为基孔肯雅热，这是一种与登革热相似的新发蚊媒传染病，是中国有史料记载以来的第一起。新发传染病首次在国内暴发，为重大公共卫生事件。引起国家和省里的高度重视，时任省委书记汪洋、省长黄华华作出批示，卫生部和省派出工作组进驻万江。

这开启了国庆七天黄金周抗击疫情的模式，我们坚守在万江疫情现场，一是发现病人、及时救治，防止出现重病或死亡病例。二是防蚊灭蚊、清除积水，这是工作量最大，难度最大的一环；万江典型的农村水乡，地形非常复杂，实施网格管理，责任包干。三是监测督导、防止疫情扩散蔓延。当地政府领导坐镇新村，现场指挥，动员全区力量，前后投入 1200 万元，打了一场疫情歼灭战。

10 月 8 日国庆上班第一天，副省长率省督导组到新村现场督导、指导疫情防控工作。10 月 10 日疫情结束，共报告病例 282 例，无一重症死亡。

我那时是防疫科负责人，统筹协调疫情现场调查处理工作，工作累不说，最大的压力是各级沟通协调和检查汇报。由于是新发传染病，有非典的前车之鉴，各级领导都很重视，作为专业机构一线工作人员更是责无旁贷、压力山大。

疫情处理期间，还出现了意外情况。省工作组一位专家不幸感染，我非常内疚，其实当时我自己左手腕关节也出现了疼痛症状，但没发热、没皮疹。我估计自己可能感染了，但因害怕影响不好，不敢声张，不敢检测，更不敢休息，在安排省专家入住中医院的同时，自己也在医院输了液，一直坚持工作到疫情结束。其实，常与传染病打交道，被传染是常有的事，"常在河边走，哪有不湿鞋"。

在疫情结束后，吴道闻副市长请国家知名专家学者到东莞开疫情研讨会，针对疫情处理费用投入巨大的问题，国家 CDC 首席专家曾光说，艾滋病当初从外国输入，未及时处理好，今天成中国重大传染病，仅中央财政一年就要投入几百个亿，留下无尽的后患。不要说一千万，就是投入一个亿，能彻底控制一种传染病也是值得的。现七年过去了，万江作为国家和省的监测点，未再发现基孔，可以说是彻底控制了。我们的坚守得到了回报，这是对我们最大的褒奖，我们总结摸索的基孔防治策略与措施研究获 2013 年市政府科技进步一等奖。

结语

目前传染病防控形势仍非常严峻，一句话：老的传染病死灰复燃，新的传染病层出不穷。

血吸虫、肺结核、梅毒、淋病等老传染病在毛泽东时代就已得到很好的控制，当 1958 年获悉江西余江县基本消灭血吸虫病时，毛主席很高兴，专门赋诗《七律二首·送瘟神》，"千村薜荔人遗矢，万户萧疏鬼唱歌""借问瘟君欲何往，纸船明烛照天烧"。

麻风病作为一种古老的传染病，为什么今天能得到较好控制，我建议党办或工会组织去麻涌镇泗安岛开展一次主题活动，体验一下，泗安医院麻风病专科收治医院，曾经有 2000 病人，现仅 100 人。这些病人虽残疾，甚至恐怖可怕，但应得到尊重。正是他们牺牲个人，换来了社会安全。

新发传染病包括艾滋病、登革热、SARS、基孔肯尼亚雅热、寨卡、拉萨热、西尼罗热、埃博拉、尼帕赫亨德拉等等，比较重大的事件如 2003 年中国非典，2012 年 MERS 中东呼吸综合征，特别是 2014 年西非埃博拉和南美的寨卡至今仍未得到平息，也给我们中国带来巨大的防控压力。

近期热播《战狼 2》里的传染病叫埃博拉。我国虽没这疫情，但我国科学家在援非工作中分离出病毒，研制出诊断试剂和治疗抗体，这是我国传染病防控战线的决胜千里和未雨绸缪，也是祖国强大的表现。

为什么我国能战胜非典，而 MERS 和埃博拉几年还得不到很好的控制。我觉得最大的原因是有中国共产党的领导，在面对大灾大难时，能集中力量办大事。

老传染病未去，新传染病又来，传染病防控任重道远，永远在路上。

2016 年，在全国卫生与健康大会上，习近平总书记把人民健康放在优先发展战略地位，提出"没有全民健康就没有全面小康"，要努力全方位、全周期保障人民健康。强调不能发生跨区域、大面积的传染病暴发流行。所以我们仍要坚守岗位，奋发有为，为建设卫生强市，打造健康东莞做出更大的贡献。

我在东莞成长的故事

温玉麟　东莞市爱国卫生运动委员会办公室主任

【凡人凡言】虽然这些年来，经历了一次次岗位和角色的不断更换，但面对每一次挑战，每一项工作，我都尽量做到一如既往，不忘初心，务实前行。

非常感谢局机关党委提供了这个机会和平台，让我和大家分享一些我的故事，希望大家能够喜欢。

我今天讲的题目是《我在东莞成长的故事》。

东莞位于改革开放的前沿，经过多年的发展，形成了独特的东莞城市精神——"海纳百川，厚德务实"。我是一个土生土长的东莞人，生于改革开放的初期，有幸见证和伴随着东莞的改革开放走到今天。我觉得在我身上已经无可避免地烙上了东莞精神的印记。我想今天在这里和大家分享一下东莞精神在我一个普通的东莞市民身上的一些表现。

一、包容

我亲身经历了东莞从一个小小的农业县变成制造业名城的发展历程。这其中凝聚了许许多多来自全国各地的朋友的付出，他们用汗水推动了东莞的建设，东莞以它的包容提供给大家发展与安居的条件，铸就了东莞外来人口是户籍人口近4倍的特殊人口结构。在这块2465平方公里的土地上，汇集了826万常住人口安居、乐业。实现这一结果的核心，并让我从中学会的是海纳百川式的"包容"。我高中以前的学习生活一直在东莞度过，身边一直不乏外地的同学，我从不以本地人的身份排斥他们，反倒更加乐意与他们接触。因为从他们身上可以听到很多我完全没有接触过的新鲜事物，学到更为标准的普通话，了解到祖国各地的风土人情等。到了大学时期，我去了天津，身份转变为一个外地人，也让我从另一个角度去感受着另一个城市对我的包容、接纳，使我的文化水平和世界观得到进一步的提升和扩大。后来我工作了，回到东莞，走进了机关，这份海纳百川式的包容也带到了工作中，为来到这座城市的人们，提供我职责所能的一切服务。

二、厚德

东莞善待着每一位为它真诚付出的人们，只要你肯勤恳工作，就肯定不会饿死。在这片土地上无时无刻不在上演着从打工仔、打工妹一步一步成为老板、企业家的故事。因此，在海纳百川式包容的基础上，我又从中学会了厚德和真诚，因为当你真诚地对待身边的人，他们也自然地厚待你。我每天都从最基本的事情践行着这一准则。在单位里，在生活中无论我碰到的是领导还是普通同志，是来办事的群众还是提供清洁服务的阿姨，首先接触到的是友善的眼神和真诚的笑容。我相信只要我愿意先走出这一步，得到的就算不是相同待遇，也绝对不会是恶意相对。也就是说，这件事的回报一定是非负数，这样的事情是绝对值得坚持去做的。

三、务实

东莞人的作风一般都比较低调和务实。从我身上看来，由于我自身的性格有点小腼腆、害羞，所以更是如此了。很多事情我都不会主动地去争抢，但是如果落到我身上的工作，我可以保证我从不推脱。到目前为止，虽然工作身份经历了多次改变，但务实地做好本职工作的原则一直没变。记得我刚进入机关，在市人口计生局的第一项工作是把从 1979 年开始到 2002 年为止，这 24 年来全市的独生子女及其父母的纸质信息录入电脑变为电子版信息。因为信息量非常大，工作也非常枯燥，这个过程很难熬，但每每想到这是关乎全市独生子女家庭申领保险金的最终核实依据时，我就马上打起精神来，继续敲打着键盘。我一个人在电脑前足足录了一个半月，终于胜利完成任务，那种满足感是现在很多事情都没法给予的，这是我职业生涯第一个独立完成的工作任务。在我进入人口计生局的大半年后，有一天，我的分管领导找我谈话，说市政府需要创建国家环保模范城市，要从各单位抽调人员去环保局开展创建工作，为期一年，局领导想让我去。我当时想，我才刚进人口计生局，业务还没熟悉，甚至连系统的人都没认识全就要到另外一个单位，内心有点忐忑和不愿意，但稍微想了一下，立刻做出了选择服从领导安排的决定。我想能够为自己的家乡环保事业做点事情这也是非常有意义的。

就这样从 2007 年 1 月 1 日，我到了市环保局报到，从一个计生人摇身一变成为一名环保卫士，从事运河水质整治和中小学、幼儿园环保教育的工作和资料搜集。由于当时全国上下正热火朝天地准备着世界瞩目的北京奥运会，国家的各项环保指标都在调整和修改，因此，我们东莞的创模工作需要延期验收。就这样，我很荣幸地成了东莞市政府至今为止历时最长的一次创建工作中的一员。我们 10 多个非环保系统的人员在环保局待了整整三年。三年间，我们开展了对全市"四纯""五小"企业整治，规划新建了 37 家污水处理厂，建立机动车尾气监测标准等扎实的工作，使得我们城市的蓝天数越来越多，也出现了描绘东莞晴空的"东莞蓝"这一特有的名词，改变了环保部一开始对东莞的印象，整体提升了全市环境质量。我作为东莞市民之一，也切身享受到了这一成果。我们创模办的工作人员也得到了市政府的发文表彰。成功完成创建任务后，我脱下环保卫士的服装，又重新变回一名计生人。

时间来到了 2012 年，由于当时扶贫工作的需要，我被安排到当时与人口计生局结对的企石镇上截村，身份又一次发生变化，成为一名驻村干部。由于在我之前已经有陈志刚、许飞鹏、唐贵生、黄家文等几位同事驻在上截村，打下了非常好的基础，使得当时我在村里的许多工作都事半功倍地落实了。这样使我不单单成功做了一回驻村干部，而且还成了上截村最后的驻村干部。因为经过 2012 年村干部和村民的共同努力，上截村各项经济指标得到较大提升，并成功实现了脱贫，我就成了当时局里最后一位驻村干部。

2013 年我又回到人口计生局，被安排在计生协会工作。从事群团组织事务，其中一项是负责全市青少年性与健康教育工作，在当时的局领导大力支持和共同努力下，我们把这个在全国各地实施了多年的工作通过提升和创造，成功创建为东莞市社工委的创新社会管理试点项目。我们通过引入专职社工来共同运作，把项目的参与式教学方式与社工的个案跟进服务相结合，打造出属于我们东莞的模式，让在东莞的青少年在青春期的生理、心理成长等方面得到更好的引导。这项工作受到了国家和省的一致赞扬和认可。从今年开始，我的角色再一次改变。我现在正从事着爱国卫生运动的工作，具体一点描述，就是到垃圾中转站、闲置地测试城市管理是否到位；垃圾桶设置是否合理，到医院、车站、学校、公厕检查公共场所的卫生条件是否符合标准；到农贸市场、小餐饮店、背街小巷监测老鼠、蚊子、蟑螂、苍蝇的密度是否影响人们健康。现在我的日常工作更多是去发现和接触城市中脏、乱、差的一面，但是目的是为了整治和提升我们的生活环境，还市民一个美丽家园，保障大家的身体健康。

虽然这些年来，经历了一次次岗位和角色的不断更换，但面对每一次挑战，每一项工作，我都尽量做到一如既往，不忘初心，务实前行。以上是我在东莞的城市发展中学习到的，并引领着我走过一个又一个阶段的一点心得体会。

我希望生活在这座城市中的人们，也能共同地诠释和发扬好我们东莞的城市精神——海纳百川，厚德务实。

03

我的故事我来讲

第三期

（**2017** 年 **10** 月 **20** 日）

导语

主持人／曾凡荣

　　金秋十月，秋风送爽。在党的十九大胜利召开之际，"我的故事我来讲"今天又与大家见面了。"曾踏过艰辛的每一步，仍然前去仍然闯。"精彩的故事需要经常聆听，人生的感悟需要互相交融。人生就如一条航船，总在随岁月一波波飘远。不管遇到惊涛骇浪，还是风平浪静，都要进入静谧的港湾停靠下来，增加补给，再次启航。

　　"我的故事我来讲"就是我们停靠的港湾，就是我们心灵的驿站，来吧！同志们，请一起来到这个心灵交融的舞台，一起畅谈人生的旅程和体会。

　　今天"我的故事我来讲"主讲人有三位，他们分别是叶向阳、袁伟芬和沈粤文。

我的故事可以复制

叶向阳 东莞市卫生健康局党组书记、局长，局直属机关党委书记，东莞市卫生健康系统社会组织党委书记

【凡人凡言】我个人认为幸福很简单，什么幸福都比不上家庭幸福，家庭的幸福应该是我们追求的最高的幸福。27个春夏秋冬，27年的卫生情怀。如果大家问我值不值得，我只能回答大家——我愿意！

今天我跟大家分享三个方面的故事，第一个方面是关于学习，第二个方面是关于工作，第三个方面是关于生活，这些故事的情节都是真实的，如果情节有雷同的话，纯属巧合。

关于学习，我想谈一下我从第一天上学到目前还没有毕业的过程，这个过程中发生了很多有趣的事情。1974 年，我 7 岁，要去学校读书，当时是 7 岁才可以读书。其实当时我很不想去，因为我家里养了很多鸡和鸭，还有两头母牛，我天天和它们在一起非常快乐。结果校长和老师都来家里动员我去上学，我哭了大概半天，最后我奶奶背着我到教室，从那一天起开始了我的求学生涯。

我的小学阶段有几个小故事令我印象深刻。第一个小故事是当时我们"所谓"的老师，都是临时被叫去培训了 14 天就回来教我们。印象最深的是在三年级的时候，我的语文老师来上课，结果迟到了半个小时。他匆匆地走进课室，没有穿鞋，两个裤腿一个是上的一个是下的，左脚的裤腿到膝盖，右脚的裤腿到脚踝，左脚还有一大坨泥来不及清洗，我就知道他刚刚去耙了田才赶过来的。结果他一进课室就在黑板上写了几个字"千万不要忘记阶级斗争！"就宣布下课，这是我印象最深刻的一堂小学语文课，导致以后无论哪一位语文老师给我上课，我都会想起这句话，然后很有精神地去听语文课。因此我从小学到大学，语文成绩都是挺好的，对我最好的老师也是语文老师，所以我很感谢我们这个"千万不要忘记阶级斗争！"的语文老师。

另外一个故事是我在读小学的时候最感兴趣的，也感到最自豪的，就是我很早就有经营的意识。当大家都在割资本主义尾巴的时候，我的资本主义尾巴是长得最好的时候。当时在家里我养了大概 15 只母鸡、20 多只母鸭，在我们村没有一个人能和我比的。每天在鸡窝鸭窝里能够拿到三十多个鸭蛋和鸡蛋，那种喜悦的感觉，你们谁都体会不到，当我现在一想起来，我对这些鸡和鸭都充满了感情。所以在小学的时候我是很出名的，不是因为做班长，而是因为我可以养家糊口，因为大家在上课的时候我可以提前下课，因为老师们都没菜，让我回家拿鸡蛋。当时的鸡蛋鸭蛋都是五分钱一个，我也毫不客气地收老师的钱，因为他们有工资我没有工资。

我的小学在连平县隆街镇东坑村。我们村的小学不是纯小学，还有初一初二，因为我们是一个大村，5000多人全部姓叶，每个班都有50多个人，老师有三四十人，所以每天我卖鸭蛋鸡蛋的收入相当可观。当大家没肉吃的时候，我可以用鸡蛋换肉，大家喝粥的时候我可以换大米来煲饭吃，所以整个小学到初二，是我对这个社会有认知的时候最快乐的一段时光。到了初三，我就要离开我的小山村，到镇上去读书了。说句老实话，在家里的这七年，小学五年和初一初二，基本上没有学到什么东西，但在考初三的时候，我考了全镇第二名。我真真正正想读书、想学东西是从初三开始的，那时候语文、数学、化学、物理、历史、地理都有。到了1981年，我才知道自己对知识的渴望相当强。我那时候脑袋也好使，学什么都很容易，所以读初三的时候也没有掉到第二名以外。最后我没有参加中考就被直接保送到了我们县唯一的重点中学连平中学。

当时我也很遗憾，我想既然读了八年书了，我想尽快出来工作减轻家庭的负担，因为家里只有爸爸一份工资，妈妈带着四个小孩在农村生活。我不同意保送到连平中学去读书，我说我要考师范学校，考师范学校对我来说是志在必得的。但当时我的班主任走过来拍拍我的肩膀说："你别想了，你别去考师范了。"我问为什么，他说哪怕每科都考了满分也不会录取你。我纳闷为什么不录取我？他说你才1.49米，当年考师范生的身高要求是1.5米以上。这就没办法了。其实我是很喜欢做老师的，最后却阴差阳错读了医学，做了医生。到了高中以后，有一段时间我还是不太专心学习，因为老想着去读师范，做老师，尽快出来领工资。当时老师在我们村也好，在我们镇也好，工资待遇还是不错的，一个人可以养活一家人。结果高一的时候我成绩就不太好，但还过得去。高中的三年，直到高二分了班以后，我才知道如果再不读书的话不行了。我在想师范读不了，以后还可以考师范大学嘛。但是到了高三以后，我发现做医生也许比做老师更好。为什么呢？因为我整个家族有超过35名医生、护师、药师。我爷爷是一位远近闻名的老中医。考大学的时候爷爷也让我选择了学医。这就是我考大学的过程。

那么还有一个，就是可能大家都不知道的，我可以告诉大家，在工作以后，我还到省委党校拿了一个没有学位的毕业证书，当时学的是经济学。后来我觉得这年头如果不拿一个硕士学位的话，可能对不起以前在小学、初中时那么优异的成绩，所以后来我又报考了吉林大学公共卫生硕士。今天在座的同志也有我的同班同学。我经过三年努力学习也毕业了。2012年，我选择了攻读武汉大学的社会学系法学博士学位。现在我把所有的课程都完成了，把该考的科目也考完了，都合格了，但由于学位评定的要求越来越严格，要科研成果、要核心期刊论文等，所以到现在我这个博士还是在读状态，但是我很享受这种在读过程。上个月，我到武汉大学参加省卫计委培训班的时候，武汉大学口腔医学院的院长问起了我这件事，他开玩笑说："看你在武大读了五六年了啊，还在做武大郎啊？是不是烧饼还没卖完，所以毕业不了？"他给我出了个点子，他说要不改变专业，到时候在我们口腔医学院设置一个口腔社会学，这样的话我可能再经过一年的努力就可以毕业了。不过这是开玩笑的。这就是我求学的过程。这个求学过程，我想在座很多人可能比我更胜，也有人可能比我更曲折，但我觉得学无止境，学习是一种快乐，这就是我在学习方面的点滴。

第二方面的故事我想跟大家分享的是关于工作。我1990年8月20日到阮涌路36号卫生防疫站报到。截至今天，10月20日，刚好是27年零两个月。在这27年零两个月里，我一直都在岗位上，一天没中断，所以我现在越干越怕。为什么？因为我怕有一天要转岗的时候，我会发现自己除了会搞卫生以外，不知道还能搞什么，可能只会做钟点工帮人家打扫卫生。27年来我所经历的工作岗位还是相当得多。我从防疫站到监督所，再到卫生局，到现在的卫生计生局，换过四个单位。我入职防疫站的时候，一开始不是坐在办公室，而是坐在站长室，跟正副站长两个人坐在一起。这段时间是我最压抑、最别扭，但又是最高兴的几天。为什么呢？因为当时毕业以后到防疫站报到，都需要上交个人简历。写简历的时候我字写得比较认真，第一页都是一个字一个字地写，可能站长看到了觉得这个人写字还可以，就把我留到这个办公室工作了。但是天天这样对着两个领导上班，那种压力不是一般人能够承受得下的。在这个过程中也发生了一些尴尬的事情。因为刚毕业，我和很多同学还有联系。所以当时站长办公室的电话大多是找我的，而不是找两位站长。有一次我们东莞市的一个领导打电话过来，他说他是郑锦涛，我一听我就问哪个郑锦涛？然后我说你找谁？他说找某某某，他问我你不认识我吗？我说我不认识，他就告诉我，他是东莞市人民政府的市长。那天下午我的额头流了一下午的汗，最后我说我不能再坐在这个办公室了，我申请调位置，就被领导安排到了大办公室。当时领导也很关照我，给我安排了"八大员"的工作，材料员、电脑员、信息员、统计员、材料员、收发员等，反正带有员字的基本上都给我。当时办公室很多人不太愿意干这些工作，但是我不是这样的，而且我还特别高兴，我尤其高兴的是材料收发员这个岗位。当材料收发员可以第一时间掌握信息和政策的动态，比领导还先知道，所以我很高兴。做材料员很辛苦，但我也干了十几年的材料员，从 1990 年一路写到 2000 年左右。

在防疫站工作的过程中，我觉得有两点是很值得自豪的。第一是我把整个卫生防疫系统的档案非常规范地整理出来了，这在全省甚至在全国几乎没有。市防疫站是在 1958 年 5 月 11 日成立的。我在防疫站做档案员的时候，仓库里有大概 50 个箩筐的材料，这些都是宝贝。我整整用了两年时间，一页一页地把这 50 箩筐的材料整理出来了。后来卫生防疫站因为档案管理工作做得好成了东莞市第一家获得省级称号的单位。接下来，33 个镇街，我每个镇都去住过，住下来帮助每个镇街的防疫组做卫生防疫档案，手把手教，33 个镇的防疫组档案也全部达标，这点我非常自豪，一直到现在他们都在延续这种做法。第二个我很自豪的是当年我把信息管理的系统第一次引进了我们卫生防疫站，那就是检验管理系统。从收样到检验报告的出具，整个过程自动化，这在全省、全国也是领先的。但后来由于领导观念的问题，还有自己的能力问题，这一块的建设我们逐步落后，这是后话。

到了监督所，我感到压力越来越大，因为大家知道我们没有县、区监督所，镇街只有卫生防疫组，而且是在医院领导下。我记得当年山西省卫生厅的副厅长带队来考察调研我们卫生监督所，我们交流比较了双方监督的队伍。整个山西省有卫生监督员 4800 人，整个省的卫生监督对象总共有 13.5万。当时我们东莞市的监督对象有 15.8 万，有监督权的卫生监督员满打满算不到 500 人。也就是说我们东莞市卫生监督执法人员一个人干了山西省接近 20 个人干的活。人是它的十分之一左右，量比它还多。当时这个厅长就"哇"了一声，问我怎么干？我说我也不知道，反正我感觉自己不是监督所的所长，像是消防所的所长，哪里有火我们就去哪里灭。所以当年我们的材料虽然写着监督覆盖率是多少、合格率是多少、发证率是多少，但说句老实话，我心里一点底都没有，现在想起来都有点后怕。即使这样，我们东莞卫生监督的工作也干了一点成绩出来。虽然算不上丰功伟绩，但也有值得铭记的地方。抗击非典时，我们也是没日没夜地干，冒着巨大的风险，不知熬过了多少个不眠之夜。除了非典以外，还有几件事，在座的李润深副所长也很清楚。2004 年有个镇发生了几百人的大规模食物中毒事件，我们一整夜都在处理问题，没休息。还有最大的一场战役是在 2007 和 2008 年这两年。2007年是全国的产品安全和食品安全专项整治活动，再加上打击非法行医行动。当时食品安全的专项整治是一票否决的。记得当时的局领导跟我说："我给你一把尚方宝剑，但是你的乌纱帽拎在我手里。"我说可以，你只要把这把剑给我，我就保证完成任务。2007 年这两场战役真的值得卫生监督机构浓墨重彩地把它整理出来，这两场战役真的是打得波澜壮阔、惊心动魄。食品安全专项整治活动当时是为了吴仪副总理来东莞验收做准备，打击非法行医活动当时的形势怎么样？我在这里可以告诉大家。当年有统计的东莞市合法的医疗机构总共是 1283 家。当时边打边统计、摸底，东莞存量的非法行医机构你们说多少？我给你们三次机会，你们都猜不出来。多少？1 万多？那太过分了。我们东莞才 2465 平方公里，1 万多有点过分了，说明他没有搞过卫生，只是搞过计生。原来计生局的黄家文知道，黄科当年借到了我们打非办，而且还专门负责一个组。当年非法行医在东莞猖獗的状况，你怎么想象都想象不出来，是有证医疗机构的几倍。但具体多少家，其实我也忘了。到 2017 年 12 月 30 日，黄飞副厅长宣布，东莞市没有一家非法行医机构。我们当时把这个结果报到了全国人大及卫生部。打击非法行医的过程，现在想起来都毛骨悚然。当年参加非法行医的人绝大部分是莆田系，为什么这次的"魏则西"事件对东莞的影响这么小呢？就是因为 2007 年我们基本把这个毒瘤铲干净了。所以，市卫生监督所要好好地把这两个事件整理出来，如果你们整理不出来，就等我退休的时候再慢慢写这两本书。还有一个就是2008年举办北京奥运会的时候，发生了一个很著名的公共卫生事件——"三聚氰胺"毒奶粉事件。当年我们也没少干活。这个时间催生了一部法律的出台——《食品安全法》。当时我参与了调研，而且其中有些条款都是我们广东小组提交的。这就是我在卫生监督所阶段亲身经历的一些故事。

我是2012年7月3日到市卫生局报到的。到了局里以后，说实话，有段时间很不适应。因为我从防疫所到卫生监督所一直都从事专业工作，突然到了机关后感觉无所适从。当时我跟很多局领导进行交流，也请教一些科长如何做好具体工作。今天在座很多科长当年都是我的老师。这样几年下来，我从他们身上学到了不少东西，我很感谢他们。虽然在局里做的大多是宏观的事情，但我很享受这个过程，因为我有一个非常团结的班子，有一班非常能干、肯干、想干的中层干部，还有最基层的科员、办事员。他们个个都是精英。我很喜欢这里。这几年我们团结一致，做了一些事情，也得到了大家的肯定。

第三个方面是关于生活的故事。下午上班的时候，叶润娣副局长到我办公室说下午要听我讲故事。她问我讲什么故事，我问她你想听什么故事？她说，当然最想听爱情故事。我说，好啊，虽然我之前构思的不是爱情故事，是关于日常生活的事情。其实我的爱情故事很简单，也可以说没恋爱就结婚了。我老婆是我的高三同班同学。我们高一高二没有同班，她是在高三的时候插班的。当年我曾开玩笑调侃她说："你的父母是不是怕我娶不到老婆所以把你插班到我们班？"我当年是怎么把她追到手的呢？当时高中阶段都不知道谈恋爱是什么意思。第一，我在小时候没读过幼儿园；第二，我从小到高中没喝过牛奶，长不高，人家看不上，所以整个高三和我老婆才说过一句话。到现在她没有忘记这句话，我也没有忘记。她坐在我的前排，虽然我矮，但是她比我更矮。在这一年当中我只找到一个机会和她说话，那就是"你的物理作业没交"。我是物理课代表，我有这个权利啊。讲完以后我的脸很红，所以再也不敢追她的作业了。后来我单相思，她考到惠阳卫校读书，我就到了广东药学院读书。当年我们的电话有两个大电池，而且当年有一个职业叫接线员，你要打一个电话必须提前两个小时预约，就像现在的分级诊疗一样。当时打电话是件很麻烦的事，很多人排队。我后来觉得打电话太不方便了，就拍发电报。这个记忆是不可磨灭的记忆。谈女朋友拍电报，快是快啊，但是花的钱也多。最后，我到了找经济适用的途径去谈恋爱，那就是写信。最早是8分钱，直到大学毕业的时候提价到1毛2。我们大概通了67封信。最后我终于脱颖而出，逆袭成功。我感觉非常高兴，非常激动。我把她写的信一一整理好，到现在还放在我办公室的保险柜里，一封信不漏，连信封都保存完好。不过我给她写的信，她没有保存，因为她经常搬家。我对她说："我给你的信你一封都没有保存，你给我的信我全部都保存好了，你说哪个男人能做到？"她说："确实没几个男人能做到，算了，还是嫁给你吧。"其实我的爱情故事很简单，这个老婆是我"写"回来的。

当年写信也是件很讲究的事情。姑娘嘛，总是喜欢用花哨的信封和有很多图案、水印的信纸给我写信。但是我买不起好看的信封信纸，只能用学校的信封信纸写信给她，但我会弄得特别一点。怎么特别呢？当时很多人喜欢写信滴几滴香水再寄出去。我买不起香水、花露水，我就跑到校医室弄了几滴风油精滴到信封里。我想这样拆信的时候会有一种很清香的薄荷味道，马上提神醒脑，她就有精神把这封信看完。在这里我也感悟了一点，爱情这个东西，想得到有时候很难，但你用心的话也可以很容易。现在大家讨论幸福这个话题，其实我个人认为幸福很简单，什么幸福都比不上家庭幸福，家庭幸福应该是我们追求的最高幸福。中央电视台在党的十八大之前曾经就"幸福"进行专题讨论，当时我觉得他们把简单的幸福复杂化了。幸福在我看来，无非就是几句话：当你下班回到家里告诉老公（老婆），我回来了；早上出门上班前老公（老婆）说，上班开车注意安全。听着这两句话的时候我就感觉特别幸福，比拥有多高的地位、多大的权力、多少的财富都重要，这就是我对爱情的认知。最近我看到微信朋友圈有一段"心灵鸡汤"说关于幸福和健康的关系："一件衣服的价值，小票可以告诉你；一部豪车的价值，行车证可以告诉你；一栋别墅的价值，房产证可以告诉你。但是一个人的价值，谁可以告诉你？就是健康和幸福。"我觉得这句话挺有道理的。这段话接着后面还有一句："当你身体健康的时候，前面的衣服、车子、房子就是你的资产；当你失去健康，没有了幸福的时候，你的衣服、车子、房子就成了你的遗产。"这里面的道理大家一听就能明白，所以我也在此祝愿大家身体健康、家庭幸福、万事胜意。

27个春夏秋冬，27年的卫生情怀。如果大家问我值不值得，我只能回答大家——我愿意！

我的前半生

袁伟芬　东莞市卫生健康局党组成员、副局长（原东莞市卫生和计划生育局医政科科长）

【凡人凡言】如果要问我，初心是什么，我想这两次的誓词就是我的初心，在之后的学习和工作中我一直不敢忘记这个初心。

按照人们的期望寿命值 78.3 岁来算，43 岁的我，可以说过了人生的一半了，所以现在来分享我的前半生的故事，也是恰当的。所谓故事，也只是我自己的一些工作经历罢了。我的前半生可以概括为一句话："学了一个专业，干了一个行业。"

1974 年，我出生于东莞的一个农民家庭。1974 年是虎年，但是由于我出生在年头，家里的老人家说我属牛。也许是由于这个原因我一直勤劳干活，在自己的三分地里默默耕耘。自初中时候起，我立志要当一名救死扶伤的医生。高中毕业我如愿考入了医学院临床医学专业。在大学里，我做过两次很重要的宣誓：一次是在 1993 年入学仪式上，钟南山院长带领新生作了医学生宣誓"健康所系，性命相托"。使命和责任就是那时候被我深深铭记于心。另一次，1994 年，刚满 20 岁的我光荣地加入了中国共产党。在入党宣誓"为共产主义奋斗终身"的时候，使命和责任在那一刻再次被我深深铭记于心。如果要问我，初心是什么，我想这两次的誓词就是我的初心。在之后的学习和工作中我一直不敢忘记这个初心。

经过五年的学习，1998 年毕业时，我放弃留校的机会回到家乡当了一名住院医师。2003 年的春天，一种叫"急性传染性非典型肺炎"（简称非典）的烈性传染病暴发。广东部分地区先后出现非典病例，部分医务人员也中招了，甚至有医务人员献出了生命。非典在市民心中比瘟疫还要恐怖。当时，正是春运人流高峰期。我所在医院辖地地处交通枢纽，医院随时会遇上非典病人，医生面临很大压力。一天晚上，我在内科病房值班，刚好来了一名发热的疑似非典患者。我二话不说，换上隔离衣，戴上口罩，对病人进行问病史、听诊等体格检查。为减少其他医务人员跟患者直接接触，我一个人进入病房充当医生和护士的双重角色，对患者进行了抽血、输液、测体温、做流调等工作。第二天我被隔离了。在那段隔离的日子里，我给正在怀孕的妻子写了一份遗书，给肚子里的孩子写了一封信。经过隔离治疗观察，患者最终被排除非典。在那个谈非典色变的日子里，正是有了一大批医务人员，他们把风险留给自己，把安全留给病人，顽强奋战，非典蔓延的势头才得以遏制，人民群众才得以安享宁静的生活。每当回忆起这段经历，我都会因为曾经参与过这场无硝烟的战争而感到自豪，觉得自己无愧于当初的誓言。

2004 年，我通过公务员招录进入了市卫生局工作，从事医政管理工作。从临床医生到行政管理，从写病例到写文件，从临床一线到后方保障，我很快地完成了角色的转换，思想的转变。我认为做好行政管理工作，服务好我们的医务人员队伍，也能更好地服务老百姓的健康，也是我的初心所在。

2008 年，局成立了基妇科。我从医政科调入基妇科，主要任务是构建东莞基层的社区卫生服务体系。在局领导和科长的带领下，我们走访了国内先进城市，也摸清了全市的基本情况，做出了社区卫生服务必须要体现公益性、从镇街医院剥离出来、实行政府办政府管的决定。要实现这个决定，就需要推倒重来，实现根本转变，从无到有，所以整个创建过程十分艰辛。经过大家共同努力，首批新标准的 307 个社卫机构在 2008 年 10 月如期正式建成并投入使用，东莞医疗服务体系的网底基本组建成功。东莞做法很快在全省乃至全国得到认可。东莞社卫经验最大亮点是公益性，把原来受到市场经济冲击的农村卫生服务网络重新组建起来。从此以后，东莞市民看病方便了，费用可以报销了，健康有人管了。我很骄傲，我参与并见证了东莞社区卫生服务的起步和发展。

2015 年 9 月的某一天，组织找我谈话，说计划安排我回到医政科工作并征求我个人意见。那一刻，我的心情是复杂的，因为医政工作面广，事务多，担子重，医政科科长就是救火队长，就是事务长。行内有句话："一般人不干医政。"但是，我后来想，作为一名党员我应该服从组织安排，而且这也是一个很好的锻炼和学习机会。我欣然接受组织安排，并表态说"有为才有位，有位了，我要更好地为"。在其位，谋其政，去到新岗位，我经过调研提出了"用法律思维、行政手段、公卫技巧、临床技术四个手段实现安全保证、水平提升、服务提质、行风端正的医政管理目标"。这一理念得到分管局领导和科室同事的认可。这两年来，围绕这一理念，我和科室的同事在局领导的正确领导下，充分发挥医政人那种"女人当男人用，男人当机器用"的干劲，撸起袖子积极参与卫生强市工作。我们大力加强医疗服务体系建设，高起点谋划"十三五"医疗机构设置规划、调研论证高水平医院建设思路、制定区域中心医院实施方案，推动镇街公立医院供给侧改革，启动分级诊疗、医联体和医养结合试点工作，出台政策鼓励社会办医，理顺和简化审批程序。大力提升医疗质量，堵塞了一些我们管理上的漏洞，我们成立了11个质量控制中心，开展质量服务评价，启动新一轮医院等级评审，促进医院进行精细化管理。抓专科建设，开展重点专科和特色专科创建工作，扶持医学研究所建设，做好住院医师规范化培训，做好院前急救工作，构建胸痛治疗网络。我们采取措施确保医疗安全，推进平安医院建设，推广医疗责任险，推动无偿献血以及用血安全。做好医疗救治保障工作，成功完成第一届东莞马拉松医疗保障工作，科学应对禽流感、八一四大朗火灾、四一三麻涌龙门架倒塌事件的伤员救治工作，最大限度地减少人员伤亡。医政工作是苦是累，但也是挺爽的一件事！

这就是我的前半生故事。党的十九大顺利召开，明确提出实施健康中国战略，为人民群众提供全方位全周期健康服务，推进医养结合，加快老龄事业和产业发展。我期待我的更灿烂的后半生。

在坚守中笃行

沈粤文 东莞市卫生健康局直属机关党委专职副书记

【凡人凡言】在东莞10年来，我始终坚持了一个单位，坚持了一个岗位，坚持了一支笔头，坚持了一个念头，无怨无悔，一干就是十年。

2017年是我在东莞工作的第十个年头，也是我工作生活最紧张感受最深刻的十个年头，那我就讲讲自己十年来的三点体会吧。

在东莞工作了十个年头，让我学会了坚持。

曾记得，那是2007年11月30日清晨，我怀揣着一颗冲动之心、好奇之心、向往之心，踏进了东莞这片热土，来到了东莞最大最有魅力的行政中心广场，走进了宽敞明亮的市委市政府，到市政府主楼五楼的市人口计生局办公室上班。当时我是多么的高兴，多么的激动。我想以前跟我一起工作的同事多么地羡慕我。现在回想来说，只能说是跟东莞太有缘分了，真的。在十年前我做梦都想不到在自己35岁以后会来到东莞，这就是缘分吧。

说实在的，2007年我只有36岁，可是由于自己的勤奋和努力，我自大学毕业后，已调动了好几个单位，并且都是大单位。我在学校干过，在教育局干过，在组织部干过，在食品药监局也干过，2007年又调入了人口计生局，现在又在卫生计生局工作。由于自己调动了这么多的单位，从我内心说，我只想一辈子在一个单位工作，因为我知道每次进入一个新单位，就得从零做起，工作很辛苦，也非常不容易。正因为我有这种经历和感受，自从2007年后，我心里想以后不再转单位了。可是，我刚刚进入市卫生计生局第二年的3月份，市委组织部要抽调人员到市委科学发展观实践办写材料，当时市委组织部的一位领导让我进入实践办，思前想后，我决定还是留在人口计生局好好干，不去市委实践办了。

就这样，在东莞10年，我始终坚持一个单位，坚持一个岗位，坚持一支笔头，坚持一个念头，无怨无悔，一干就是十年。这十年来，我在工作上，始终坚持从大局出发，始终去主动承担任务，只要是领导交代的，我就有效执行、坚决完成任务，力求出精品，杜绝半成品和废品。这十年来，为了完成工作任务，我常常踏着月光回家；这十年来，我常常在东方未晓之前就走出家门，踩着露水冲破迷雾走向单位办公室，因为很多材料必须要在8点半上班前交到领导的手上。

这十年的坚持，可以说既有汗水，也有成绩，我在来东莞工作不到5年的时间内，从一位科员晋升到科级中层干部。这十年的坚持，让我明白了这样的道理：换单位就像一个人去旅游一样，你登上了这座山，觉得另外一座山很漂亮，可是你一旦登上那座山的时候，会感觉也不过如此。因此，我们只有珍惜今天，把握现在，把当前的事情做好，把这块自己的责任田耕种好就足够了。

在东莞工作的十个年头，让我做到了慎行。

这 10 年来，我经历并负责了单位科学发展观实践活动，党的群众路线实践活动、"三严三实"专题活动和"两学一做"学习教育材的料写作工作。虽然写这些专题活动的文稿很辛苦，但在写作中我学习了党的系列理论知识，学到了许许多多做人做事道理。

例如去年和今年发给我们党员干部的教育读本《廉洁齐家》和《中国家规》，这两本书中在我国传世的家教家训中，选取了最有代表性和富有教育意义的篇章，挖掘了对当今我们党员干部有借鉴意义的家训家规。在阅读中，我认真读了古代名人的家训，对我有较大的启发。如《颜氏家训》"淡泊知足、谦和处事"的智慧，告诫我们要谨慎做人、少欲知足，这是我们是安身立命的重要方法。我想，一个人如果能做到"傲不可长，欲不可纵，志不可满，乐不可极"，具有淡泊的心态是很重要的。

又如诸葛亮《诫子书》写道："君子之行，静以修身，俭以养德，非淡泊无以明志，非宁静无以致远"，深深地点明了"静"与"淡"对人生的重要意义。曾国藩在给自己家人写家书中附上自己的《课程表》，即他每天必做的 13 条功课，他把"慎独"排在第一位。他说："慎独则心安。自修之道，莫难于养心。"他每日写日记，记述自己的缺陷，促进自己道德日进、学问日增，被后人称为"立德立言立功三不朽，为师为将为相一完人"。毛泽东评价曾国藩说，"予于近人，独服曾文正"。

著名女作家杨绛，在她一百岁时写的《一百岁感言》，对我很有启发："保持知足常乐的心态才是淬炼心智，净化心灵的最佳途径，这便是人生哲学。""我们曾如此渴望命运的波澜，到最后才发现：人生最美妙的风景，竟是内心的淡定与从容……"

在全面从严治党的新常态下，"静以修身，俭以养德""慎独则心安""内心的淡定与从容"对我们更显得重要。

是的，这十年，我在各种专题学习教育中，做到了在学中悟、在忙中悟、在行中悟。这十年，不管是风和日丽，还是刮风下雨，我都坚持走路上班，因为走路可以放松，走路可以思考，走路可以"望天上云卷云舒"。正因此，自己曾经的彷徨、曾经的浮躁，都在十年的笔耕中融化，让我深深悟到了"慎行"的深刻含义。

在东莞与老家之间往返了十个年头，让我懂得了忠孝。

自古成大事者，都难免要经受忠孝难两全的考验。曾记得，在2014年9月我回家看望住院的父亲。不想我一回到老家，就接到局领导电话说市委要召开全市党的群众路线教育实践工作专题会议，需要我马上赶回来写我们局实践活动的经验。父亲知道了就对我说："不能因为我耽误工作，你回东莞吧！"父亲是一位60年代的军人，识大体懂大局，他很理解我的工作。当天晚上，我又坐上了返回东莞的长途夜车。古人云："忠孝不能两全。"在忠孝之间，作为孝子，作为有工作责任心的我，真的很难抉择。第二天我一回到东莞，马上投入紧张的工作中。

还记得有一天夜晚，领导交代我要完成一份很重要的材料，并且要在第二天上午上班前交到他手里。晚上我匆匆忙忙往单位加班去了。可是就在那天晚上，小孩突然腹部剧痛，到市人民医院检查诊断为急性阑尾炎，爱人打来电话说需要马上做手术。当时已是深夜12点钟，自己手头的材料还没有完成，我急得在办公室来回转圈。如果去医院就不能完成工作任务，如果不去，孩子的情况又会怎么样？经过紧张的思想斗争，最后，我还是给爱人打电话说："现在不能去，我必须要完成工作任务，你辛苦点照顾好孩子……"当时我就是这样凭着一颗对工作高度负责的责任心，毅然选择了留在办公室加班直到天亮。

有人说，父母在哪里，家就在哪里。这句话讲得千真万确。这10年来，为了工作，为了父母，我一年的公休假基本都是回老家陪伴父母。因为我深深晓得，"树欲静而风不止，子欲养而亲不待"，忠于事业，恪尽职守，理当如此，但当它与孝敬父母亲产生矛盾时，孰轻孰重，不言而喻。因此，我也常常奔波于东莞和故乡之间，每次都是来去匆匆，常常深夜来到东莞，八点半准时上班。每次假期一过，自己就忍着短暂相聚长期分离的痛苦，踏上了返乡之路，有时候 8 个小时的车程，常常用 20 个小时、24 个小时艰难地跋涉……不过多么辛苦，我都心甘情愿，也真诚地希望，在往返东莞和故乡之间，希望能再有十年，二十年，三十年……

"人生如逆旅，我亦是行人。"在东莞工作十年了，就如在顺流逆流中来回穿梭，虽平淡无奇，但风景这边独好。我始终在平淡中坚守着我的岗位，在岗位中笃行着我的追求，在追求中忠诚着我的初心。

04

我的故事我来讲

第四期

（2017 年 12 月 29 日）

导
语

主持人／曾凡荣

　　"回首向来萧瑟处，也无风雨也无晴。"上一期活动在党的十九大召开期间举行，叶向阳从学习、工作、生活的亲身体会、感悟给我们带来了精彩的故事，袁伟芬、沈粤文把自己的人生历练跟我们分享，令我们感触很深，收获很大。

　　今天"我的故事我来讲"主讲人有三位，他们分别是方泽槐、申建文和聂鑫。

　　"竹杖芒鞋轻胜马，谁怕？一蓑烟雨任平生。"三位主讲人的阅历都非常丰富。他们，将用真实经历告诉我们，人生没有一帆风顺，没有一蹴而就，只能是一步一个脚印，一脚一处泥泞。我们在人生路上要踏实前进，不畏艰险，才能像三位主讲人一样，有梦想有责任有担当，以实实在在的行动实现自己美好的梦想。

我的"三员"人生

方泽槐 东莞市卫生健康局二级调研员（原东莞市卫生健康局党组副书记、副局长）

【凡人凡言】我是"慢人一步，理想达到"。在这里，我想跟年轻同志分享这个故事，不要急，慢慢来，对美好生活的向往总会实现的。

我于 1981 年参加工作，到现在 36 年多。36 年来我经历了两个不同性质的单位，前 11 年在学校，后 25 年在机关。我 1992 年到城区，那时候在计生委工作，到现在从事计生工作 25 年了。25 年来，我每天晚上下班回厚街。不少同事问我，你为什么能风雨不改、老是往厚街跑呢？我说，第一我在莞城没有能力组一个新家，第二我最爱的人还在厚街，所以我不能回新家，只能天天回老家。我这么一讲出来以后，组织放心，老婆开心。厚街到莞城整整十五六公里，从最开始的坐公共汽车，到开摩托车，最后在 1998 年开上小车，在这个过程中，我有个感觉，有一句话叫"快人一步，理想达到"，而我是"慢人一步，理想达到"。当我坐公共汽车上班的时候，看到别人开摩托车上班，我就在想我什么时候能拥有一台摩托车呢？结果没过多少年我就开摩托车了。看到别人开小车那么好，我就在想我什么时候能开小车呢？结果我 1998 年也开小车了。所以我是"慢人一步，理想达到"。在这里，我想跟年轻同志分享这个事，不要急，慢慢来，对美好生活的向往总会实现的。当时每天的往返我也总结为"头唔识、尾唔识，只识 107"，就是厚街到莞城的莞太路，原来叫 107 国道。因为我在机关的办公室里面工作，跟有关部门联系比较多，但是一下班就回家了，业余时间没有联系，所以不大认识其他人。又因为不在厚街工作，也没有认识新的朋友，认识得最多的就是厚街到莞城的 107 国道，所以"头唔识、尾唔识，只识 107"就是这个意思。

我工作的 36 年其实分为三个阶段：第一在学校，第二干计生，第三是卫生计生。在学校当教员，在计生当计生服务员，在卫生计生希望能当一个健康促进员，因此，我的三个阶段可以概括成——我的"三员"人生。

首先跟大家分享我在学校的故事。当年我为什么要选择当老师呢？最简单的一个想法就是当老师，能看到很多书籍，所以我就报考了师范。我在 1979 年读了师范学校，但是出来工作以后，我发现不是这样的，可以看的书确实很多，但都是课本、教材，改作业等，一些其他的书看得不多。我记得有一位同学送给我的书，其中包括养生，我看了十多页就看不下去了，送回去给他。他问我为什么送回来？我说"吾心不静，何以养生"，所以也说明了我没有把心思调整好，平静下来去看其他书。我原来的初衷是当老师想多看书，结果当了老师却不看书。

第二个故事发生在1979年我考上惠州师范学校去上学的时候。当时的我，身材比较矮小，从来没出过远门。1977年我读高中的时候1.44米，读完两年高中长到1.58米，1.58米就去惠州读书了，所以当时考上的时候是家人带着我去的，本来是我的舅舅带我去报到，结果后来有事去不了，就让我老爸去。老爸原来不肯去的，后来有一个同村的人是一个农场的场长，话比较多，见识也比较多，他跟我老爸说，惠州有个西湖很漂亮的，你没有去过，你可以去看看啦，因此我老爸就带着我去了惠州报到。结果坐车坐了好长时间，87公里，来到惠州报到完以后，就带他去惠州西湖，他到惠州西湖一看，转身就走了。因为他不觉得美，不觉得是·个很好的景点，就像一个泥塘一样，农田上都有很多，最后就带他坐车回去。在车站那里丢下我一个人，我马上联想到朱自清写的一篇文章《背影》，人家的父亲跨过铁路，身材微胖行走不方便，还买了一些水果送给儿子。我的老爸呢？丢下我一个人就走了，当时感到一个人很孤独。1979年6月，刚好遇上惠州水灾，水都到了半山腰，当时三个月没饭吃，只能吃面条。惠州师范学校之前停办了很长时间，后来在1977年恢复，没有地方办学，租了惠州市委党校两个很偏僻的教室。那个教室刚好在惠州殡仪馆的旁边，所以当时很艰苦，读了两年师范我最大的收获是学会了写字，原来我不懂写字，但是现在懂得怎么写字了。

回来之后就当老师，我还记得我的班主任在毕业的时候给我们写了一句话，希望我们出来当老师就要"以教人者教己，在劳心上劳力"，所以我在学校当教员，我是劳心劳力的，这是老师对我们的要求。

我来讲讲第一个小节。我是1982年参加工作，当初中老师。我比我最大的那个学生大3岁，我是19岁当老师，我的学生是16岁，大家都是青春萌动的时候。我刚开始作自我介绍的时候，我说我姓方，方方正正的方，木头方，所以我这个人很笨、不灵活，所以我就说我对你们是非常严格的。结果在11年的教学生涯中，我一直对学生非常严格，也教出了一批非常优秀的学生。我经常吹牛说厚街有四个副镇长是我的学生，所以我回到厚街不怕没饭吃，如果没饭吃就回家吃饭，家里总会有饭吃的。

第二个小节是我讲课的时候，下面的学生特别是女学生，经常偷偷看我一下，然后低下头眯眯笑，我就在想，是不是有人暗恋我啊？当时我 19 岁，他们 16 岁，没问题啊。后来一了解，是我自作多情，原来那些学生觉得我像一个香港的演员潘志文。1985 年的时候有一个电视剧叫《大地恩情》，他们说我很像他。我就回去问我老妈像不像那个明星，老妈说还挺像的。当时不少女同学可能想追求我，但我现在的老婆可能有点急了，把跟我接触比较多的女学生都挡住了。这是第二个小节。

第三个小节就是我用心教出来的学生。当老师时，我都是不停地看教材、备课、改作业、辅导、家访。我曾经试过一天三次到一个学生家里家访，因为他没有上学，比较穷，我想把他找回来，希望一个都不能少。所以，我就一天三次到他家家访，父母不在家就送他去上学，把他追回来。结果好几个学生都是这样被我追回来，接着读书的。有一个学生，他对我这一点非常感动。他本来是辍学的，我把他追回来读书，初中毕业后参加工作。改革开放初期，1990 年他在虎门开办了一间饼铺。他从 1990 年开始到现在，每年都亲手做两盒月饼送给我吃，非常有心。我这 11 年当老师其实很勤奋的，平时备课、教书、改作业、辅导学生，还有勤工俭学。我不止考了教师资格证，而且把会计证、电工证等全都考了。所以星期六、星期天我就辅导学生，暑假就跟朋友去做水电工赚点外快，寒假就写对联去卖。我曾经卖了五年的对联，每年春节前都能挣几千块钱。因此在当老师劳心劳力的基础上收获很多，第一收获了一帮朋友、老师，第二收获了一些工作经验，第三最重要的就是收获爱情。

我跟老婆在同一个单位工作，大家都在学校。我当老师可能是比较认真吧，得到大家的欢迎，经常上公开课。有一年教育局组织上公开课，在我们学校召开。全市的语文老师集中在一起听，其中有我的岳母，她可能对我印象非常好。我当时讲《小桔灯》，讲得挺好的，得到高度评价。我的岳父是学校的校长，觉得我的表现挺好的，就把女儿许配给我，就这样我收获了爱情。其实我和我老婆是高中同班同学，我们谈了5年恋爱，才告诉我的岳父，但是我也得到了岳父的充分肯定。按照我老婆的说法，当时很多人想追求我老婆，但是我岳父对她的每一个追求者都有意见。我是1988年结婚的，从那时到现在为止，我的岳父从来没有说过我一句不好，这是真的，是我老婆说的。这是在学校劳心劳力当教员，第一个"员"的故事。

第二个"员"是当计生服务员。1992年有一个偶然的机会就来城区上班了，当时叫计生委。后来人家说，你为什么去搞计划生育啊？我说有一段小插曲，和我同一批进学校的人都走了，留下来的都当校长了。当时我手上拿着那么多证，所以在1992年我就去了一家工厂面试，当会计兼报关，每月600块钱。原定1992年的年初九上班，结果在年初四有人介绍我去计生委上班。当时觉得，去搞计划生育好像不太好听，我就问一个在市委办工作的同学，我去计生委好不好？同学说，肯定比你在企业好，你上来以后还可以有调动的。我觉得有道理，所以我就到计生委工作了。

我一干就干了25年，在25年当中，主要工作就是服务基本国策，做好计生服务。我一直在办公室工作，我想讲一讲计划生育工作。计划生育是基本国策。从1980年开始，中国开展了三十多年的计划生育工作，可以说走过了一个曲折、悲壮、辉煌的过程。三十几年的计划生育工作，中国少生了四亿人口，那是对经济、社会、环境和持续发展非常有利的。虽然这经过一段时期，我国出现人口老龄化等一些社会问题，但这不是计划生育一方面的原因，还有其他方面的原因。当时我们就号召党员、干部，牺牲一两代人的利益，为国家可持续发展做贡献。从事计生工作的时候，其实很多人存在误解，群众不理解。"三个代表"其中一个是代表最广大人民群众的根本利益，群众认为计生工作是损害他们的根本利益。但如果不是开展了三十几年的计划生育工作，我们现在应该有18亿人口，目前最新公布是14亿多。我们只是落实基本国策。原来的工作方式可能比较简单粗暴，我记得有三个阶段：第一个阶段是暴风骤雨式的工作，"通不通，三分钟；再不通，龙卷风"；第二个阶段是一年两次高潮；第三个阶段是开展了几年集中服务活动。我们一路是这么走过来的。让群众理解、接受、配合做计划生育工作不容易，当时我们把握了三个工作原则，宣传教育为主、避孕节育为主、经常性工作为主，即"三为主"的工作方针。开展计生工作，没有宣传是不行的，但也不是万能的。通过宣传去扭转人们的生育观念是很难的，只有提高城镇化水平，生育观念才能慢慢转变，现在的社会环境也慢慢证实了这个观念。

1998年我们去开展集中服务活动的时候，当时市委组织部联系大岭山镇，到大岭山开展工作的时候，我们计生委同志一并前往服务对象的家里。当时情况很危急，我们在做工作，服务对象就拿着锄头向我们挥舞过来，如果当时不是躲避及时，估计就要出人命了。还有一个情况，2000年在樟木头镇发现了一个违反计划生育工作政策的服务对象，是开小四轮的，我们去找他做工作。结果他找了20多辆小四轮围着我们，那个服务对象还拿着砖头往我们工作人员头上拍，差点拍到脑门的时候幸好他停手了，把我们吓了一大跳！以前的计生工作是这样做的。为什么要这么做呢？因为我们是服务基本国策，我和我的同事们一直尽心尽责做好计划生育服务工作，特别是关爱帮扶有困难的计生服务对象，我们东莞对特殊家庭的补助是全省最高的。

现在卫生计生合并在一起，是一家人了。当前计划生育工作还是要继续进行，进入了"后计划生育"时代。我个人理解"后计划生育"时代有5个特点：一是生育政策的调整，二是管理服务的转型，三是服务能力的提升，四是关注家庭发展，五是区域协调。党的十九大报告把原来关于计划生育的两句很重要的话"坚持计划生育基本国策，稳定生育水平"删除了，但是国家、省对于计划生育基本国策仍未做出明确的调整，因此我们目前仍然要把计划生育工作落实好。这是第二个"员"——计生服务员的故事。

第三个"员"是希望能做健康促进员。2014年3月卫生计生合并成为一个新的部门，当时我开玩笑说，计生在30多年前是从卫生分离出来的，30多年后又回归了，现在全称是"东莞市卫生和计划生育局"，简称"卫计局"。我的普通话讲得不好。读起来就像"为自己"。我希望通过学习、努力工作，成为我们东莞的健康促进员，为我们健康东莞的建设贡献一分力量。所以"为自己"的意思是，当健康促进员是为人为己的健康做贡献。因为合并之后，我去医院的次数也变多了，一是工作上要去检查督导，二是自己看病要去。

在推动健康东莞建设的过程中，我认为要充分发挥原来计生队伍的作用，把各镇街（园区）的计生服务员转变为健康促进员。这方面叶局长非常重视，指示我开展调研，现在初步出台了一个指导意见，正在征求各科室的意见。指导意见出台后，能把 3703 名基层计生工作人员转变为健康促进员。这是一件非常好的事情，因为这批工作人员一直以来在开展计生工作，对辖区内的群众非常熟悉，哪家人结婚、生孩子、违反计划生育政策都非常清楚。同样，他们对于辖区内的群众健康问题也是非常清楚，能发挥很大的作用，一是宣传教育，二是提供帮助，三是可以协助社卫中心开展公共卫生服务，因此是非常有必要的。特别是在家庭医生签约方面，单靠社卫中心的医务人员去推进是很难的，但是如果原来的计生服务员一起去走家串户推进，就可以把工作落实得更好。

总结我 36 年的工作就是三个"员"——教员、计生服务员和健康促进员。换句话说，我当过先生，干过计生，现在服务医生，这就是我的前半生。

我的故事我的梦

申建文　东莞市卫生健康局一级主任科员（原东莞市卫生健康局政策法规科科长）

【凡人凡言】作为一名公民，法律就是底线。作为公职人员，要做人民的勤务员。作为党员，要以党章为准绳，做一个对人民有益的人。

我的故事简单地说就是：换过三个行业（教师、企业员工、公务员），工作过五个单位（两个中学、一个党校、一个企业、一个机关）。

最初的梦——在生命中思考存在的意义

我曾想能够在一个理想的单位工作到底，不想换那么多地方、换那么多工种。因为每一次换工作，都意味着从头再来、从零开始。但是，人在旅途，有些东西你可以主宰和选择，但有些事情你无法左右和预测，生命中我们只有努力前行。

人生其实就是一个过程。生命的价值不在于你从这个世界获取了什么，而在于你给这个世界留下了什么。感觉前半生就是一个不断地获取、又不断放弃的过程。无论你在什么位置，只要能留下一点有意义、有价值的东西，就无愧于你的人生了。

就像诗人冯至在《十四行集》中所说的那样："我们走过无数的山水 / 随时占有 / 随时又放弃 / 仿佛鸟飞翔在空中 / 它随时都管领太空 / 随时都感到一无所有。"

这就是真实的生命与存在。

先从小时候说吧，我小时候生活在农村，当时处于物质很匮乏的年代，温饱都成问题。上小学之前，我从来没吃过玉米和白面。人们当时吃的是高粱和谷糠，这些都是很干燥的食物，也没有油水，大人小孩吃了都便秘。所以，上了中学，当时的梦想很简单，就是要努力考上大学，因为只有这样才能吃饱饭、娶上媳妇。

1989 年，我考上了邯郸师专英语系，虽然不是什么多好的学校，但也是当时的"铁饭碗"了。毕业后分配到家乡的槐桥乡中学做了一名人民教师，当然也找到了老婆，我最初的梦，也是最朴素的梦实现了。

因为县里经济落后，县财政经常拖欠教师工资。刚参加工作时，月工资只有 104.5 元。上班第一年县政府集资修路，每个教师必须上交 500 元，自动从工资里扣除了，结果半年没领工资，幸亏自家还种了六亩农田。当时吃的菜和食物都得自己种，喝的水也得自行从外面装桶拉。那时，北方的冬天异常地冷，风可以从墙缝吹进来，雪花可以从房顶空隙飘进来。当时真实的情景经常是屋外北风萧萧，屋内雪花飘飘。屋内生了个生铁火炉，空气依然冰冷，水缸依旧是结冰的，做饭烧水时必须得用锤子砸开个洞才能破冰舀到水。

当时过的是一种自给自足的生活，女儿刚出生几个月，为了保暖我就买了一大块塑胶布钉在墙上，把屋子包裹得像冬天菜农种大棚菜的菜棚一样，里面住着人、放着火炉。有一天，睡到半夜被尿憋醒了，我突然发现自己浑身无力，瘫软在床上站不起来了，原来煤气中毒了。看着身边的老婆孩子，我咬紧牙关艰难无力地从床上爬到地面上，又像蠕动的虫子一样缓慢地一点点地爬出房间，伸出手把棉门帘扯下来，让屋里的煤气飘散了出去。当扯下棉门帘的时候，我感觉全身的力气已经耗尽了。然后，四脚朝天平躺在 -10℃ 的冰冷地面上，后来逐渐恢复过来，算是拯救了一家三口的生命。

奋斗的梦——在探索中寻觅生命的价值

做人民教师的日子里，条件虽然艰苦，内心却是十分充盈的，毕竟实现了自己那"天底下最光辉的职业"梦。在这段时间，我不但要努力工作，还要努力学习，提升自己。1992 年，我报考了河北师范大学英语专业自学考试本科，两年半的时间就取得了本科毕业证和英语文学学士学位。曲周县第一中学校长知道后，就把我调到了县一中教高中英语，因为当时曲周县教育水平最高的县第一中学的英语教师的最高学历就是大专，连个本科毕业的老师都没有。

在我们的县一中工作了两年之后，1997 年我又考上了广东省委党校全日制的硕士研究生。我在这里又读了三年书。我们经常讲，党校是党性锻炼的熔炉，我从一名教师又变成了一名学生，用北方话讲叫"又回炉了"。在这之前，我从来没有考虑过入党的事。随着对党建理论的研究，对中国共产党的认识逐渐加深，我与党的距离越来越近了，于是就申请加入了中国共产党。

毕业后，我到了第三个工作单位——广州市番禺区委党校。入职后我发现自己讲课的对象并不是党校教育培训对象，而是党校自办的一个经济管理学校。在这里我只是个打工的聘用人员，干部关系被放在了人才市场。

三个月后，我辞职来到东莞青旅，做了一名企业员工。这是我第四个工作单位，这个企业是做旅游的，年轻人做导游比较有趣，可以免费游历祖国的山山水水。我本来不是做导游的。有一次公司接了一个美国客人团，由于公司没有英语导游，又舍不得丢掉这笔生意，我就被赶鸭子上架，破天荒地做了一次英语导游。

但是，企业的宗旨主要是为了利润。党的宗旨是什么呢？是全心全意为人民服务。东莞青旅的企业党建实际上形同虚设，那么大的企业党支部两年没有开过一次党员会议。我突然感觉，党怎么离我渐行渐远了，好像要把我抛弃了。发现企业也不是适合我的地方，不是我最初的梦想所求。

2003年，我从东莞青旅辞职了。我这个33岁的新莞人又一次站在了人生的十字路口，感觉到一个中年人的迷茫。当时，我为自己选了两条路：一是到北方重新找工作。因为人背井离乡、身心疲惫的时候，首先会想到故乡。二是报考中央党校博士。前一年我已经报考过一次了，因为有一门课没过关就没考上。正好回河北前两天，东莞的派出所告诉我户口迁到东莞了，于是我有了报考东莞公务员的资格（当时条件要求本地户口），我又多了一条路可选——报考公务员。于是，我星期五办完手续，星期六就到东莞卫校报了名，星期日就坐上了回北方的火车，踏上了寻找工作的漫漫旅途。于是，我成了一个标准的失业者，背着行囊在城市间流浪。

实践的梦——在坚守中珍视一份情怀

令人没想到的是，我竟然幸运地考上了公务员职位。2003年4月，我到卫生局办公室做了一名办事员，这是我第五个工作单位。我在这里突然感觉到一种社会主义大家庭的温暖。在这里得到很多领导和同志们的关心、理解和关照。

局办公室工作多而杂，不但需要接听群众咨询电话，还需要撰写文字材料。由于两者不能兼顾，晚上加班写作便成为常态。有一天晚上加班到11点多，我在回新涌宿舍的路上，走过三岔巷子口时遇上了歹徒抢劫。我这个人反应比较迟钝，开始以为是两个醉酒的人，也没想那么多，等靠近了，借着月光才发现他们手里拿着明晃晃的匕首向我刺来。这时我才意识到是歹徒抢劫。我本能地用手去阻挡，刀子一下就刺在我的手上，我用脚猛地踢了歹徒一下，趁他一愣神的机会，撒腿跑掉了。到了宿舍楼下，我才发现自己满手是血。由于当时伤到了神经，现在我这个无名指有一块还是麻木的。事后感觉真是幸运，伤到的不是胸口，否则生命可能就戛然而止了。

在局里，我先后工作过四个部门，从局办公室到局法监科，从驻局纪检组到现在的政法科。记得卫生与计生刚刚合并的时候，当时赶上实施"单独两孩"政策。科室只有我和钟少莹两名同志，群众信访、投诉和咨询像雪片一样飞来。当年我们处理了1700多件次信访投诉。每天到下班的时候我就头痛欲裂，脑袋似要爆炸似的。

我记得我们党的领导人讲过，评判我们工作成败最重要的标准之一就是"群众满意不满意"。计划生育虽然是一项基本国策，但并非所有群众都能理解，这就需要我们耐心地做思想工作。特别是一孩上环、二孩结扎的政策，无论怎么解释群众都极难满意。科室电话经常被群众缠着一两个小时不放，有时在科室缠着不走，等到下班的时候，群众说："你们公务员有下班时间，我们老百姓没有下班这个概念，所以你去哪儿我就跟着你去哪。"我只好请群众到饭堂吃饭，一边吃饭，一边继续解释。当时，很想为人民群众做点事情，有时无能为力。从去年开始在全国实施"全面两孩"政策，上环、结扎、妇检这些问题随后都迎刃而解，现在群众对我们的满意度也大大提高了。

未来的梦——在感悟中坚定一个信念

走过前半生的路，我有两点感受。

人生首先要有梦想和信念。习近平总书记提出了"中国梦"这个概念。中国梦是中华民族伟大复兴的梦，但它不是空洞的，需要通过每个中国人每一个小小的梦想来实现。只要我们有梦想，树立坚定的信念，加上有坚持到底的决心和勇气，并坚持不懈地去努力，最后一定会有所收获。

感受之二就是做事要有原则和底线。有句古语云："天行有常，不为尧存，不为桀亡。"就是说，天有天道，人有人类的生存规则。也就是说我们要讲规矩、讲规则，不能违反原则和底线，更不能触碰红线。作为一名公民，法律就是底线。作为公职人员，要做人民的勤务员。作为党员，要以党章为准绳，做一个对人民有益的人。

最后，借一副对联与同志们共勉，它是习近平总书记给山东省菏泽市县委书记们读过的，是清朝康熙年间河南内乡县知县高以永撰写的挂在县衙的一副对联。上联是："得一官不荣，失一官不辱，勿道一官无用，地方全靠一官；"下联是："穿百姓之衣，吃百姓之饭，莫以百姓可欺，自己也是百姓。"

梦想、责任、担当

聂 鑫 东莞市卫生健康局办公室主任（原东莞市卫生和计划生育局宣传科副科长）

【凡人凡言】我想说，让我们怀揣梦想，懂得责任，敢于担当，我们会真切地感受到，生活不止眼前的苟且，还有诗和远方！

相信很多人看过电影《芳华》，这是导演冯小刚拍他自己那一代人的青春，是写给自己的"情书"，而抛开时代来讲，对于你我的共鸣就是"青春"二字。

我的故事远没有电影精彩，只想用六个字作为我从当兵入伍到现在 18 年来的总结：梦想、责任、担当。

一、关于梦想，我认为：人总是要有梦想的

我第一次真正理解"梦想"是在 2000 年 12 月 15 日，也是我在武警河北省总队第八支队当兵的第 15 天，那一天，我代表全总队的新兵在总队开训动员大会上发言。

会后总队首长走下主席台亲切同我握手，并问起我的梦想。记得那一刻我犹豫了一下，最后的回答是："入党、立功，做党和人民的忠诚卫士。"也正是这句"入党、立功，做党和人民的忠诚卫士"，激励着我的军旅生涯。

追求梦想，是干出来不是空想出来的。

新兵下连，我被挑中到机关当打字员。为了提高打字速度，班长递给我一本《新华字典》，让我熟记常用字的笔画笔顺。我在一个星期里，将打字速度从每分钟四五十个字提高到一百二三十个字。白天我照常参加军事训练，晚上加班加点打材料。当打字员两年，一个月难得有几个晚上不加班。当时支队长的办公室就在我们打字室的斜对面，支队长经常开玩笑说："值班时在办公室休息，不听到小聂的打印机和油印机响，我睡不好觉。"

当兵第三年，我主动申请到基层带兵，这让当时的机关干部和战士颇为惊讶。当时我在机关是赞声一片，大家都觉得我留下来发展更好。但我还是选择到基层去。

我去的是负责河北副省级以上领导驻地警卫勤务的二区队。下队时我被任命为一班班长，干了不到一个星期，其他四个班长不干了。一班是部队的尖刀班，他们觉得我来当班长是受照顾。我主动找到指导员，申请去了五班。

五班是部队的"老大难"班。班里多半战士是被认为"刺头"或者"病

号"的，我的副班长比我还早一年当兵。在部队里，早一年当兵甚至比军衔高一级更牛气。

服不服班长，先看军事技能。我白天训练兵，晚上请队长、排长来训练我。为了抓好管理，我在一年之内熟读了十多本管理类书籍，什么《基层带兵之道》《军人基层建设工作指南》等。为准确掌握战士的心理状态，我还报名参加了心理咨询师的学习。

记得一个邯郸籍的战士个性十分强，其他班长都不想要他。我把他叫来五班，我来带。可接下来麻烦的是，光一个按时起床的问题就折磨了我一个月。部队要求六点十五起床，我每天早上得五点起来，好说歹说花上一个多小时才能把他叫起。一个月后，他主动找我表态要好好干，年底还真拿到了优秀士兵。

到年底评功评奖时，其他四个班长都投了我的票。

实现梦想，是练出来不是说出来的。

2007 年 7 月，我被分配到了东莞市支队。凭借较好的文字功底，到支队不到一个月，我就被抽调到支队科学发展观实践活动办公室参与材料起草工作。作为总队试点单位，我们在不到两个月的时间里，就编撰了《科学发展观在基层》《科学发展观理论大家谈》两本小册子，还开发了智能学习小游戏。

这些工作引起了支队党委和总队宣传处领导的重视。2007 年底至 2008 年，我先后获得到总队电视站、《解放军报》学习的机会。2008 年冰冻灾害，我陪同央视记者在广州火车站奋战了七天七夜，央视新闻当中涉及武警部队的镜头很多出自我的手。汶川地震时，我正在《解放军报》跟班学习，那段时间，我们经常加班到凌晨一两点，等回到宿舍，伴随我的则是依然兴奋、不能入眠。

大家可能听说过很多北漂一族的地下室故事。同他们一样，那时的我，也住在阜成门外大街的地下室，那种滋味实在难受。每晚不同时间段都有下班的北漂一族，房间基本没有隔音效果，打鼾声、争吵声、电视声、划拳声此起彼伏。

2008 年，我的作品开始频繁见诸报端：《武警东莞市支队采取"零容忍"态度杜绝跑官要官歪风》刊发于《解放军报》头版报眼，《风清气正好扬帆——武警东莞市支队风气建设纪实》刊发于《人民武警报》头版头条，《砺剑反恐集训队》上下两集先后在央视一套、央视军事频道滚动播出……我还参与了被评为"武警十大忠诚卫士"、时任汕头支队支队长魏文涛的宣传报道组。两年时间里，我在省以上媒体发表的文章超过230篇，连续两年在总队新闻报道评比中夺得第一。2009年，我被总队党委记个人二等功一次。

当兵十年，我荣立个人二等功一次，个人三等功三次，集体三等功一次。除了新兵、学员两个阶段，我年年立功。当战士时，我是优秀士兵，被保送上了军校；当学员时，我是优秀学员；当干部时，我连续三年被评为优秀干部，并提前晋职。

坚守梦想，是苦出来不是哭出来的。

人生从来不是一帆风顺。

当兵的第四年，支队把我作为提干对象报到了总队。提干需要具备四个硬条件：一是当班长一年以上，二要是党员，三要有高中以上文化程度，四要有三等功以上奖励两次。当时我在支队三个候选对象中排名第一。那段时间，我做梦都在想着拿到军校录取通知书的情景。

七月中旬的一个下午，我接到中队通信员的通知，支队政治处领导要找我。那一刻，我是欣喜若狂的：领导该是给我送通知书来了。可领导见我第一句话是："小聂，你今年提干落选了。"听到"落选"这两个字时，我觉得天似乎塌了下来。所有的辛酸、委屈一股脑儿涌上心头，不争气的眼泪夺眶而出。但也就在几分钟时间里，我找到了安慰自己的理由：留得青山在，不怕没柴烧。我向领导表态："请领导放心，我会正确面对得失，调整好自己的状态，更不会有思想负担。"

第五年，总队首次评选"十大优秀士官"，我成功当选。2005年9月，我被保送到武警济南指挥学院读军校。

今年，武警部队评选"十大忠诚卫士"，其中有四名来自我的母校的优秀士兵提干队。

如果当年我哭哭啼啼，甚至影响到工作，后面就不会再有"顺理成章"。

也许是经历过许许多多的挫折，而我把做好工作摆在首位，宁可多吃苦，也不多叫苦，我才更加成熟，对梦想也更加珍视。

人总是要有梦想的，今天，我依然追寻着自己梦想。

二、关于责任，我认为：责任重于泰山

2011 年 9 月，我转业到市委宣传部新闻科工作。新闻科的工作主要有四大块：主题宣传的策划、新闻发布的组织、舆论的有效引导以及媒体的管理与服务。我们调侃说："只有到了新闻科，你才能真实地感知一个城市的点滴变化。"事实如此，东莞的每一件大事要事、每一点正面负面都与这个科室息息相关。

因为当过兵能吃苦，部领导把舆论引导和媒体管理服务这个任务交给我，我欣然接受。

组织培养了你，你要懂得继续努力，这就是责任。而我的责任来自哪里？

我的责任来自全年 365 天 24 小时电话始终能接通。

在负责媒体服务管理后，我的电话就成了热线，大概算算每天应该有 100 个电话。我有一个原则：只要打给我的电话，能解决的我会马上解决，实在解决不了的，我会找人帮助解决。因为 24 小时不关机，我也经常在半夜受电话的骚扰。但我有一个特长，哪怕凌晨两三点，电话响三声内我一定能接到，接完五分钟后又能睡着。

我的责任来自突发事件的现场，那里都有我的身影。

当年，我被熟悉的朋友称为"救火队长"，"不是在突发事件的现场，就是在去往突发事件现场的路上"。"中堂 4 · 9 火灾""3 · 20"超强龙卷冰雹灾害、裕元鞋厂劳资纠纷、H7N9 禽流感等，还包括更为敏感的央视"2 · 9"曝光、凤凰卫视所谓的"丐帮"曝光等。平均每年我参与和处理的突发敏感事件超过 150 多宗。

2011 年到 2015 年应该是东莞媒体最为活跃的几年。全市共有 20 多家中央、省、境外驻莞媒体以及市直媒体，有 1000 名左右记者，我认识的超过

800 人，另外 200 人也都知道我的名字。秉承"自身要强、触角要灵、联系要勤、关系要好、反应要快"的原则，我跟绝大部分记者交上了朋友。他们是我一生的财富。

人生须知负责任的苦处，才能知道尽责任的乐趣，纵然责任重于泰山。

三、关于担当：不担当则无以为公

转眼间，调到东莞市卫生健康局已有两年半的时间，我想用经历过的两个小故事来分享我对"担当"的看法。

第一个故事是网称常平医院怀孕儿科医生被打事件。从 2016 年 4 月 19 日开始，一篇名为《怀孕儿科医生被打，反被当成打架嫌疑人监禁》的网帖在网络上热传，短短两天就有 200 万左右的阅读量，引发全国网友尤其是医疗行业和公安战线的广泛热议。

我是 4 月 19 日晚在微信朋友圈看到了这条信息。我预感到，这件事如果处理不好，会使我们的很被动。

有三方面的原因：一是纠纷背后儿科医生的从业环境。自全面放开"二孩"以来，儿科医生短缺一直是热点话题，如此稀缺的行业若再经历肢体及语言暴力，势必引起行业群体的关注热议，悲愤情绪会在短时间内被渲染。二是，网文已经体现当事人对医院人文关怀不够有所抱怨的迹象，如不妥善处理，事件的焦点将逐步转变为医生群体与医院甚至行政主管部门的矛盾。三是，当时恰逢"顺丰快递员遭掌掴辱骂"事件，网民把顺丰总裁"如果这事不追究到底，我不再配做顺丰总裁！"的言论与此事件联系到一起，质疑医院领导及行政管理部门不敢为下属撑腰。

接下来我主要做了几件事：一是快速响应。19 日当晚，我第一时间向局领导报告了此事，并迅速联系媒体，了解报道情况及动向，告知他们我们会主动对外发布消息。二是抢占舆论高地。请局新闻发言人宋洪南副调研员针对此事发声："任何人、任何情况下不得侵害医生的合法权益"，第一时间抢占舆论高地，平息了诸多针对行政主管部门的质疑。三是介入调查。宋处带领医政、宣传、市医师协会 20 日上午就赶赴常平，会同市公安局、常平镇一同介入事件调查，并分析舆情走向，提出应对方案。四是回应关切。我局协同市公安局、常平镇委镇政府连续发布通稿，及时公布调查结果，回应舆论关切，极大地顺应了网络民意，尊重了舆论传播规律。另外，我局也跟参与采访的媒体进行了良好的沟通协调，确保了舆论不偏向、不走样。印象很深的是，因为 23 日那篇通稿要发布，22 日晚我们同常平镇进行了很长时间的协调，正是因为局领导的敢于担当，与市委宣传部、市公安局的良好沟通，我们这篇通稿才在 23 日得以面世。事实证明，我们的做法是对的，通稿一出，此舆情就平息了。

第二个故事是关于"最美"评选的一些事。2015 年的"5·12"护士节前夕，宣传科与医政科策划组织了护士节系列采访活动，我与采访组一道走进常平医院，见到了连少华护师。这也是我调到局后不久，第一次近距离听到一个优秀护士的故事。5 年时间，两患癌症（鼻咽癌、舌癌）、三次大手术，是恐惧、痛苦，还是绝望？当她真实地坐在我的面前，淡定地讲起 5 年来与病魔斗争的经历时，当她讲到"没有过多的担心，只是想到手术能够治疗""因为生病，更能理解病人的不容易"时，我的心被深深震撼，泪花始终充盈着我的眼眶。

回程的路上，我联想到社会对于医务工作者的偏见：有的患者认为医生是"治病赚钱"而不是"治病救人"；有的认为当下医疗体制不合理，行业风气不好；有的从业者也深受其害，职业荣誉感、获得感偏低，自认为干的是高强度的工作，拿的是却低廉的工资等。我开始思考：我该为这些可敬可爱的医护工作者做点什么？该为我们的广大医护人员有尊严的工作与生活做点什么？

我有了一个大胆的想法，举办"最美医护"评选活动，努力去展现医护工作者最真实最可敬的那一面，去树立一种导向，召唤一种力量，改变一种风气。我的想法得到了科室同事、分管领导以及局其他领导的大力支持，"最美医护"评选活动从去年上半年开始应时而生。

第一次做这么一场大型的评选活动，困难可想而知。正是因为局领导的大力支持，局机关上下、系统内外的大力配合，也因为宣传科一帮小姑娘跟着我东奔西跑、夜以继日，"最美"一步步成形，影响一步步扩大。我们为了找预算一次次同财政局沟通，也为了发布仪式一次次同市委办、市府办、市人力资源局协调，还为了一个个节目的构思、一个个人物的升华不厌其烦地讨论碰撞。

庆幸的是，每一个"最美"一直在感动着我们，也最终让两届"最美"发布感动了系统内外。

其实有的工作按部就班，等领导部署，也没有错。但如果我们能从自己的岗位、职责，从"建设卫生强市，打造健康东莞"的大局出发，我们应当要有凡事不等不靠、超前谋划、全力以赴的意识，有乐于担当、勇于担当、善于担当的觉悟。正所谓"不担当则无以为公"。

最后，我想说，让我们怀揣梦想，懂得责任，敢于担当，我们会真切地感受到，生活不止眼前的苟且，还有诗和远方！

我的故事我来讲

第五期

（2018 年 3 月 27 日）

导语

主持人／方泽槐

三月春风浩荡，万象更新。

用激情成就梦想，用努力开创未来。

今天"我的故事我来讲"主讲人有三位，他们分别是张巧利、关晓燕和赖苑波。

从前，车、马、邮件都慢，一生只够爱一个人。现在，交通便利，通信发达，一生还是只够爱一个人。在人离不开手机的今天，在生活、工作节奏紧凑的今天，希望您能在这个下午，放下手机，听听故事，爱上一个"心灵交融"的舞台，爱上给我们传递正能量的身边故事，聆听一下人生感悟，喝一口"心灵鸡汤"，开启心灵的旅程。

参加全国政协十三届一次会议体会分享

张巧利　东莞市卫生健康局党组成员、副局长（原东莞市疾控中心党委书记、主任）

【凡人凡言】政协既是一个温暖的大家庭，也是一个历练人的大熔炉。身在其中，我倍感温暖，倍受滋养。我定当履职尽责，不负众望。

今天站在这个讲台上，和大家一起分享一下我作为一名全国政协委员参加全国两会的体会。

第一个体会，过去五年我们国家在内政外交方面所取得的成就让我们感到非常振奋，因而对未来国家的发展充满信心。总理的政府工作报告、政协常委会过去五年的工作报告，还有我们自己日常生活工作的感受，让大家觉得在过去的五年，在以习近平同志为核心的党中央坚强有力的领导下，我们国家的国际地位，国内经济社会改革，民生反腐等方面都取得了令世人瞩目的成就。我们每个人确实为生活在这个时代感觉到骄傲和自豪，同时对未来几年的发展也信心百倍。

第二个体会，政协工作责任重大，使命光荣，成效显著。自己在东莞两届政协委员的履职经历，还有这次在全国政协的参加会议的体会，让我深深感觉到，政治协商是我们国家民主生活的一部分。民主不光是通过选举来体现民主，协商也是民主的一个重要组成部分。政协在其中起到一个很好的参政议政、建言献策和民主监督的作用。作为全国政协委员，我感到肩上的担子更重了，责任更大了，我们不仅要有高度的责任心，还要有高度的敏锐性和洞察力，才能履好职尽好责。此外，我们在开展深入调查研究时，要掌握实际情况，提出建设性意见，就是说问题要找得准，素材事实要清晰，结论意见要可行，才能被采纳。

第三个体会，党中央及全国政协以上率下，严格执行八项规定。会场除正式开会有横幅外，新任委员和人大代表培训班及小组讨论会等均没挂横幅，且严格控制发言人的发言时间。会期一天的，每人发言时间控制在八分钟内；会期半天的，发言时间控制在五分钟内。对于大家而言，是一种压力，也是一种锻炼。会风文风的改变，非常明显。

第四个体会，就是点滴关怀温暖人心。省委书记李希同志、省长马兴瑞同志，还有其他的省领导李玉妹等，专门去看望了我们全国政协委员。在三八妇女节这一天，我们每一名女委员都收到了广东省政协主席王荣亲笔签名的一个贺卡。另外，我们的每一个驻地也给我们准备了蛋糕、巧克力和贺卡，让我们感受到温暖和关怀。还有会议的小组秘书和驻地服务员，每天把我们的生活安排得非常细致周到。我们要走的时候才知道，这位秘书实际上是一位局级的领导，妇女节当天就是他为我们准备的蛋糕。

　　最后的一个体会，就是很多优秀委员的事迹非常感人，让我从中看到了自己的渺小和不足。我所在的社会福利和社会保障界别一共是 36 名委员，其中企业家委员 14 名，包括华南城集团总裁梁满林先生、福耀玻璃集团老总曹德旺的儿子曹辉、江西联创集团的老总等。很多老总手下有几十个公司、管理着六七万人，日常公务非常繁忙，但是在十多天的培训和会议期间，自始至终，一直都在现场，全身心地投入会议当中。另外，残疾人相关组织的委员有 10 名，包括中国残联主席张海迪、宋庆龄基金会的副会长、中国红十字基金会的副会长，还有一些优秀的残疾人代表。来自卫生计生和食药监系统的委员有 7 名，包括原国家卫计委副主任王培安、上海市和新疆维吾尔自治区卫计委两名副主任、河南省人民医院的一名心内科的医生、北京市石景山区社区卫生服务中心一名蒙古族的女医生以及代表广东东莞疾控系统的我。此外，这个界别的委员构成中，还有江西省 FDA 食药局局长以及来自民政系统、社保系统的委员 5 名，包括民政部副部长顾朝晖、四川省民政厅的厅长、国家社保基金理事会的副理事长等。刚开始我还觉得很奇怪，为什么我不在医疗卫生界别，会在社会福利和社会保障界别呢？其实，这些安排都是非常有用意的，因为我们这个界别关注的重点是健康扶贫的工作。大家从这个界别委员的构成中可以看出来，既有国家级、省级的，又有地级市的，还有基层的委员；既有专家，也有行政管理人员、企业家；既有卫健系统，也有民政系统、社保系统等。他们中的很多人让我深受感动。第一类人，就是残疾人中的杰出代表——张海迪。我小的时候，就是听着张海迪的演讲、看着她写的小说长大的，见到真人还是第一次。见了她，我非常吃惊，张海迪 65 岁了，好像几十年的岁月在她的身上没有留下什么痕迹。她不管是讲话还是不讲话的时候，脸上总是带着一种淡淡的笑意，思维非常清晰，引经据典，非常有感染力，非常接地气。在刚刚结束的平昌冬残奥会闭幕式上，有个精彩八分钟的中国时间，其中主题歌就由张海迪写词。她真的非常乐观，焕发出催人奋进的力量。

　　还有一位委员叫张丽莉。五年前的某一天，她还是佳木斯市的一名中学老师，在护送孩子们回家的路上，一辆大卡车疾驰而来，她为了保护学生，把两名学生推开后自己惨遭卡车碾压，昏迷一天一夜才醒过来，最后双下肢高位截瘫。所以她们两位都是坐在轮椅上参加两会的。但是这些一点都不影响他们身上散发出的那种乐观向上的精神、一种积极的人生态度。在讨论的环节，她们非常认真，特别是张丽莉，她拿出来的是打印好的发言稿，这意味着她前一天晚上做了充足的准备。我在想，她们都是残疾人，但她们对生活都是那么乐观，对公益事业一直奔走呼吁，对比之下，健康的我们确实还可以做得更多一点。

第二类人就是企业界的杰出代表。据福耀玻璃集团的副总裁曹晖介绍，他家族的资产基本上被他父亲曹德旺捐出去了，他们这个家族成立的用曹晖的爷爷命名的"河仁慈善基金会"是国务院第一个批准成立的基金会，他们用这样的方式来扶贫济困、回馈社会。他自己也表示，看不惯年轻人宅在家里打游戏、玩电脑，觉得年轻人应该要积极工作，为国家做贡献。一个实实在在的富二代，但散发出来的是那种创业创新、忧国忧民的成熟和担当。

还有一位是华南集团的总裁、执行董事梁满林先生。他在 16 岁的时候从深圳跑到香港。经过几十年的打拼，现在功成名就，退休了，但还有很多社会兼职。他完全可以享受生活的，但仍然每天非常勤奋地工作。他给我们每个人送了一本他写的书——《拙笔诚言》。书中的文字流露出他对儿子女儿、侄儿侄女这一代人的谆谆教诲和关爱之情，以及与友人、合作伙伴的真切情意。他睿智、淡泊，对人生感悟极深。在统计大家学历的时候，他开玩笑地说，工作人员写我是高中学历，其实我真正的学历是初中。大家知道在政协委员当中，60% 以上都是研究生以上学历，不管他是初中学历还是高中学历，应该都是最低的学历，但从他的言谈举止以及他的书中，你感觉到他绝对不是一个初中学历的人。这离不开他孜孜不倦的学习态度和勤奋自律的作息习惯。他每天早晨 5:00 起床。5:00—8:00 是他雷打不动的阅读和写作时间。我们建了一个微信群，每天早晨 6:10—6:30，这个微信群里准时就会出现一篇由他自己撰写的热腾腾的营养丰富的鸡汤文。每次阅读都能触动我的内心，让我收获颇丰。

会议期间，我先后接受媒体采访报道 11 次，包括《人民日报》《人民政协报》、政协网，还有我们广东省的一些媒体等。采访的内容主要是围绕基层疾病预防控制体系的建设、如何提升社区卫生服务中心服务水平以及听取习近平总书记参加广东人大代表团审议时会上重要讲话后的一些感想。政协委员履职的一个重要手段就是递交提案，我递交的提案题目是《关于规范病残违法人员收治场所的提案》。我们人民医院红楼院区实际上就是公安监管场所违法人员专门收治点，但有关部门反映，在病残违法人员收治方面，目前还存在法律上的空白和管理上的体系混乱等问题，所以，我就针对这方面的问题递交了这份提案。

我的大半生

关晓燕　原东莞市卫生健康局保健局副局长、东莞市卫生和计划生育局考核评价科科长

【凡人凡言】我们不能预知明天，但可以把握今天。带上自己的阳光，一路前行，感谢一路有你们陪伴！虽然明年我就退休了，但我会继续把未来的故事写得平凡而精彩！

我做的都是岗位上的工作，平平凡凡的，没有什么感人的故事。然而回想起自己成长过程中的点点滴滴，还是有那么一些的感恩、感动、感悟！

军旅生活——我的芳华

很多同事知道我是第一军医大学毕业的，但不知道我出生于军人家庭。从出生到转业来到东莞之前，我都是在部队大院中生活、学习、成长、工作的。

我的父亲是原沈阳军区空军某部飞行员，是国家培养的第一代飞行员。1950年他从广西梧州参军到东北，正值抗美援朝时期，听父亲讲，在他所属部队已经做好了跨过鸭绿江参战准备的时候，停战了！

记得有次生病，是位解放军阿姨给我看的病。我一直盯着她的听诊器和那身白大褂，在白大褂的衬托下，军装上那"一颗红星，两面红旗"特别醒目！我就想等我长大了也要像她那样！

1983年也就是我参加高考那年，父亲转业回到老家梧州，我也跟随父母回到了梧州。一切都是陌生的，新的环境、新的学校、新的同学、新的语言，但我儿时立志成为一名军人的梦想始终没有改变，唯有努力读书。高考了，我如愿以偿地考上了第一军医大学，一举两得，既穿了军装，又学了医，儿时的梦想终于实现了！更为自豪的是：我们83届全国招收308名学员，其中女同学只有40名。

我记得入学的第一堂课就是：如何从一名普通的学生转变成为一名合格的中国军人。接下来就是正规的军训、整理内务、军容风纪、爱国爱党爱军爱校教育……首先，女生满头秀发一律剪成齐耳短发，男生基本剃成光头，每天早上6点准时出操，晚上10点准时吹熄灯号，上课、吃饭、看电影都列队，而且一路高歌，水壶水杯摆放整整齐齐，被子叠成豆腐块……我们也穿着电影《芳华》中的那套军装，四个兜的，一看就是满脸稚气的干部，用现在的表述：简直就是帅呆了！

学习期间，学校有一条铁律：就是读书期间不允许谈恋爱！队领导明确告诉大家，谁谈就处分谁，毕业分配时还要拆散。我先生是这一条纪律的受益者。直到大学毕业，我们许多男女同学之间都没有说过一句话，我和五院的李杰同学 5 年没有说过一句话，但 5 年的同学情、战友情已深深地根植于我们每位学员的心中！

现在和大家分享两个小片段。

吃饭如何能快速吃饱？入学第一年，我们吃大锅饭，很讲技巧，第一碗不能装得太满，吃完后马上装满第二碗。我吃饭的速度就是这样练成的，基本 5 分钟搞定。我刚借调到卫生局时，局里同事们都纳闷：怎么这么快？我们每周只有一次吃干炒牛河粉的机会，当炊事兵用不锈钢小车（工地上装水泥那种形状）推到饭堂时，大家蜂拥而上，军帽都掉进饭车里了！

冲凉：冲凉房有两排水管，可容纳 10 多人同时冲凉。我们一年四季冲冷水，夏天还好过，冬天真的需要勇气！先把四肢打湿，然后唱着革命歌曲把凉冲完。

此外，还有夜行军、射击考核、年度阅兵等我就不讲了。

所有这一切无时无刻不在雕琢着我们所有学员的坚韧品格、适应能力和团队意识！

1988 年，大学毕业了，我被分配到原沈阳军区总医院工作，开始了军医的生涯。这期间，我和先生组建了小家，1993 年女儿出生，1994 年我结束了军旅生活转业来到我的第二故乡——东莞。

部队大院里长大的 18 年，军旅生涯的 11 年，给予了我坚韧的品格、乐观的心态、无私奉献的精神、责任的担当、严明的纪律等军人本色。大三时我光荣地加入了中国共产党，目前党龄 32 年了。生命里有了这段当兵的历史，给我留下的是人生的财富，是一个美好的回忆，我把最美好的青春无怨无悔地奉献给了国防事业！

第二故乡——东莞

毕业后在沈阳工作，虽然有了自己的小家庭，但远嫁的女儿也时刻牵挂着远方的父母，加之不太适应北方的寒冷，我们就决定回南方。工作的第二年，我选择春节前带我先生回家过年。我们在广州逛了迎春花市，花市上繁花锦簇、人海如潮、生机盎然、热闹非凡的景象，与我们在课本中学习的秦牧散文《花城》所描述的极为相近。此时的北方，白雪皑皑、寒风凛冽、天寒地冻、行人寥寥。先生最终决定跟我南下，几经周折，才来到了东莞工作。

1994 年，我转业到了东莞，军转办把我分配到了莞城医院。初到莞城医院工作的时候，心理上产生了巨大的落差，最后还是说服了自己：服从安排、安心工作。

1996 年莞城医院二甲评审。我承担的部分工作，得到了市局领导的认可。碰巧当时局办公室也缺少人手，时任办公室主任张鼎征求我个人的意见，是否想来局里工作。因为要放弃临床工作，当时我思想斗争了一番，最后还是决定来局工作。我一直以借调的身份在局办公室工作，直到 2002 年才正式入编，一切从头开始。

在局里工作的这么多年里，我做过收文员、档案员、保密员、信访登记员、工会与妇联联络员、计生联络员等很多工作。在每个岗位上我都能够认真地工作，和同事们相处得非常融洽，也在工作中学习着、成长着。在此衷心地感谢领导和同事们的帮助、指导和鼓励。

两局合并后，我来到考核评价科，负责公立医院绩效考核和计生考核工作。说起来和计生工作还是很有缘分的，以前作为计生联络员，曾被抽调带队参加过全市流动人口专项治理工作，与陈少基副调研员、赖俭华科长、黄丽妍科长因工作联系而相识，也去常平镇检查过叶润娣副局长的计生工作。这几年，在市委、市政府的正确领导下，在局领导的带领下及全体卫生计生人的共同努力下，计生目标管理责任制考核工作连续 3 年排在全省先进行列！合并后的卫生和计划生育局更加团结，更加壮大！

在莞 20 余年，见证了东莞卫生事业辉煌发展的历程，感到由衷的欣慰与自豪！今年在市政府十件实事当中，我局的工作被列入首位。我们群策群力，在局领导的正确领导下，全面深化医药卫生体制综合改革，提升医疗服务水平，造福人民！可以感受到我们肩上的责任是何等重要！

抗病经历

我在 2016 年 6 月的"两癌"筛查中被确诊为宫颈癌。幸运的是病情发现早，同时拥有优质的卫生资源。在此我要感谢市政府出台的惠民政策，感谢局领导及同事们对我的鼓励与关爱！

这个经历还要从头讲起。

6 月初我参加了"两癌筛查"，月中接到保健院工作人员电话，说我的结果有些问题，让我带上本人身份证去领取，我当时预感到情况应该不妙，但也没有马上去取，我想让自己的心情平复一下。一周后我又接到院方电话，催我去拿结果，我是 6 月 24 日上午和我先生一起去拿的结果。我认真看了报告后，第一时间给陬伏冰院长打了电话，她让我在门诊等她。陬院长马上就过来了，然后带我又做了一系列的检查，并建议我马上办理住院手续，尽快手术！

决定做手术后，我回单位跟叶局、金局、方局说明了情况，也交代下工作。领导们都很关心我，让我放下手头工作，按专家的意见接受治疗。金局还开玩笑说："关晓燕这下你完蛋了。"然后立刻联系广州专家帮我会诊及做手术。

这个周末我过得很煎熬，也想得特别多。第一次将自己的生命与死亡直接挂上钩，那是一种多么陌生的感受。如果我年迈的父母和还在上大学的女儿知道我的情况，他们会怎样呢？思前想后我决定隐瞒病情。直到今天，我父母还不知道我做过手术。

术前准备做好了，我和先生去探望我父母，告诉他们下周我要出差，再下周要去参加同学聚会，所以接下来的两个星期不能过来看他们了，这样前后就 3 周了。我还和我先生在虎英公园走了 10 多公里绿道。先生默默地牵着我的手，我能感受到他的心痛和不安。术前那晚，我彻夜未眠。

第二天一早我被推进手术室时，陬伏冰院长、张咏梅副院长过来安抚我，让我感到特别温暖，一点也不觉得紧张。手术持续了 5 个小时。我是下午 4 点才醒的，睁开眼睛我意识到我重生了！我现在过两个生日，一个生辰，一个手术日。

术后我恢复得很好，两天后陆陆续续有领导、同事们、战友们、同学们来慰问我，给我鼓励！其中曾凡荣副调研员一句话对我鼓励特别大，他说："咱当兵的连死都不怕，还怕病吗！就把它当成得了一次重感冒！"

我在医院里住了 20 多天，感动的事情很多。隗院长的一句话至今令我记忆犹新：我们是家人，我们要给家人最好的照顾。

术后的第 3 个月做了复查，没有发现问题，我就上班了。直至今天，我依然感受着领导和同事们对我的关心、照顾和鼓励。

我的家非常温暖，给予了我无微不至的呵护、理解！

我的生活已经慢慢走向正常，我甚至会忘记自己是位病人。乐观开朗的燕姐又回来了。

在当前的大好形势下，我要更加努力地学习，与时俱进，发扬军队的光荣传统，一切行动听指挥，与党中央保持高度一致，发挥表率作用，以身作则，做好本职工作。

我们不能预知明天，但可以把握今天。带上自己的阳光，一路前行，感谢一路有你们陪伴！虽然明年我就退休了，但我会继续把未来的故事写得平凡而精彩！

我的选择

赖苑波　东莞市卫生健康局信息统计科科长

【凡人凡言】选择真的无处不在。很多时候，我们最后成为什么样的人，不仅在于我们的能力，还在于我们的选择。每一次选择，都必须承担选择带来的风险，同时也期盼选择可能带给你幸福的改变。

人的一生，都要面临很多次的选择，小到今天我们穿什么，吃什么，大到在一些关键时刻的抉择。

每个人都有自我选择的权利，其中酸甜苦辣，百般滋味，也只能自己去品尝。

在 2017 年的最后几天里，大家发现没有，微信的朋友圈，流行起了晒我的 18 岁。看了很多朋友和同事的 18 岁，情不自禁让我想起了我的 18 岁。

1997 年，那年我 18 岁，我做了人生中的第一个重要选择——报考医学。

1997 年，发生了很多大事让我们记忆犹新。

那年的 2 月 19 日，我们国家改革开放的总设计师邓小平同志逝世。当时的一个月时间里，整个国家都沉浸在巨大的悲痛之中；7 月 1 日，香港回到了祖国母亲的怀抱，洗刷了百年的屈辱历史，东方之珠翻开了崭新的一页；11 月，长江三峡大坝截流成功，这是跨世纪宏伟工程的里程碑事件。1997 年这三件大事，在那年给每个人的生活带来了一定的影响。

对于我来说，我做出了人生中第一个重要的选择。选择了我以后走的路——医学之路。

1978 年，我出生在梅州兴宁的一个小乡村。典型的客家人居住的地方——围龙屋。

我的父亲是一名赤脚医生，他从卫校毕业后，就在我们村的合作医疗社做了一名赤脚医生。小时候我就觉得医生是个很崇高的职业，村里的老老少少对我们家都很尊敬。那时候好像看病基本不用什么钱，几分钱，遇到家里比较困难的，我爸就拿他的工资（不到 10 元钱）垫付。所以，很多乡亲们都感激我爸，经常会拿一两个土鸡蛋、自家酿的米酒、磨的豆腐送给我们。我当时就感到当医生很幸福。

到了 18 岁那年，我读高三的下半年，要填高考志愿了，跟我父亲商量，我父亲鼓励我去读法律、金融，那几年这两个专业非常热门。而我自己就做了一个决定，去读医学，我父亲最后还是尊重了我的意见。于是，我高考的志愿全部填了医学类的院校。高考结果还算如愿以偿，我被广东药学院预防医学系录取了。虽然不是临床医学，但还算是医学门类。1997 年 9 月，我开始了在广东药学院预防医学系五年本科学习，从此我就与公共卫生结缘了。

当时我决心选择医学，应该是小时候受了我父亲的影响，这种影响已潜移默化在我心中，让我在关键时刻做了一个重要选择。

2002年，那年我23岁，我做了人生中的第二个重要选择——出国留学。

2002年，我大学本科即将毕业。刚好从这一年开始，全国各地的卫生防疫站陆续剥离成卫生监督所和疾病预防控制中心两个单位。这对于广东药学院这一届预防医学系的毕业生来说是个好消息，因为卫生防疫站的分家，各地需要大量的预防医学专业的毕业生。当时，也有两家单位有意招聘我。但是，就在实习快要结束的时候，我又做出了人生的一次重要选择，去英国留学。我想着自己还年轻，走出去看看，当时就有"世界那么大，我想去看看"的想法。

为什么我会选英国呢？在我看来，英国历史悠久，文化底蕴深厚，教育质量比较高。而且英国大学的硕士研究生学制短，只有一年，三个学期。在学习之余，我可以领略英伦文化，可以在欧洲旅行。做了这个决定以后，我自己开始在网上找资料，准备申请材料申请大学。当时我申请了四所大学，有三所大学（伯明翰大学公共卫生管理、萨里大学的卫生事业管理、布鲁内尔大学的公共卫生与健康促进）给我发出了录取通知书。全部工作准备完后，我跟父亲说出了我的想法，想去英国留学。父亲问我要多少钱，我说20万吧，其余的我自己去赚。那时候学费在7000英镑左右，生活费加住宿费5000英镑左右。人民币兑英镑汇率大概是14:1。我父亲欣然同意了，也很支持我的选择。最终我选择了萨里大学（University of Surrey），就读卫生事业管理专业硕士研究生（MSc in Health Care Management）。萨里大学位于英格兰东南的萨里郡吉尔福德镇（Guildford），距伦敦30分钟车程。2002年的8月，我从香港乘坐英国航空的航班，经过13个小时的飞行，第一次踏上了英伦三岛，开启了游学之路。

我刚到英国，学习和生活都有点不适应。首先说学习，学习的过程有苦有甜，教学制度也跟国内不一样。我所在的班就7个人，都是讨论式教学，老师布置一个题目，课后就要去找资料写小论文。印象最深刻的是讨论过英国国民健康体系National Health Service（NHS）。NHS包括两个层级的医疗体系，第一层是家庭医师及护士在社区为居民提供一般医疗保健，充当健康守门人的角色，第二层则为 NHS 的医院服务，由各科的专科医师负责并接手由全科医生（General Practitioner）转介的病人，或处理一些重大的意外事故及急诊者。没有想到 10 年之后，我也很幸运参与了我们国家的新一轮医改，有些内容跟英国的医疗体系很相似，比如我们的基层医疗卫生服务体系建设。

说到生活，我一开始也很不适应，尤其是在超市买东西，总是喜欢换算成人民币，觉得东西都很贵，特别是青菜，一把青菜三四英镑，换算成人民币四五十元，牛奶、面包、土豆等生活必需品还是便宜的。中国学生喜欢做的菜就是土豆焖鸡翅。带骨头的肉，外国人好像都不喜欢。英国有一种很有代表性的食物就是"Fish and chips"（鱼和薯条）。我们中国学生都还是喜欢中餐，到了周末，中国同学都会聚餐。那天的厨房，外国同学一般都不敢进来，煎、炒、蒸、煮、炸，油烟很大。当然，吃完后我们也会打扫得很干净。

我们通常对事物有先入为主的认知，总以为伦敦是雾都，雾霾严重，总是阴雨天，出门一定要带把伞，但其实英国的天空基本是蓝天白云，自然环境优美，人与动物和谐共处。以为英国人都很绅士，其实也有很严重的足球流氓。

等到学习和生活慢慢适应后，我就开始边学习边做一些兼职。萨里离伦敦只有半小时的车程，是伦敦的卫星城，也算是一个富人区。工作机会还是很多的，很多同学都会做兼职。

我打工的经历还是很丰富的，在咖啡店做过咖啡，在皇家邮局分邮件，在亚马逊书店包装图书，在家具店送过家具等。做兼职虽然有点苦，也锻炼了我，增加了阅历，尤其是练习了口语和听力。做兼职的一般都是印巴人、非洲人和东欧人，他们的英语发音一般不很标准，很考验人的听力。

兼职也让我增长了见识，比如我在咖啡店打工的时候，我学到了什么是浓缩咖啡、拿铁咖啡、卡布奇诺、摩卡，它们分别是怎样冲出来的。

比如印证了巴铁（巴基斯坦朋友）真的很铁。在做兼职的时候，经常会遇到巴基斯坦人，当他们听到我是中国人时，都会说一句"Buddy, we are good friends"。说明中巴友谊真的已深入到两国人民心中。

打工赚来的钱，基本用在了旅游上。我利用假期，基本走遍了英伦三岛，欧洲大陆也走了一半，包括西欧、北欧十几个国家。

2004年，那年我25岁，我做了人生中的第三个重要选择——回国就业。

2004年3月，我正在写论文的时候，我的导师Terry刚好申请了一个项目，他想让我留下来继续读博士，跟他一起做项目，并帮我申请了全额奖学金。当时我毫不犹豫就做了一个选择，但没有选择留下，而是选择了回国就业。

留学对于每个人有各自不同的意义，都有自己的初衷和目标。对于我来说，我的游学目标已经达到，选择回国就业变成了顺理成章的事。

我从小在客家围龙屋长大，是一个传统的客家人，亲人和家庭对我的影响特别大，感情也特别深。不可否认，英国可以给我安逸的生活，可以过无忧无虑的日子，但亲情，友情对我来说很重要，在那里是不可能给我的。这种深切的家国情怀，让我坚毅地放弃了继续读博士的机会，回到生我养我的地方。当然，回国的原因我还没有上升到为祖国做贡献的高度，但我想，在自己的国家，我有一种主人翁的责任感和使命感。

2004年8月，带着萨里大学颁发的文凭，我踏上了回家的路。经历了2003年的SARS后，国内各个城市都在加快公共卫生体系建设。回国之后，我也结合我的专业，报考了公务员，并顺利考进了东莞市卫生监督所，后来又调进市卫生局。这些年，经过领导的培养和同事们的帮助，在不同的岗位上做了一点自认为称职的工作。

以上就是我的选择的故事，关于选择，马云说过：态度比能力重要，选择同样也比能力重要！

关于选择，我也有几点感悟。选择真的无处不在。很多时候，我们最后成为什么样的人，不仅在于我们的能力，还在于我们的选择。

每一次选择，都必须承担选择带来的风险，同时也期盼选择可能带给你幸福的改变。

选择是一种智慧，而我们的人生，也是一次又一次选择的结果。

你的选择，就是你与这个世界的缘分。

06

我的故事我来讲

第六期

（2018年5月15日）

导语

主持人／曾凡荣

　　五月，是花开的季节，是劳动的季节，是意气风发的季节。今天是第六期活动，继续为大家送上精彩的故事。

　　今天"我的故事我来讲"主讲人有三位，他们分别是戴莉红、叶玉棠和卢赓。

　　五月有劳动节，有青年节，这充分说明，奋斗的青年最光荣！青年兴则国家兴，青年强则国家强。习近平总书记在党的十九大报告中提出：广大青年要坚定理想信念，志存高远，脚踏实地，勇做时代的弄潮儿，在实现中国梦的生动实践中放飞青春梦想，在为人民利益的不懈奋斗中书写人生华章！

　　亲爱的朋友们，美妙的春光属于谁？属于我，属于你，属于新时代的我们！世界卫生组织在2013年提出，44岁以下的都是青年，我看在座的大多都是青年。所以，奋斗吧！青年朋友们！

政府卫生投入的那些事

戴莉红 东莞市卫生健康局三级调研员

【凡人凡言】医药卫生体制改革正走向深水区，接下来的工作更加任重道远，我将继续百折不挠，担当责任，任劳任怨，努力把工作做得更好。感谢一路有大家陪伴，感谢我们温暖的大家庭。

1991 年，我毕业于江西财经大学财会系审计专业。毕业以后我被分配到市中医院财务科，当时财务科都是全手工工作，月头发工资，月中做凭证，月底赶报表，会计人员每天都非常忙，疲于应付。那个时候会计电算化还是新生事物，当时市面上的软件非常少，基本上没几个商家在做。我听说石龙医院（现在市第三人民医院）、深圳市人民医院有一套自己工程师研发的软件，就联系他们学习交流，体验很不错，就拷贝回来使用，的确大大提高了工作效率。从繁忙的事务中解放出来后，我才开始有时间进行财务管理，期间还通过不断学习，取得了会计师和高级会计师职称。几年下来，我积累了丰富的财务管理经验和工作经验，被借用到市卫生局规财科工作。2003 年我正式从市中医院财务科调入市卫生局规划财务科，2005 年主持规财科全面工作。

2005 年之后，市委市政府开始对卫生发展有了较多关注，筹备了几个市属医疗机构基建工作，我们局也因此渐渐与发改、财政、国土、规划、城建等部门有了较多的联系和沟通。我在当中亲身经历了很多事情，今天跟大家分享一下政府卫生投入的那些事。

讲到卫生投入，有几个主要指标是必须提到的。第一个指标是"政府卫生投入占经常性政府支出的比重"。第二个指标是"政府卫生投入增长幅度高于经常性财政支出增长幅度"。我们东莞的情况是怎样的呢？2011 年政府卫生投入占经常性政府支出的比重是 5.04%，迂回上升到 2016 年 5.75%，中间几年有上下波动，但总体趋势还是上升的。再看看增长幅度，政府卫生支出增长率 14.23%，比财政支出总额增长率 11.23% 高，符合国务院十二五医改实施方案的规定。

第三个指标是"政府卫生支出占卫生总费用的比重"。政府卫生支出体现了政府在卫生事业发展上的布局和推进力度。所谓"卫生总费用"是指一个地区全社会用于医疗卫生服务所消耗的资金总额，由政府卫生支出、社会卫生支出及个人卫生支出三部分组成。政府卫生支出主要是财政拨款及投入，社会卫生投入主要是社会保险及商业保险，个人卫生支出就是个人自费部分。国家"十二五"规划规定的比例是 3：4：3，即政府卫生支出 30%，社会卫生支出 40%，个人卫生支出 30%，争取实现政府卫生支出占卫生总费用大于 30% 的目标，个人现金（直接）卫生支出占卫生总费用低于 30%。2016 年，东莞市政府卫生支出占卫生总费用 14.64%，社会卫生支出占卫生总费用 48.28%，个人卫生支出占卫生总费用 37.08%。虽然政府卫生支出逐年提高，但政府卫生支出占卫生总费用的比重未达到国家规定（>30%）的目标，个人现金（直接）卫生支出占卫生总费用的比重在下降，但未达到国家规定（<30%）的目标，与全国（30%、41.2%、28.8%）、全省（27.6%、47.9%、24.5%）水平还有一定差距，与相邻的河源（52.26%）、惠州（49.25%）对比差距较大。政府卫生支出占卫生总费用的比重小，老百姓看病的个人负担就重。

第四个指标是"财政对公立医院的投入水平"情况（补充指标）。2016 年全省公立医院财政补助收入占总收入的比例是 11.9%，东莞 41 家公立医院财政补助收入占总收入的比例是 4.1%，2017 年东莞 41 家公立医院财政补助收入占总收入的比例是 3.7%。

上面的数据说明，在这几年当中，我们政府投入力度还是在不断加大的，这个增幅是用在哪里呢？基本是用在四院一中心、卫校建设、药品零差率补助、公共卫生投入、公立医院离退休人员的经费补助、历史债务的清偿。为了争取这些政府补助，我们要千方百计沟通和协调，不断测算和调整，不厌其烦调研和摸底，最终做通工作不容易……这几年政府能加大对卫生的投入，凝聚着我们卫生局历任领导和同事们的努力和心血。当前我局还在积极推进社区卫生服务中心的标准化建设、医护人员的薪酬制度改革、区域中心医院建设等。身为来自基层的一名同志，看到卫生行政部门不遗余力为医疗机构争取财政补助，我非常感动；身为来自局机关参与过上述工作的人，我非常感慨！我在工作中的体会是：遇到困难要百折不挠，主动作为，责任担当，任劳任怨，面对改革工作任重道远，同志仍需努力！下面我主要分享两个故事。

第一个故事：建设东莞卫校好事多磨的五年。

新的东莞卫校建在道滘镇，占地 231 亩，投资约 2.5 亿元（未结算完成），建筑面积是 71845 平方米，有 36 个标准课室，可接收在校中专生 2500 名，开设 45—48 个班。我们从 2007 年开始谋划，到 2012 年 9 月招生启用，历经了五年时间。这期间的工作可以用五个词来表达：政协提出、人大支持、部门落实、卫生助力、造福莞邑。为什么这么讲呢？我们先来看看十年前的东莞卫校。东莞卫生学校旧址在旧红楼，始建于1958年，是我市唯一一所培养卫生技术人才的普通中专全日制学校。占地8791.2平方米（约13.2亩）、校舍建筑面积为9698平方米、运动场地面积为660平方米。部分建筑为危房。2007年在校中专学生753人。由于办学场地限制，每年仅能招生200多人。开设12—15个班级，仅有规范教室13间。而我们卫校的师资力量雄厚，教学质量很高，培养出来的毕业学生都很优秀，各大医院都争抢毕业生的分配名额。当时东莞市政府准备取消东莞卫校独立办学资格，并入其他中等职业教育，或并入高校办学。我局为继续发挥卫校积极培育卫生人才的重要作用，做了多方面的努力和沟通。2007年8月，我局邀请了市政协委员视察卫校，这期间东莞卫校做了我市卫生职业教育工作汇报，介绍了东莞卫校的办学情况。虽然我们东莞卫校是广东省内最小的卫校、东莞市内最小的中专院校，但我们东莞卫校是我市护理人才培养的摇篮。调研论证后，政协委员们在《政协委员重要建议专报》上提出"关于择地新建东莞卫校的建议"。2007年10月，我局又邀请了市人大常委会视察卫校，并对全省卫生职业教育的状况进行摸底，论述了东莞卫校作为市属唯一一所卫生职业学校，不可替代的社会职能，及当前大力发展东莞卫校的必要性和重要性，强调要"以长远的目光规划择地新建卫生学校"和"努力办好卫生学校，培养多层次的卫生专业技术人才"。2007年11月，市政府同意建设新卫生学校，由市规划局负责选址报市政府审定。因为是建设公益单位，没有税收收入，没有立竿见影的经济效益，绝大多数镇街都不待见的，可见选址很难落实。唯有我局自己去跑选址。我们一共跑了三个地方：我们首先去石龙镇，因地块面积太小不符合要求；然后去茶山镇，也未能与镇政府达成一致共识；最后到道滘镇，经多次沟通和"画饼"诱导，道滘镇政府最终答应划出地块作为东莞卫校新址。选址意向报给市规划局后，市规划局协助我局完成调整用地指标和控制性规划（教育用地），将选址意见报市政府审定。2008年2月，市政府在《关于东莞卫生学校选址用地问题的复函》中，批复同意"东莞卫生学校选址在道滘镇粤晖园北面，用地面积231亩"。其实当时谈的是265亩，因考虑到现在卫校还只是中专，道滘镇政府承诺旁边预留一块地，留待卫校后续升格使用。市政府 2009 年 7 月《关于东莞卫生学校新校规划设计方案问题的复函》（东府办复（ 2009 ） 503 号）批复的是按 22292 万元进行限额设计和建设。2009 年 8 月，市财政局向市政府请示，提出按照 1.72 亿元限额设计。前后一个月，建设资金做了大幅削减！9 月该项目纳入 2009 年重点工程，按 1.72 亿元规模与道滘镇政府签订代建合同，负责征地、三通一平工作，征地补偿款 2739 万元。2009 年 8 月至 2010 年 6 月，设计中标单位按总投资 1.72 亿元（其中多项工程进行了压缩和删减）编制了《东莞卫生学校新校园建设工程设计概算》送市财政局审核。2010 年 7 月，财政部门审核后，编制了《东莞卫生学校新校园建设工程概算审核书》，审核意见如下：东莞卫生学校新校园建设工程审核造价为 2.07 亿元。为此，我局书面向市政府报告，请求东莞卫生学校新校工程仍按市政府 2009 年 7 月《关于东莞卫生学校新校规划设计方案问题的复函》（东府办复 （ 2009 ） 503 号）批复的 2.23 亿元进行限额设计和建设。2010 年 9 月，市政府充分考虑东莞卫生学校作为卫生类中等职业技术学校其建设要求与普通中学存有不同的特点（主要是卫生类职业技术学校的专业实训区建设基本是按医院相关科室要求进行建设），具有较强的专业性和较高的建设、装修要求，不要求完全比照普通中学的工程造价，同意东莞卫生学校新校园建设工程总投资规模由 1.72 亿元调整为 2.01 亿元。2011 年 7 月，我局申请开办费 9560 万元，审核同意 4771 万元，3221 万纳入预算，1035 万学校结余负担，515 万预支生均费用解决。2007—2012 年这五年里，选址，规划，立项，预算，卫生部门助力，从协调、协助、沟通、督导等多方面推动，仅仅预算问题就反反复复斟酌了一年多，投入的精力和时间无法形容……东莞卫生学校新校区最终建成启用，集卫生人才培养、医学人员在职提高、医学科研、卫生业务培训为一体，为东莞社会经济和医疗卫生事业可持续发展发挥了积极的作用。

第二个故事：婴幼儿奶粉事件，高效采购设备的 10 天。

事件起因是很多食用三鹿集团生产的婴幼儿奶粉的婴儿被发现患有肾结石，随后在奶粉中发现化工原料三聚氰胺。根据我国官方公布的数字，截至 2008 年 9 月 21 日，因使用婴幼儿奶粉而接受门诊治疗咨询且已康复的婴幼儿累计 39965 人，正在住院的有 12892 人，此前已治愈出院 1579 人，死亡 4 人。事件进一步升级后，中国奶制品行业在网络抽样分析中，民众的信心指数降至最低点。不少民众人心惶惶，许多人不敢吃国产厂牌奶制品，外国奶粉销量开始上升。

9 月 11 日，根据国务院办公厅会议纪要精神，全国开始对婴幼儿实施免费筛查和治疗。9 月 17 日内部明电要求：筛查、诊断、治疗、宣传"四个全覆盖"，覆盖所有城市、社区、乡村。

9 月 17 日，我市 32 个镇街医院及市属医院全力参与筛查诊治。在局的指导下，各筛查医院均设立了婴幼儿泌尿系统结石筛查专用门诊，预留住院病床，统一指引标识，规范筛查流程，实施咨询、筛查、诊疗一站式绿色通道服务，为患儿提供便捷、优质诊疗服务。但在筛查工作初期，日筛查病例数最高峰达 8553 人次，而且主要靠 B 超设备进行筛查诊断。由于当时的 37 个医院配有高频探头可诊断泌尿系统结石的 B 超设备只有 96 台，平时已经全部满负荷运转，只能应付日常工作需要，无法承担婴幼儿全面筛查的任务。面对 B 超设备不够，诊室不够，医生不够的困难，9 月 17 日，我局紧急召集会议，决定向市政府申请拨款购置一批高频探头 B 超设备，专门用于对食用问题奶粉的婴幼儿的检查。为了争取市政府的财政投入，我们十万火急连夜做出数据分析说服相关部门，又兵分几路陪同相关部门到全市各医疗机构踩点，掌握筛查现场的情况，摸清设备的负荷状况，录制视频……在事实面前，终于说服相关部门同意安排资金采购设备。拿到资金批复后，我又带领规财科的同志昼夜不停联系厂家和代理商，并组织专家编写招标参数，联系政府采购中心组织安排紧急采购。经过不懈努力，以史无前例的低价采购了 37 台先进的西门子彩超设备。为了确保设备的先进性，我们日夜兼程组织 B 超专家试机，确认货真对版后，安排 9 月 27 日，37 台 B 超设备全部运抵市疾病预防控制中心，验收合格后分发到各筛查医院。从接到任务到设备到位投入筛查工作，我带领同志们仅仅用了 10 天就完成了预算申请、采购、验收、分发等工作，为婴幼儿泌尿系统结石筛查工作做出了积极的贡献。

在省委省政府、市委市政府的统一领导下，我局迅速、平稳、有序地完成了婴幼儿奶粉事件的筛查和救治工作，在处置婴幼儿奶粉事件过程中，达到了维护患儿合法权益、维护国家形象和政府公信力、维护社会稳定的目的。同时，按要求下拨和使用"婴幼儿奶粉事件免费救治经费"，达到了预期的社会效益和使用效果，新购置彩超设备应用也大大提升了基层医疗机构筛查疾病的能力。由于彩超设备的中标价格仅使用了预算金额的65%，结余了35%，该项目的绩效评价不理想，财政部门认为预算做得不够严谨，定价较高。其实，预算是根据当时拟购置该设备的医疗机构的谈判意向价格做的，比较接近市场价格，只是因为采购量大，所以可以压低价格，节省了财政资金。节省了财政资金还不被肯定，有委屈吗？有的。但我很坦然，觉得只要完成了使命，个人的委屈不算什么。这也从另一个方面体现了财务人员任劳任怨、责任担当的工作态度。

医药卫生体制改革正走向深水区，接下来的工作更加任重道远，我将继续百折不挠，责任担当，任劳任怨，努力把工作做得更好。

我的"三海"经历

叶玉棠　东莞市卫生健康局体制改革科科长

【凡人凡言】岁月静好，只因有人为你负重前行。再难再苦的事情，总得有人干。干苦差的时候，带头人要有担当，要身先士卒，不是说"同志们，给我上！"，而是"同志们，跟我来！"。

今年六月我就满 40 岁了，出生于 1978 年。我的故事要讲 30 多年。不是这个故事讲 30 年这么长，而是这个故事的跨度有 30 多年，主要包括了我的学习和工作经历，分别是 17 年学习阶段的"学海"， 12 年应急工作的"火海"，以及刚刚调任一年多的深化医改工作的"深海"。下面，我就来跟大家分享一下这"三海"的故事。

首先是"学海"。我是东莞石龙人，小学就读于石龙镇木材厂子弟小学。这所学校是木材厂的职工小学，学生主要包括木材厂的职工子女加上周边村的村民子女，我就是村民子女之一。整个学校加上老师不够 300 人，每个年级只有一个班。老师也就 10 个左右，他们基本上是身兼多职，比如数学老师同时也是教体育的，所以我的数学真的是体育老师教的。虽然我在学校排名靠前，但是在这个师资力量薄弱的学校学习，底子较薄，后来小升初我踏着录取线进入石龙中学，才发现自己真的是井底之蛙。初中第一次期中考成绩放榜，整个年级 300 多人，我排名 135。这对我打击挺大的，所以每到周末，其他同学都两手空空的回家玩，我就拿着一大包书回家恶补。经过中学的一段努力，我的学习成绩总算是到了中上水平，但是我高考没有发挥好，仅仅比重点线高出 2 分。按我爸的说法，这分数算是有交代了，但是，对我来说，这是读书以来的第二次较大的失落，因此决定了我读大学深造的目标不是仅仅及格。我就读的广东药学院不是重点高校，但还是可以认真学习本领的。除了刻苦学习，我还同时担任班务工作。本来班务工作也不会有太大压力，但偏偏是班务工作，让我有别样的"惊喜"。大二的时候班干部改选，因为原班长不愿意继续做，在改选过程中同学间出现了一些矛盾，重新再选的时候我被选作了班长，被选作班委的其他同学不愿意做，我把他们的活都接了，所以我除了是班长，还是副班长、学习委员、文娱委员和体育委员。其他同学基本上都是课室到宿舍两点一线，我是基本点到点，从这个课室到那个课室，中午不回宿舍，因为通常中午会在不同课室召开班长或不同委员的会，一个接着一个开。这样前后大概做了一个学期，其他委员才慢慢接过本职工作。如果有上课到位率和考试及格率这些指标考核班级，我们班这两个指标在年级上是比较高的。

其次是"火海"。主要是从事应急工作的 12 年，在卫生局防保科的两年加上在应急办的 10 年。我经常跟科室的同事开玩笑地说，"有得吃就吃，有得睡就睡"，随时做好应战的准备，因为通常突发事件都发生在下班后，尤其是半夜。遇到突发事件，我自己能处理的就一个人处理好，不用其他同事帮忙，用最少的兵力做最高效率的事，毕竟我们科室加上我才 3 个人，因为有可能第二天还有其他突发事件。在应急工作期间，不论是国庆节、中秋节、清明节、元旦等，对我来说，全部的国家法定节假日都是"劳动节"，都没有消停过。基本上节假日都在处理应急事件中度过，包括 2007 年的手足口病、2008 年的汶川地震、2009 年的甲型 H1N1 流感、2010 年的基孔肯雅热、2013 年的禽流感和强对流天气、2014 年的埃博拉、2015 年的登革热、2016 年的麻涌龙门架倒塌和大朗火灾事件……基本上每年都要处理超过一宗较大的突发事件。其中有三件突发事件让我印象深刻：一个是 2008 年的汶川地震，我市医疗卫生系统的奉献和担当精神被体现得淋漓尽致。当时全市医护人员 3 万多，报名参加支援前线的医护人员超过 5500 人，超过总数六分之一。其中有位 55 岁的医生，写了封自荐信，亲自送到我们应急办，说他是四川人，要去灾区出一分力。虽然他在我们科室述说了几个小时，但是考虑到他的年龄以及当时灾区条件比较艰苦等情况，最终还是未能让他如愿。另一个是 2009 年的甲型 H1N1 流感。在隔离最早的两名外国密切接触者过程中，由于当时受人们对这种疾病认识的影响，以至于隔离酒店所在地政府人员与被隔离人员产生了误会，因为沟通问题，差点衍生为外交事件。第三个是麻涌龙门架倒塌事件。因为龙门架很大，压住了一排工人宿舍板房，从上午 11 点把龙门架抬升开始，一直到下午 3 点多，陆续有伤员救出。但由于人手有限，有部分的死者甚至是由我和医护人员转运出来的，这给我的影响很大。当时我就在想，2008 年去汶川支援的队员看到当时的场景，又是一番什么心情呢。总之，从事应急的这些年，尤其是发生突发传染病事件的时候，让我感受到，作为公共卫生人员，跟临床医生不一样，我们总是默默无闻地在群众背后为他们的健康保驾护航，虽然没有得到什么赞誉，但体现的正是奉献精神，不求回报。

岁月静好，只因有人为你负重前行。前面两段经历让我体会到，再难再苦的事情，总得有人干。在干苦差的时候，带头人要有担当，要身先士卒，不是说"同志们，给我上！"，而是"同志们，跟我来！"。最后就是，沟通真的非常重要，无论是上面的选班长还是隔离事件，如果提前沟通好，起码能避免一些不必要的误会发生。我很喜欢汪国真《热爱生命》那句"我不去想是否能成功，既然选择了远方，便只顾风雨兼程"，无论是过去应急办的工作还是现在体改科的工作，感觉这句话都像是对我说似的。

最后是"深海"。在体改科工作的 1 年多时间里，让我体会到，深化医改正进入深水区，正如在深海一样，因为改革会触动某些利益，要抵得住压力，抵不住就会被压垮。另外，在"深海"里还得有"氧气"，没有"氧气"就会窒息。分管领导曾跟我说过，做医改要抱着一颗公心，这个公心就是"深海"里的"氧气"，为群众谋利益，不是为私利，认准方向做到底，就一定能成功。2018 年 5 月，我市公立医院综合改革工作受国务院督查激励，被通报表扬。在为我市前期医改工作得到国家肯定而高兴的同时，我也深感责任重大，正如市里的批示提到的"要全力以赴，做到实至名归"，要继续做好这项工作，才能不辜负人民的重托。综合医改工作是今年我市的"十件实事"之首，前面十几年的重大突发事件能化险为夷，靠的是我们全系统的群策群力，接下来，我们齐心协力，也一定能完成医改的各项任务，把医改工作做到更好。

让我们一起共勉，共进。

其实我是敲钟人

卢　赓　东莞市纪委监委驻市卫生健康局纪检监察组副组长

【凡人凡言】作为一名共产党员，我们的宗旨是为人民服务。监督执纪问责只是一种手段。我希望大家都要将群众利益摆在第一位，要公平、公正、公开、耐心和细心地对待群众，为群众解决困难和疑问。

2002 年，我在警校加入了中国共产党，怀着当时的理想信念，毕业后考进了警察队伍，干起了广东话俗称的"差佬"。初出茅庐的我怀着一腔热血，希望能伸张正义，干出一番事业，但现实往往没有想象中那么轰轰烈烈。虽然我的从警生涯也"不过如此"，但也算是见过世面的，我在巡警队劝解过跳楼青年，在派出所处理过打架斗殴，在刑警队侦查过灭门惨案，在 110 值班解救过被绑架群众，在交警队帮习总书记做过警卫引导。这些都是警察天天在做的事，正是在这样不断变换的角色中，我遇到了很多无奇不有的案例，也学习了很多"冷"知识。

2009 年，我正式从警察一线转为文职，从此加入了"敲钟人"的行列。在公安局纪委工作，各种各样的新挑战又扑面而来。那时才知道，纪检监察的工作既不简单又不容易，也正是那几年，我被磨炼成一名真正的"敲钟人"，正式上了道。2012 年初，我被借调到省工作，同时我的人事关系在 2013 年被调到了市纪委并派驻到现在的市卫计系统。至今，我从事纪检监察工作已有 9 个年头了。

干纪检监察工作以后，身边很多警察同事都会拿我来开玩笑，甚至有些老朋友会说：我没有违反纪律，我不怕你查。很奇怪，为什么每次说到纪检，他们都会拿我来调侃，而每次听到这类话，我心里也很不是滋味，为何要评论我的工作，难道干纪检的，就是要抓你毛病，就是想你出事吗？还有的人认为自己的事让纪检知道了，会惹上不必要的麻烦，难道纪检就是找麻烦的？你的事躲着藏着，难道就没有人知道？俗话说，若要人不知，除非己莫为！

干纪检监察工作以后，不知是我的工作性质原因还是大家的工作都忙，确实有些人逐渐与我的来往少了。我刚开始还有点不太习惯，会有失落感。社会关系网也因此逐渐收窄了，其实这是好事，除家人和同事以外，我的朋友只剩下了能带给我正能量的志同道合之友，能带给我正气的相互理解之人，能带给我健康的篮球运动伙伴。

干纪检监察工作以后，我发现有些社会上的老板会以这样那样的方式接近你，我遇到过不少这样的情况。老板可以交，只要不与金钱利益挂钩，不违反原则办事，有何不可。有个案例我想和各位分享，这段话是我在办案时，一位老党员老领导的忏悔，他是这么说的："爹为儿子，儿子为爹，导致爹坑儿子，儿子坑爹。老板永远是商人，给你再多钱也无法变成亲人，他们仍然会为了自保而出卖你。在组织开除我之前，我还是一名党员，我希望能为组织做出贡献。我已经是有罪之人，钱对我来说已经是个数字，我多希望能用这些钱换我家人的平安和自由，家人才是活在世上的一切，外人始终是外人，钱财身外物，多少都不是问题，平安自由就好……"该案中的父亲为了儿子能过上好日子，利用手中权力收受巨额利益，并在很多物业和公司冠上儿子的名字。儿子有了父亲的帮忙，有了这些赃款的支持，打着父亲的旗号做生意，最终构成了共同受贿罪。所以他说坑了儿子，儿子也坑了他。还有那些口口声声说"我没有违反纪律，不怕你查"的人，他们真的知道什么能做，什么不能做，什么才算违纪违法吗？这就是典型的没有人警告，没有人教育，甚至没人去骂醒他而导致的结果。所以，在我看来，纪检监察工作除了处理人，更多的是教育人，警醒人和挽救人。小错不纠必成大错，做错了事，就要承担相应的责任，挨顿打还有得救，而不是等到被开除或者戴上手铐时才来后悔。

纪检监察工作的主业是监督执纪问责。我理解的监督就是有形机构的存在和无形问题的发现，执纪就是根据党纪党规对存在问题的党员干部及监察对象进行审查处理，问责就是领导干部没有依法依规行使权力，庸政懒政，监管不力而导致问题的发生，最终追究其与权力对等的责任。这些工作看似简单，但实际复杂。某位前辈曾说过：培养一名党员领导干部的时间和成本是无法计算的，纪检监察人员讲求的就是以事实为依据，以法律法规为准绳，要做到调查和证据全面细致，绝不冤枉一个遵守纪律的同志，也绝不放过一个违反纪律的事实，要做到实事求是，让人心服口服，坦然接受。我很认同这位前辈所说的话。综合这几年的工作经验，我也有了一些自己的看法：愿意配合、态度端正、认识错误到位，主动承担责任的，我认为能从轻的就从轻，就算问题较严重的，我也愿意替他说理讲情，往轻处分靠；不愿意配合，顶风违纪，态度恶劣的，就应该从严从重处理。

在从事纪检监察工作的这些年里，我遇到了既优秀又正义的带头人，他们教会了我很多，让我学到很多人无法学到的知识和做人之道。同时，我想借此机会与各位共勉：作为一名共产党员，我们的宗旨是为人民服务。监督执纪问责只是一种手段。我希望大家都要将群众利益摆在第一位，要公平、公正、公开、耐心和细心地对待群众，为群众解决困难和疑问。我更希望，我们驻局纪检组在未来的工作中，只是加强监督和教育，让执纪问责少之又少。最后，我希望大家能支持纪检监察工作，其实纪检监察人员并不可怕，可怕的是贪手、歪念和任性用权。

07

我的故事我来讲

第七期

（2018 年 7 月 30 日）

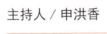

主持人／申洪香

导语

　　7月1日是党的生日，七一前后，东莞市卫生和计划生育局直属机关党委组织党员干部前往井冈山举办党组织书记培训班，举办"我是共产党员"主题演讲活动，参观党建主题展览，开展扶贫济困日暨"不忘初心　心系群众"主题党日等系列党建活动，活动精彩纷呈。就在7月，我们又迎来了第七期"我的故事我来讲"党建主题学习活动，在这个下午，我们将用精彩的故事给红色的七月画上圆满的句点。

　　今天"我的故事我来讲"主讲人有三位，他们分别是陈少基、黄家文以及李健雄。

君子和而不同

陈少基　东莞市卫生健康局三级调研员

【凡人凡言】人心惟危，让我们知道了前进道路的曲折，也让我们知道如何审时度势；道心惟微，让我们领略做人做事的精髓，指导我们在前进中上下求索，勇猛精进；惟精惟一，讲的是不忘初心，专心致志；允执厥中，更为我们处理前进道路中各种纷繁复杂事务，应对国际风云变幻，指明了方向。

中岁颇好道，晚家南山陲。兴来每独往，胜事空自知。

行到水穷处，坐看云起时。偶然值林叟，谈笑无还期。

王维的《终南别业》是我很喜欢的一首诗。工作多年后，我们都会思考自己的"道"：人生的价值是什么，这个时代的天道是什么，应该如何认识这个世界，自己应该如何践行时代大道。

我对古典文化的兴趣，源于高中时期杨宝霖老师的对联和诗词欣赏课。参加工作的第一个十年结束之后，我发现身边的朋友、同事都成家立业，进入有家庭责任有工作担当的阶段。我想运动，但约人不容易了。就想，我需要一种一个人可以静静做的运动，于是开始练太极拳。后来我又学习了其他中国传统武术。盛世练拳，练的是心性和道理。传统的东西，都可以在传统文化里找到其根，都应想方设法从根上把握。练拳也一样，往后练，必须要读谱，读拳论，读经。

于是我重新找到自己对传统文化的兴奋点，读过《尚书》《道德经》《周易》《心经》《黄帝内经》《阴符经》《列子》《淮南子》《大学》等。其实我也是随手将书买回来，不得不读。只是碎片化读，就是随心随需要随手读，可能连入门都不算，但也可通过一扇窗，看到一片天地。

刚开始读，我虽然很多地方读不懂，但会觉得这些文章都很美。读着读着，有一天，我觉得读懂一两句了，心里充满了满足。

让我们一起来感悟传统文化蕴含的大智慧。

我们来观赏一下这个牌匾——北京故宫中和殿"允执厥中"匾。去过故宫的朋友应该都见过。

中和殿位于太和殿、保和殿之间，是皇帝去太和殿大典之前休息并接受执事官员朝拜的地方。"中和"二字取自《礼记·中庸》："中也者，天下之本也；和也者，天下之道也"之意。三大殿中唯有这间房子可供皇帝一人静静地思考。

"允执厥中"匾乃乾隆帝御笔，出自《尚书·大禹谟》。

《尚书·大禹谟》（谟：谋略）记载，尧传给舜，舜传给大禹，三代对圣王相传的口诀，就是这四句心法：

119

人心惟危，道心惟微，惟精惟一，允执厥中。

今天我同大家分享一下这四句话的学习心得。

1. 人心惟危

人心，特征是"危"。凡事，首先要修炼自己那一颗不受约束的"人心"。

"人心"的"危"，通常通过"事"的"危"表现出来。因此，我们可以通过处理好"事"的"危"，来认清"人心惟危"的规律。居安思危，是我们能长久的最基础要素。我们一起来读《周易》"乾"卦，来感受古老智慧下如何应对"危"和把握"机"。

成功从来都不是易事。人、事有"乾"卦气象，看似必然成功，但从开始"晦养以待时"，到稍露头角，再到"终日乾乾夕，惕若厉"的台下十年功；再经历"或跃在渊"谨小慎微，屡战屡败，屡败屡战；才能"飞龙在天"，到达的成功。即使当前成功了，仍需时时警醒自己，才能实现可持续发展。一路走来，审时度势，自强不息，居安思危，战战兢兢，人心惟危，信。

2. 道心惟微

讲了"人心"，第二句讲"道心"。"道"虽然一直在，但谁也不能轻易把握。

微，《康熙字典》解释为：《尔雅·释诂》幽微也；《说文解字》解释为：微，隐行也。

幽、隐是道的特点，总是难以捉摸。好在我们的先祖留下了《道德经》，引导我们去品味意会。

《道德经》讲"道"，文字读起来却比《周易》更显得直白，但又显得意味深长。这种风格切合"道"的特点，将大道"隐"在其中，但又意境通幽。我在这里同大家分享关于行事和自我修养方面内容的几个章节，也不解释，有兴趣的可以细细体会，定能感而遂通。

第二章：天下皆知美之为美，斯恶已。皆知善之为善，斯不善已。有无相生，难易相成，长短相形，高下相盈，音声相和，前后相随。恒也。是以圣人处无为之事，行不言之教；万物作而弗始，生而弗有，为而弗恃，功成而不居。夫唯弗居，是以不去。

第八章：上善若水。水善利万物而不争，处众人之所恶，故几于道。居善地，心善渊，与善仁，言善信，政善治，事善能，动善时。夫唯不争，故无尤。

第十七章：太上，不知有之；其次，亲而誉之；其次，畏之；其次，侮之。信不足焉，有不信焉。悠兮其贵言。功成事遂，百姓皆谓："我自然。"

信不足焉，有不信焉：国君或统治者言不守信，所以百姓就不会信任他。

悠兮其贵言：最好的国君都是多办事少说话，说的话都是很重要的话。

3. 惟精惟一

"精"，《康熙字典》解释为：灵也，真气也。《易·系辞》精气为物。疏！阴阳精灵之气，氤氲积聚而为万物也。

古代哲学中精或水为万物生成之本原。

"一"，《康熙字典》解释为：《说文》惟初大始，道立于一。造分天地，化成万物。《广韵》数之始也，物之极也。《易·系辞》天一地二。《老子·道德经》道生一，一生二。

还有另一种说法。"一"就是北极星。中国古天文学中，天似穹庐，笼盖在四野。而天极处，向上撑出去的一个尖，就是北极星。古人认为所有的星是围着北极星在转，北极星恒久不动，它就是"一"。外国有星象学，在中国是紫微斗数。紫微就是北极星，是那个"一"。北京故宫，是明清两朝至高无上之地，所以叫紫禁城，也表达了这个意思。

惟精惟一，就是返回本源，把握初心。

4. 允执厥中

允，是"诚"的意思。《说文》："诚，信也。"意谓对待人们要诚实讲信用，不搞鬼鬼祟祟的把戏和阴谋诡计。《中庸》："诚者天之道也，诚之者人之道也。"认为"诚"是天的根本属性，努力求"诚"以达到合乎"诚"的境界则是为人之道。又说："诚者，物之终始，不诚无物。"认为一切事物的存在皆依赖于"诚"。

什么是"中"？让我们看看中的样子。

天体运行，无论恒星还是行星，均有自己的自转的中和公转的中，而"天道"唯一做的事，就是把握"中"，让星辰运行有轨可循，有轨必循。台风再猛，台风眼都是风和日丽的。但台风有了台风眼，有了"中"，他的运行也才有迹可循，也才能显现出力量。所以，守住台风眼，对于台风而言，就是守"中"。

《中庸》讲：喜怒哀乐之未发，谓之中；发而皆中节，谓之和。"中"与"和"都表达了同一个意思：平衡。"中"是将发未发时的平衡，"和"是已发后实现的动态平衡。

允执厥中，就是真正诚信在坚持不偏不倚，守住"中"。只有这样，主事之人才能恰到好处地平衡各方，让万物各安其道；也只有这样，自身才能把握自我，尽情显现力量，实现自我目标。

回到开始讲的：未来二十年，人生的价值是什么，这个时代的天道是什么，应该如何认识这个世界，自己应该如何践行时代大道。

大家请看我们党十九大主题："不忘初心、牢记使命，高举中国特色社会主义伟大旗帜，决胜全面建成小康社会，夺取新时代中国特色社会主义伟大胜利，为实现中华民族伟大复兴的中国梦不懈奋斗。"

滚滚红尘，顺倡逆亡。时代赋予我们的人生价值，显而易见，就是"为实现中华民族伟大复兴的中国梦不懈奋斗"。而要实现这个目标，传统文化为我们提供了丰富的营养：人心惟危，让我们知道了前进道路的曲折，也让我们知道如何审时度势；道心惟微，让我们领略做人做事的精髓，指导我们在前进中上下求索，勇猛精进；惟精惟一，讲的是不忘初心，专心致志；允执厥中，更为我们处理前进道路中各种纷繁复杂事务，应对国际风云变幻，指明了方向。

《中庸》认为，"中"是天下之大本，"和"是天下之达道。做到中和，天地万物各得其位，各得其所，繁荣昌盛。坚定地走中国特色社会主义道路，是实现我们奋斗目标的"达道"，是传统"君子和而不同"理念的具体实践。

传统与现代的有机融合，让我们自然而然，更加坚定地团结在党中央周围，更加坚定中国特色社会主义道路自信，更加坚定自己的理想信念。让我们一起，为传承传统文化，为中华民族伟大复兴共同努力！

平凡的经历　充实的人生

黄家文　原东莞市计划生育协会一级主任科员、秘书长

【凡人凡言】学习有压力才会有动力，有动力才会有毅力，有毅力才会有成效。

我是市计划生育协会秘书长黄家文。回顾自己的人生轨迹，我觉得自己的经历就是从学校到协会，既没有换过职业，也没有换过单位，经历平凡，没有太多的故事可讲。但是，再平凡的经历也是自己人生不可多得的财富，所以，今天在这里讲一下自己学习、工作上的一些经历和感受。期待抛砖引玉，共同交流分享。

首先，讲一下学习，我的感悟是：学习要有压力。

我的籍贯是广东省西部的云浮市郁南县，但我的出生地是在广东省北部九连山脚下的韶关市翁源县一个叫小寨的地方。因为父亲从军的缘故，我在那里出生、长大，直到初中三年级。那地方虽然名叫小寨，但它的来头却不小，它是中国核工业总公司 741 矿的所在地。741 矿始建于 1957 年 12 月，20 世纪 70 年代初整编为基建工程兵，番号为中国人民解放军 00251 部队，隶属驻地韶关的第 203 师，为团的编制，是一支铀矿开采部队，为国防军工生产提供核能原料保障。这座铀矿的建设为新中国 1964 年 10 月 16 日成功爆炸的第一颗原子弹提供了主要原料，国务院当时为此专门发来贺电。

部队是一个小社会，学校、商店、图书馆、影剧院样样俱全。我的小学、初中都在部队的子弟学校度过。那时还是计划经济时代，各方面的条件都比较艰苦，生活上物质匮乏，凭票供应（粮票、肉票、布票等）。父亲是一名电工技师，每个星期父亲都是周一离家去矿区工作，直到周末才回家。我们都很期待周末，因为父亲每次回家都会带猪肉回来，这样就可以有肉吃了。虽然当时物质生活艰苦，但那时读书不像现在这么多课程、这么累，课程只有语文、算术、政治、自然等几门。课余没有家庭作业，更没有人请老师补课，所以，课余生活就地取材，五花八门，丰富多彩，不玩到天黑不回家，学习生活简单而快乐。那时在子弟学校上学没什么压力，读书也没什么远大理想，最大的愿望就是当一名三好学生，好好学习，天天向上，长大以后做共产主义事业的接班人。我这样无忧无虑读完了初三上学期，1982 年 8 月中国百万大裁军开始，中央决定撤销基建工程兵部队，部队集体转业兵改工，改为企业建制。1983 年春节后，全家随父亲转业回地方。父亲是一名党员，因为党龄满 50 年获得省委颁发"南粤七一纪念奖章"。父亲是有信仰的共产党人，对党忠诚，绝对服从组织安排。当时转业的调令写的是郁南县化工厂，父亲当时既没有问一下老家的亲戚朋友，也没有自己提前回去了解一下，直接打好行李、携家带口就回去了。回到老家我们才知道，这家县化工厂并不在县城，而是在下面的一个镇，所以，我就回到了县下面一个镇的中学继续读初三下学期。这所中学的学生很多都是农村来的，他们的经济条件都不太好，缺吃少穿的，但他们学习都很刻苦，这使我感到了压力。我们革命先辈是为中华之崛起而读书，他们是为了改变命运而读书，而且当时最喜欢报读师范，因为师范上学不用交钱还有补助。知识确实能改变命运，很多同学读了师范出来，当了老师，做了校长，不用像他们父辈那样面朝黄土背朝天，人生从此不同。之前在部队子弟学校都是讲普通话，我还不怎么会粤语，为了更好地听课，也为了融入同学当中，当时我花了大约一个月时间很快学会了粤语。在同学们刻苦勤奋学习精神的影响下，通过一个学期的努力学习，高中我考上了县的重点中学西江中学，并暗下决心，将来一定要考上一所好大学。高中读到高二时按当时的规定要分文科、理科，当时流行的说法是学好数理化、走遍天下都不怕，因此，我就报了理科。读了一年之后，高三体检发现眼睛色弱，班主任从将来择校就业的角度建议我改读文科，所以，高三我才改读了文科。由于离高考只剩不到一年的时间，时间紧迫，压力巨大，为了追回高二一年文科的课程，实现考上一所名牌大学的理想，高三那年我可以说是卧薪尝胆，发奋苦读。到高考时不知是临场发挥超越平时水平，还是那年《树木、森林、气候》的高考作文题目相对容易，1986年高考我一不小心由平时的中等成绩考到了名列前茅，误打误撞，入读岭南著名学府中山大学，也为后来有机会来到东莞工作埋下了伏笔。所以，学习有压力才会有动力，有动力才会有毅力，有毅力才会有成效。

学知识如此，学技能也是一样。1994年夏天，西江流域的广西、广东两省普降暴雨。西江河水猛涨，水位高达23.88米。6月18日，郁南县城建于五十年代长5.5公里的土堤决了口，全城受淹，一夜之间，损失巨大，满目疮痍。接到消息，第二天我急忙坐车回到县城附近，再坐船回到家附近的高地，我看到当时家乡人民处于水深火热之中，但因为自己不会游泳，是一个旱鸭子，面对灾情除了出点钱之外无能为力，自己深感自责！从此，我下定决心，一定要学会游泳。回来之后，经过拜师学艺，勤学苦练，我用了一个夏天很快就学会了游泳。1998 年 6 月，百年一遇的洪水，使西江河水暴涨，浊流狂奔，滔天汹涌，水位高达 24.5 米。我又连忙赶回家，但英雄已无用武之地。原来1994 年决堤次年，全县上下群策群力，历时十个月建造了新的石堤，使我的家乡安然度过了 1998 年百年一遇的洪峰。

其次，讲一下工作，我的感悟是：工作要有动力。

经过中大四年的大学生活，1990 年夏天我即将大学毕业。因为当时郁南县还属于肇庆市管辖，很多的亲戚朋友都在肇庆市，当时市委的领导还是同乡，大家都建议我回老家肇庆工作。当时同班的一位同学是东莞人，她母亲带了东莞的糯米糍、桂味两种荔枝来学校看女儿，这让我有机会品尝了东莞荔枝。虽然我的家乡郁南县除了有点名气的无核黄皮之外也有荔枝，但吃过同学母亲带来的荔枝之后，我觉得比起家乡的荔枝来说，东莞的荔枝品种确实不同，比较好吃。而且当时听同学母亲说，1988 年东莞从县级市升级为地级市，经济发展迅猛，日新月异，充满生机活力，自己又看了地图，发现东莞处于省会广州和特区深圳之间，所谓天时地利，所以，我最终放弃了回肇庆工作的想法而选择了来东莞，这个海纳百川、厚德务实的地方。从 1990 年开始到现在，我见证了东莞 28 年的发展。我在单位历届领导同事的关心帮助下也不断成长，从小黄长成了老黄，从新莞人变成了老莞人。至今我觉得自己当年的选择是正确的，无怨无悔。

1990 年毕业后我来到了东莞市计生委工作。1991 年被安排到企石镇莫屋村蹲点扶贫，1992 年到万江区胜利村参加社会主义教育活动。当时的条件比较差，万江胜利村还好点有地方住，企石莫屋村连住的地方都没有，只能每晚回镇府住，吃饭每天都在村里，平时吃得比较简单，到过节的时候才会改善一下。工作基本每天都待在村里，和村干部一起走家串户，访贫问苦，了解情况，登记造册，开展工作。通过参加这两次驻村工作，使刚走出校门参加工作的我对基层工作、对党的群众路线有了初步的认识，增加了以后干好工作的动力。之后，除了完成单位的工作，我还多次被抽调到外单位参加工作。比如2000 年至 2002 年三年时间被抽调到市人普办，参加了全国第五次人口普查；

2004 年参加全市的村改居工作等等。2007 年 4 月我被抽调到设在市卫监所的市打非办，参加全市的打击非法行医工作，任第四督导组组长，负责丘陵片的寮步、大朗、大岭山、黄江等镇的打击非法行医工作。面对几千家、数倍于正规医疗机构的非法行医机构，打非工作的难度、工作压力是相当大的，为了完成任务，我们不但要有大无畏的精神，还要和非法行医者斗智斗勇。在时任市卫监所叶向阳所长的英明指挥下，我们通过大半年的明察暗访、检查督导以及若干次全市集中的打击非法行医"飓风行动"，全市非法行医黑诊所基本被清除，长效监管机制初步建立，人民群众基本满意，顺利通过了省打击非法行医领导小组办公室的检查验收，并被省推荐接受国家验收。同年 10 月至 12 月，我同时参与了全市的产品质量和食品安全专项整治行动，负责城区片的督查工作，最后，该专项行动也顺利通过了检查验收。

2014 年，卫计合并成立市卫生计生局。我有机会先后负责了科技教育科和中医科的工作。由于这两个科室都是从医政科分出来的专业性较强的科室，而自己既不是学医出身，也没有从事过卫生工作，一切都要从头学起，所以，我当时觉得很头痛，压力很大，就怕完成不了工作任务。为了做好工作，服务好广大医务人员和医疗机构，在张局、尹局这些专家型领导的精心指导下，在科教科、中医科同事的大力协助下，经过自己的刻苦学习，努力适应，总算能在较短的时间内入门，能够顺利开展相关工作。通过两年的科教工作，我体会到我们医护人员尤其是一线的医务人员真的很辛苦，在完成平时繁重工作的基础上，既要抽时间参加继续医学教育，不断提升自己业务水平，还要搜集数据，查找资料，搞科研，写文章，十分不容易。通过一年的中医科工作，我认识到西医很强大，中医很伟大。在世界医学领域中，中医药学已发展成唯一可与现代医学比肩的第二大医学体系，中医药学也从未像今天这样受到强调和尊重。西医、中医如何整合是一门大学问，两者通过取长补短，可以整合形成一个从整体出发、重点关注人的、真正有效保证人类健康的新的医学体系。2017年，根据工作安排，我负责计生协会工作。计生协会是中国共产党领导的全国性群团组织，是党和政府联系广大育龄群众和计划生育家庭的桥梁和纽带，是协助政府落实计划生育基本国策、促进人口长期均衡发展与家庭和谐幸福的重要力量。新时期，协会工作被中央赋予六项重点任务，我们要在党的正确领导下，切实做好宣传教育、生殖健康咨询服务、优生优育指导、计划生育家庭帮扶、权益维护和流动人口服务等工作，促进人口长期均衡发展与家庭和谐幸福，为建设卫生强市、健康东莞做出自己的贡献。

我的数字人生

李健雄 东莞市人民医院财务科科长（原东莞市市属公立医院管理中心财务科科长）

【凡人凡言】平凡的数字，加上音乐的旋律，会变得美妙动听！平凡的工作，不断变革和创新，会变得精彩纷呈！

大学毕业后，我在塘厦医院财务科工作了 14 年，在市卫生统计信息中心工作了 8 年，在市医管中心也已经工作了 5 年。27 年的工作我都跟财务数字、统计数字、数字化建设打交道，所以起名"我的数字人生"来讲我的故事。

一、三次"开荒牛"的故事

我在塘厦医院工作时，1998 年经历了新医院的搬迁，参与各项新院筹备工作，可以说是经历了一次"开荒"工作。我 2005 年调动到市卫生统计信息中心，2013 年又调动到市医管中心，这两次调动都是到一个新成立的单位，要从事机构设置、制度建立、工作开展等各项"开荒"工作。俗话说"万事开头难"，每到一个新单位，都是一个新的挑战。身为共产党员，要"服从组织分配，积极完成党的任务"，我满怀激情地投入新单位的创建工作。

在单位创建初期，由于人手不足，各项规章制度不健全，各项工作还没开展，也没有现成的模式可以参考，都是创新性的改革，需要大量的调研、论证、草拟方案，与各部门沟通协调，很多材料自己动手写，经常加班加点，但我毫无怨言，坚持下来了。

任何工作，开头确实很难，但是一旦开了个好头，事情也就成功了一大半。现在我们回头来看一下，市卫生统计信息中心建立了"一网、一库、一中心、一平台"，即卫生信息专网、卫生数据中心、应急指挥中心和卫生信息交换平台，与全市各医疗卫生单位连接，统筹规划全市卫生信息化建设，建立了信息项目论证审批制度。2007 年我们就推广了卫生系统 OA，与移动等合作建立了全市统一的预约挂号平台，开发了公立医院财务报表上报分析系统，建立了社区卫生服务信息系统等一大批应用系统。现在我们正根据局的统一规划推进"一中心三平台"建设，前途更光明。

市医管中心成立以来，大力推进了市属公立医院财务管理工作，打造服务型组织：建立了预算管理制度、工程及设备论证审批制度、资产处置审批制度、试点了医用耗材集中采购制度，向 5 家三级公立医院委派总会计师，2016年起建立了基本医疗服务补助制度和市属公立医院院长专项资金，2017 年起建立了镇街公立医院院长专项资金。目前正在配合做好区域中心医院清产核资和资产移交工作。经过近五年的努力，市属公立医院精细化管理水平得到快速提升。三次"开荒牛"的经历，也让我得到快速成长。

二、争取财政资金支持的故事

（一）借助第三方力量争取资金

去年市财政局委托东莞市社会科学院对 2016 年市属公立医院基本医疗服务补助项目绩效评价。我们积极配合，及时提供各种材料，并陪同专家到每家医院进行调查了解，提供我省各地市补助方案给评价专家参考，让专家组真正感受到公立医院是公益性单位，需要财政资金支持，但目前财政补助水平远远不足的现状。整个绩效评价工作我们积极配合，受到评价专家组的充分肯定。最后，该项目绩效评价得分达 82.6 分，评为"良"档次，同时专家组在报告中建议市财政提高基本医疗服务补助标准，每门诊人次补助增加 1 元，每住院人次增加 3—4 元。

在今年市政府批复的公立医院基本医疗服务补助新方案中，采纳了专家组的意见，提高了补助标准，预计每年对全市公立医院补助 3.31 亿元，年增加 8054 万元。记得去年我们到医院调研时，医院领导对我们争取到的基本医疗服务补助项目非常感谢。医院现在终于可以明确知道每年能够获得多少财政补助资金了，真正落实了公立医院政府投入的责任。

（二）设立院长专项资金助力医院人才及专科发展

市镇两级院长专项资金，现在每年筹集 7000 万元经费用于支持公立医院管理人才培训、人才引进和科研及专科建设。目前，我市公立医院的短板是管理人才缺乏和管理意识不足，要建立现代医院管理模式任重道远。我们在院长专项资金经费构成设计方面，特意设置了管理人才培训经费。每年管理培训经费有 350 万元，在局和医管中心的牵头下，全市公立医院掀起了管理知识的学习热潮，我市卫生系统成了学习型组织。

院长专项资金每年安排医疗人才补助达 3500 万元。去年下半年，医院业务骨干优秀人才补助资金下发到临床一线人员手中时，下属医院领导亲自打电话给我，说以前医院没有资金提高人员待遇，人才流失严重，现在要感谢我们为医院争取到了这么好的人才补助政策，医务人员队伍比以前稳定了。听完电话我胜感欣慰，感觉以前项目立项及接受绩效评价准备材料时的辛苦和付出都是值得的。

三、数字化建设创新故事

大家都会觉得奇怪？我从事财务工作，信息化也这么在行？其实财务工作是和信息化数字化分不开的。

记得 1993 年在局统一部署下，全市推广应用电脑收费系统的时候，医院根本就没有信息技术人才，所以财务科要负责医院第一代信息系统的建设及实施工作。这样财务和信息就结缘了。

随着信息技术的发展，财务人员的简单重复劳动，都交给计算机去做了，比如工资管理、发放，账务处理，财产物资管理，报表生成，报表差错检测，报表上报、报表分析等，全部可以由信息技术去完成。财务人员的时间从过去花在做账上，转移到做好医院的财务管理，做好内部控制、堵塞财务漏洞上，这使得医院精细化管理水平得到提升。

2017 年初，我们到市属公立医院调研使用工资管理软件的情况。调查发现 9 家市属公立医院中，还有 4 家医院没有使用工资管理软件，仍然停留在利用 Excel 表格进行半自动的管理模式水平，统计很不方便，数据分析困难。对此，我感到非常惊讶，这种工作模式，财务人员根本没有时间去参与医院的管理。这件事警醒我们，若循规守旧，不改革，不创新，就会落后于人。

也许是在信息化建设方面尝到甜头，我在信息技术应用和流程再造方面不断探索。在市医管中心五年，我们积极向发改局申报信息化建设项目，建立了市属公立医院经济监管系统、资产处置系统、绩效考核系统、综合运营管理信息平台、领导决策支持系统等等。现在利用手机 APP，领导们能够随时随地打开手机了解市属公立医院各项业务数据、医疗质量数据、财务数据、费用控制数据、人力资源数据等等，管理效率和管理质量大大提升。

我们经常听到东莞电台音乐频道的广告：磁带被 CD 机取代、胶片被数码相机取代、短信被微信取代，这里的好音乐绝对无可取代！

随着智能手机的普及，我国社会各行各业发生了天翻地覆的变化。大家有没有留意到，就这两三年，出入停车场不用 IC 卡了、上街不用带钱包了、商店服务员越来越少了、广告宣传最好工具是朋友圈和公众号了。

我们可以思考一下，医院对病人的服务：挂号、缴费、复诊、查阅检查报告、客户回访、咨询、满意度调查等，能否利用智能手机就能完成？我们的工作，流程审批、请示汇报、工作布置，是否通过手机就能实现？我们还会不会买一些实际用途越来越少的东西：传真机、车载 GPS、台历、移动硬盘、手表、报纸等。因为电脑和手机都代替了它们的功能。

我们中国共产党，要成为学习型、服务型、创新型政党。我们每一位党员要从日常的工作做起，反思一下我们的工作模式有没有守旧，要不要进行改革创新，我们才不会被快速发展的社会淘汰。

我非常幸运也非常感激，在市卫生统计信息中心、在市医管中心的好平台上，在各级领导的正确领导下，在组织团队成员的紧密合作下，各项工作任务能够得心应手去完成，并取得了良好的进展和效果，也让我能够得到锻炼和成长。

最后，让我以林子祥的《数字人生》这首歌来结束我的分享：30624700，30624770，53420213942，43140624……

平凡的数字，加上音乐的旋律，会变得美妙动听！

平凡的工作，不断变革和创新，会变得精彩纷呈！

我的故事我来讲

第八期

（2018 年 9 月 30 日）

主持人／申洪香

平凡的人生也能演绎精彩的故事。

今天"我的故事我来讲"主讲人有三位，他们分别是卢赞梅、赖俭华和熊劲光。

"人生如逆旅，我亦是行人。"人生确实有很多纠结，有很多困惑，与其在纠结中彷徨踌躇，不如坚定信仰，顺应自然，淡定从容，继续前进。

我愿做"护林员"

卢赞梅 东莞市卫生健康局党组成员、市纪委监委驻市卫生健康局纪检监察组组长

【凡人凡言】我愿做"护林员",把我市卫生计生系统的党员领导干部这片"森林"维护好、看管好,为深化我市医药卫生体制改革营造良好的政治氛围,为我市人民群众的健康做出一份贡献。

1986 年我从惠阳卫校毕业。我们这一届是惠阳卫校最后一届高中毕业读中专的护士毕业生。我和我的其他 3 个同学被分配到了东莞市人民医院。由于当时东莞卫校恢复教育才几年，因此正规的卫校毕业生在医院比较少，我们成了宠儿，也成了医院大内科分科前的开荒牛。当时人民医院并不大，临床科室只有内外妇儿一级科室，加上泌尿外科和烧伤科两个二级科室。可能大家觉得奇怪，为何只分出这两个科？因为东莞的"石头"多，尤其是泌尿系统结石最多，这跟我们的水质很有关系；另外东莞的烟花厂多，我从小在市人民医院长大，一到春节，救护车和消防车就响个不停，经常有大量的烧伤病人被送到人民医院，因此，要先独立设置这两个科。在大内科经常住着 80—90 个病人，有所以时候值夜班虽然上夜 10 点前有一个帮班，但经常忙得连喝水的时间都没有。我的运气经常不好，往往值夜班的晚上不是入院多就是抢救多。曾经有过一次，在我上夜班时，来了两个农药中毒的病人和两个脑血管意外的病人。要知道，这两类都是急危重病人，都需要马上抢救，加上原来的住院病人多，忙得连喘气的时间都没有。分科后，我被调到了最忙、危重症病人又多的心血管神经内科。我在那工作了 3 年。接着，我又被调到准备分科的大外科。在大外科经常有 90 多个病人住院。晚上我带着实习生两个人上班，病人中半小时一次测生命体征的就有五六个，一个小时测一次的有六七个，加上补液换瓶、气管切开的护理，有时还有外伤病人、急诊手术要做术前准备等等，忙得没时间上洗手间。晚上应该一点钟下班的，常常拖到两点多才能交班，3 点多才能下班。等下班的时候再去洗手间已经排不出小便了，因为膀胱麻痹了。这样的情形时有发生。其实，我只是护理队伍中的普通一员，像我这样忙碌在工作一线的有无数的医护人员，包括我的护理前辈和医生、主任。尤其是医生，他们上完夜班，第二天经常做手术到下午，等于没有怎么休息。我看现在也一样，就在今年的 7 月底，我爸爸因病住进了市人民医院消化内科。在他住院期间，我看到的医护人员都在忙碌地工作，科主任和护士长经常是晚上八九点才下班。我问护士长为何这么迟下班，家不管了吗？她说，反正儿子也长大了，不用她管，老公又经常下乡，很晚回家，而科室事多，护士经常忙不过来，她也放心不下。该科室的主任也总是早上 7 点多就到医院，中午经常为病人做胃肠镜或看门诊，午饭拖到一两点钟才吃，晚上八九点才下班，常常胃不舒服。我对他们说这样透支身体，很容易影响健康，但他们总是笑着说，科室病人多，还有60多个病人在排着队等入院，科室的医生护士经常忙不过来，总是要帮帮忙，把好关，怕出事。他们虽然经常加班但从不补休，因为，每年的年休假根本没时间休。像他们这样的医护人员在我们系统不计其数。他们这种敬业精神、强烈的责任感和不计较个人得失的品德，着实让人佩服！

我在人民医院干了5年多后，1992年因工作需要被调入了东莞市卫生局。在卫生局（现在的卫计局）我工作了26年，其中，在业务科（即后来的医政中医科）16年，人事科4年，纪检组6年。在这26年间，让我接触到了本系统的领导干部、医生、护士、医技、卫监、疾控等人员。

首先，谈谈我的局机关的同事。我是1991年先被借调到卫生局业务科工作的。当时我还有些不情愿，因为我总觉得搞行政的都是些无所事事，一天一张报纸一杯茶打发日子的人。到了卫生局以后，我才知道卫生局的工作有多忙碌。那时的卫生局只有办公室、财务科、人事科和业务科共四个科室，所有的业务（也包括爱卫工作）基本上都在业务科，所以我们科也叫杂务科。我们整个科室只有10个人，由于人少，故往往分工不分家，很多工作相互协助，因此每个人都成了"万金油"。记得刚开始我跟钟逸庭同志负责农村卫生站审批、验收、管理工作，又跟卢平同志负责护理管理、医院感染、供应室管理验收、设备管理等工作，还协助处理医疗纠纷和医疗事故鉴定、医学美容、桑拿发证等工作。我差不多天天下乡，从坐车到石龙都晕得天旋地转到后来任何车都可以坐，克服了晕车这个大难题。业务科的每位同志都是我的老师，从他们身上我学会了敬业、认真、不畏艰辛、勇于面对困难的优良品质。记得有一次东坑医院门诊上午收治了一个病人，病人在医院就诊打点滴不到几个小时突然死亡。当时家属意见很大，家族人多，围着医院要求给个说法和赔偿。医院与家属谈了半天都谈不拢，下午差不多下班时，医院打电话到业务科，当时我接的电话，后向管医政的副科长汇报后，他二话不说，和我马上去东坑医院。同时，我们也通知了公安局的法医一起去。当时莞樟路在修路，经常塞车，去到东坑差不多晚上8点了。我们先通过接诊的医务人员和死者家属了解整个事情的经过，并看了门诊病历等资料，再同死者家属做思想工作，征得家属同意做尸体解剖了解死因，接着与法医一起对死者进行尸体解剖，最后证实了我们的诊断，为急性心肌炎死亡。由于心肌炎的死亡率很高，经向家属解释后，家属表示理解，纠纷平息了。等处理完整件事已经是晚上12点多了，那时大家才记得还没吃晚饭，我们一干人随便吃了个快餐就回家，到家已是2点多了，但第二天8点我的领导和同事们都准时上班。这是卫生局的风气，加班晚归是家常便饭，但从来没有人提出要求补休。可以说，我在卫生局医政科工作的16年间没休过年假，不只是我，我们科的人也一样。我们并不宣扬这种做法，但从故事里可以看到我们局的前辈们兢兢业业，勤勉苦干，一心为公努力工作的精神！当然，我觉得劳逸结合最好，只有休息好，才能有更好的精神状态去工作。

26年里，我接触到了各医疗卫生单位的领导，尤其是医院的院长。我们卫生系统的院长们大多数是学医出身，原来就是医学的专家，他们书生气比较重，执行力也比较强，上面一个指令，下面绝对服从！不论是搞医院分级管理评审创建等级医院、抗击"非典"、抗震救灾、甲流、手足口病防治等，都是步调一致，不折不扣地完成任务。我记得2009年6月石排镇中心小学发生了一起甲流疫情，共发现125例上呼吸道感染病例。经实验室核实及专家组会诊，其中56例确诊为甲型H1N1病例。石排医院没有感染病区，按要求要迅速将56例确诊病例及时转至石龙人民医院。石龙人民医院院长亲自指挥，马上腾出一个病区专门收治病人，抽调人员成立了专门的救治队伍，一夜之间成立了一个传染病区，并把病人全部收住入院，最后圆满地完成了任务。

我在医政科的16年间，接触到了很多护理人员。由于我负责护理管理，让我经常接触、深入到我市的护理队伍里。那是一支团结务实、对工作特别认真细致、要求特别严格苛刻、为专业发展特别无私奉献、"给点阳光就灿烂"的队伍！记得1994年，我市开始创建等级医院，开展医院分级管理评审，由于我市医疗机构质量管理的底子比较薄弱，护理文书、操作流程、专业管理等方面都需重新规范，当时我经常和护理学会召开会议，研究制定护理的规范、操作流程、相关制度以及各种考核标准。只要一声令下，或者提出一个要求，护理部主任们、护理学会的理事们都会积极地想办法、出谋献策，主动要求参与，并肯定在规定的时间前完成任务。各医院的护理人员经常利用下班时间搞培训、定制度、完善文书、"三基"考试等，常常到很晚才下班。就这样我市的公立医院均坚持三年的努力奋斗，最终都通过了等级评审。所以，当宣布通过评审结果的时候，很多护理人员都哭了，的确结果来得太不容易了！2003年抗击"非典"，卫生系统的广大干部和医务人员全力以赴，夜以继日，奋战在抗击"非典"最前线。我市护理人员不顾个人安危，积极投身于这场战斗。在4月中旬，卫生局接到省卫生厅的明传电报，要求我市选出4名技术过硬、责任心强的护士准备赴香港支援。当时香港疫情很严重，并进入恐慌。我市的师清莲、冯明开、佘燕萍、曾琨等护士积极报名参加，特别是师清莲主任曾打4次电话要求参加。又如：我市人民医院召开抗击"非典"动员大会，会议还没结束，大批医务人员已经踊跃报名参战。据统计，当天在岗值班的护理人员有240人，她们知道动员会的消息后，在1小时之内就有125名护士写请战书或打电话给护理部，志愿参加"非典"病人特护队。更让人感动的是，在"5·12"国际护士节期间，市人民医院护理部收到我们的老前辈、原护理学会的名誉理事长、当时已经75岁的老同志司徒芬女士给护士姐妹们的一封慰问信，信中提出："在抗击'非典'的战斗中，她随时准备听从党的召唤重返一线与同志们并肩战斗。"还有一批护理学会的老前辈们，也要求返院支持抗击"非典"的行动。这些都展现了我市护理人员的风采，这是一支多么可敬的队伍！

2007年打击非法行医，让我较多地接触到了我市的卫生监督队伍。由于改革开放以来，我市经济迅猛发展，全市外来人口剧增，医疗卫生服务需求大幅度增长，而我市医疗卫生资源存在总量供给不充足、城乡分布不均衡、地区差别比较大等问题，导致一段时期，我市非法行医行为猖獗。市委、市政府的统一部署，由分管副市长任打非领导小组组长，市政府副秘书长任打非办主任。在各镇街各部门的配合下，开展"整治食品安全、打击非法行医"这样一场没有硝烟的战役。当时我和叶向阳局长均是市打非办下设的打击非法行医办公室副主任，叶局主要负责堵后门（打击非法医疗机构），我主要负责开前门（制定和完善医疗机构审批制度，加快对申办医疗机构的审批发证，以解决群众看病难的问题）。我在"打非"总结汇报会听到的，以及我参与的几次飓风行动，使我对我市的卫生执法人员有了更多的了解和认识，这是一支敢打敢拼、不怕困难、灵活应战、步调一致的勇敢的执法队伍！取得的成绩是多么的不容易！由于非法行医经营者惯用"白天关门，晚上开门"的隐蔽经营手段，市打非领导小组调整执法策略，采取突击行动、夜间行动、集中清查等灵活措施，因此在晚上，大家正在吃饭的时候，假期，大家一家团聚或外出游玩的时候，我们的执法人员没有休息，集中出动执法。同时，在执法的过程中要承担被人跟踪、恐吓（不单纯恐吓执法人员，甚至是家人）的风险。记得那次是在高埗镇，我们一天打掉了 3 个非法行医窝点，其中有一家规模很大的非法医疗机构，一看到我们，他立刻关门，其他人员一下子跑光了，只有一个人在远远地看着我们。后来我们叫公安把门撬开，把所有违法行医的工具、器械等全部搬走或封存，断水断电，拆招牌。等我们全部搞好坐车回去的时候，差不多出高埗镇，就有一辆面包车一直跟踪我们，差不多到市卫生监督所就不跟了，我们都心有余悸！我相信经常执法的人员遇到这种事情肯定比我要多。打非期间，我们的蔡一平局长（当时他是管业务的副局长，市打非办副主任，打击非法行医办公室主任），他收到几封恐吓信，这些信不单纯是文字的，还有图片，画一个人，用力把手脚与躯干分离。搞得他经常睡不着，要兜圈看有无人跟踪才敢回家。当时的形势还挺紧张。活动从 2007 年的 3 月 28 日至 8 月底，仅仅 5 个月的时间，全市 32 个镇街和市卫生监督所在打非专项行动中共出动执法人员 4 万多人次，取缔非法行医窝点 1311 间次，清理无行医资格的游医、假医 1942 人，罚款 16.4 万元，收缴并公开销毁非法行医药品器械总值约 866 万元，清拆户外虚假违法医疗广告牌 1531 个，成绩显著，但在成绩的背后，我看到了我市卫生执法人员承担了多么大的精神压力和责任！

2008 年 5 月 12 日汶川地震，让我接触到了我市的卫生救援队伍和疾控队伍，地震发生后，我市紧急组建了四支应急医疗救援队伍，分别是医疗救援队、卫生防疫队、卫生监督队、预备消杀队。我市有 48 家医疗卫生单位 5556 名专业人员自愿报名参加抗震救灾应急后备队伍，并准备车辆 26 台随时待命。

抗震救灾期间，我局共派出了 5 支由医疗、护理、卫生防疫、卫生监督以及司机等人员组成的抗震救灾、对口支援专业技术队伍，合计 70 人，到四川开展医疗救治、卫生防疫、卫生监督以及卫生宣传等工作。我局有好几个科长作为队长也参与了。在整个的过程中，有两件事让我印象深刻。第一件事是在 2008 年的 8 月，我随市政协和市科技局牵头组织的慰问团去四川慰问，记得那天我们从成都出发，走了几个小时的车程，到达汶川县隔壁的茂县的一个宾馆已经是晚上了，这是当时地震区域保存最好的一个宾馆，我当晚洗完澡坐在床上，突然整个人被抛起，我问和我同去的叶玉萍是否也有感觉，她说是不是地震啊？！接着又有几下震动，我们马上意识到是地震，两个人穿着睡衣从二楼跑到一楼，跑到下面傻眼了，只见铁路工程队（当时他们是道路抢修援建的）的人很淡定地坐着看电视，没有一个人跑。我们也看到我们的导游也在，他说用了 12 秒从三楼狂奔下来（这是当时公司训练他们的速度）。工程队的人说，你们不用大惊小怪，这样的余震一天不知道有多少次，见怪不怪。我们都哭笑不得。第二天，从新闻得知昨晚的余震也达到 4—5 级。我们到达慰问的医疗队所在地，只见医疗队员们一个个皮肤变得黑黝黝的，也变瘦了，因为有些人我们原来是认识的。他们简单地向慰问团汇报了工作情况后，带我们实地考察了一些地震现场，交谈中，他们说一天余震不断是常事，也有过 5 点多级的，在工作的途中也常见到山泥倾泻，好在都躲避过去了。可见他们的工作既艰辛又危险！第二件事是我听了第一批也就是最危险的那批救援队回来后的汇报会。5 月 12 日汶川地震，14 日中午 12 点省卫生厅要求我局马上调派 12 名司机与 6 辆救护车辆参与四川抗震救灾，主要任务是运送伤员、物资等工作。接令后，东莞市卫生局立即行动，第一时间从卫生系统调集了所需司机与车辆，并挑选了一名副院长为领队，1 点钟就出发了。就一个小时的准备，救援人员还没来得及和家人道别，就马上出发了。救援队在四川绵阳市的整个救援过程中，经历了运送伤员途中汽车加不到柴油的紧张；在现场等待接送伤员时离他们 10 米左右滚下几个大石头和泥石流，差点牺牲了，有些人还写了遗书；总是吃方便面填肚子，有时由于顾不上吃早餐和超负荷工作而晕倒，能够吃上一顿简单的冷饭冷菜觉得非常幸福；在抗震救灾前线思想境界得到升华而火线入党等事迹，都让我十分感动。我看到汇报会结束后，这支救援队的 13 个铁汉子紧紧抱在一起，七尺男儿都流下了热泪，可想而知他们经历了磨难，经历了生死，结下了深厚的情谊。我还记得有一次和我们的司机祥哥聊天的时候，问起他参加援川的情况，他说他们每天都很紧张，只睡几个小时，每天要跑很多地方，经常有余震和山泥倾泻，经常吃饼干或方便面充饥，在后面的几天里，他很怀念东莞的美食，经常做梦吃烧鹅，所以他回来后，连续几天，天天都吃烧鹅，吃到过瘾为止。

以上的故事中，从我接触到的从临床一线到后勤保障的医护人员、行政领导干部、卫监疾控队伍还有司机等人员中，相信大家能从中感受到我们卫生系统的领导、干部、医护、执法、后勤人员是一支专业素质高、爱岗敬业、乐于奉献、救死扶伤、"来之能战，战之能胜"的队伍；是一支在危难时候能挺身而出、舍生忘死的队伍。他们为了保障人民群众的健康，做出了不可磨灭的贡献！他们是值得我们尊重和爱戴的人！

2012 年 3 月 12 日，我被任命为派驻东莞市卫生局纪检组长。刚任职的一段时间里，我的情绪不太好，感觉落差很大。以前不管是在医政科还是人事科工作，大家见到我总是远远地主动迎上来和我打招呼，当了纪检组长以后，他们见到我总是在躲着我，好像生怕被我看到。从事纪检工作的 6 个年头里，我接触到投诉信件共有 168 宗，处理或协助上级处理了我们系统的一些党员领导干部共有 32 人，他们有的因抵不住金钱的诱惑，收受好处甚至商业贿赂，有的抵不住美色而未能洁身自好，有的甚至是抱着侥幸的心态酒后驾驶。他们受到了不同程度的处分甚至法律的制裁。这些人里面，有的是领导，有的是中层干部，有的是救死扶伤的医生，也有的是一般的党员。他们被处分，我心里不好受，尤其是触犯法律被判刑的，令人十分心痛和惋惜！要知道成为一名领导或者党员干部不仅他本人需要多年的不断努力和拼搏，党和国家还需要很长的时间、金钱和资源去培养，这对国家来说也是一大损失！也许他们平常在工作中是兢兢业业、有责任有担当，是关心下属的好领导，也许他们在医院里是一名救死扶伤的好医生，技术精湛的好技术人员，但他们由于放松了对自己的要求，纪律意识淡薄，思想上或者道德上守不住底线，触碰了红线。从他们身上，让我看到了自己作为一名纪检干部的责任重大。随着我们的职责越来越清晰，尤其监督执纪"四种形态"出台后，我对自己的工作有了新的认识，认识到自己肩负着保护干部，不要让他们再出事的责任。记得市纪委戚优华书记和我们谈话时说，我们纪检干部要让我们的监督对象"平安"，减少干部犯错；要了解部门哪些事是薄弱环节，哪些事容易给干部带来伤害，哪些地方有风险，哪些地方有地雷，要及时处理，这样才是爱护干部，是我们最大的功德。因此，这几年在局党组的领导下，我们纪检组牵头，通过对局直属单位进行内部巡察和交叉监督、镇街公立医疗机构一把手政治巡察、局机关内部科室监督，通过信访信件调查初核等做法，加强监督，及时发现问题；对有苗头性、倾向性问题的单位或个人发出监察建议书、诫勉谈话、批评教育、谈话提醒；对轻度违纪的党员干部进行党纪轻处分、组织处理；对个别问题严重的干部进行问责处理。我觉得这是一个治病救人的过程，最终目的是治疗"有病的树"和清理受虫害的"树木"，保护好党员领导干部这片"森林"。正如习近平总书记将纪检监察干部比喻为"护林员"，要求纪检干部作为党纪政纪执行者、维护者和监督者，肩负着营造良好政治生态的特殊使命。王岐山同志在贵州调研时强调，要牢固树立"四个意识"，当好政治生态"护林员"，把党员领导干部这片"森林"维护好。由此可见，当好党内政治生态"护林员"对我们纪检监察干部来说，是一种使命，更是一种担当；同时，也是纪检干部对人民群众的一种宣誓、一种承诺。我愿做"护林员"，把我市卫生计生系统的党员领导干部这片"森林"维护好、看管好，为深化我市医药卫生体制改革营造良好的政治氛围，为我市人民群众的健康做出一份贡献！

我的故事讲完了，谢谢大家的聆听！

我的两个十七年

赖俭华 东莞市卫生健康局人口监测与家庭发展科科长

【凡人凡言】只有通过学习才能解决工作和生活中的所有问题，因为从不懂到懂都是需要学习这一过程的。在这 10 年当中，我们激扬了青春，挥洒了汗水。

今年我走过第 50 个年头，从 1990 年毕业到 2007 年，我一直在保险行业工作，从 2007 年的 6 月调到市人口计生局，到我 55 岁退休的时候，刚好也是 17 年。我想这两个 17 年贯穿我整个工作的经历，虽然没有干过什么轰轰烈烈的大事，但是平凡的工作却是由平平淡淡的小事堆积而成。今天在这里跟大家分享我在国企和国家行政机关的工作经历。

第一个 17 年，我激扬了青春、挥洒了汗水。

大学毕业后，1990 年我到中国人民保险公司东莞分公司工作。我当时选择了到企业工作，感觉企业的发展机会比较多，能学习到的东西比较广。当时的中国人民保险公司东莞分公司属于独家经营，是一个中央直属企业，行政级别是正处级。因为当时东莞"三来一补"企业的高速发展，公司每年的保费以两千万增长的速度发展，在广东省同级公司里每年都名列前茅，受到表彰，效益非常好。我作为初出茅庐的年轻人也享受着精神和物质方面的很好待遇。我主要在办公室工作，负责打字、印刷、总务等。当时不像现在用电脑打字，是用金属铅制成的千字粒来打的，一个一个的字打到蜡纸上，再用墨来印刷。我工作一整天下来，可能鼻子、脸、手都是一团黑。

到了 1996 年，国家决定进行财产险和人寿险的分业经营，为什么要分业呢？是因为中国要进行 WTO 的谈判，成功加入 WTO 之后，就要放开我们国家的保险市场，让外国的保险公司进入我国开展业务。当时国内的保险业发展比较慢，还属于国家计划经济的产物，与外国保险业的百年老店比较，犹如小学生的水平。所以国家要提前抢占这个市场，把这个蛋糕做大。通过分业经营，成立两个中央直属企业，充分利用国家扶持行业发展的政策，以专业的方法来经营，做大做强保险业，占有较大的市场份额，把要买保险的人都成为我们国内保险公司的客户。我主动要求分去人寿公司，觉得做开荒牛虽然很艰难，但这个市场潜力大，有广阔的前景。从 1996 年分业经营到 2007 年，总共 10 年时间，我在寿险公司逐渐成长。当时分业经营的时候，只有 13 个人，包括了老总、中层干部以及一般的工作人员，人、财、业务量都是一个非常低的起点。当时公司在莞城步步高的高富楼租了一个地方开始筹建和发展，我负责办公室和人事。面对一穷二白的现状，公司上下一心，拧成一股绳，定下了一个目标：做东莞市场份额最大的人寿保险公司。而我是学行政的，如何支持公司发展壮大呢？只有通过学习才能解决工作和生活中的所有问题，因为从不懂到懂都是需要学习这个过程的。在这 10 年当中，我们激扬了青春，挥洒了汗水，达成了分业经营时定下的目标，公司一直是东莞寿险业的老大。我个人也从一个普通的办事工作人员，历经科员、办公室副主任、办公室主任、人事科科长，最后晋升为公司的领导班一员。我 30 出头就进入地市级公司的班子成员，当时感觉很自豪。

在学习方面，我把学习贯穿于整个工作生涯，拿到了研究生的毕业证书，评上了政工师的职称。特别值得一提的是我光荣地加入了中国共产党，为什么说很光荣呢？因为我四个兄弟姐妹加上父母，没有一个是共产党员。我母亲在唯成分论的时代被错划为地主，虽然小时候穷得叮当响，还是不符合加入中国共产党的条件。我是家里第一个党员，所以感觉非常的光荣和神圣。

第二个 17 年，我乐奏计生曲、甘为国策忙。

在 2007 年的 6 月，经过工作调动，我进入了东莞市人口计生局工作，任规划统计科的科长。当时是一套人马两套牌子，我负责规划统计、人口和计划生育目标责任制的考核。对行政工作一片空白的我，从头学起。在这个过程中得到了领导的关怀、支持、信任，特别是我当时的分管领导谆谆教诲，工作中遇到任何问题请教她，她都耐心地解释，手把手地帮我、教我，还给我很好的平台去实践。科里的几位同事也给予我非常大的支持和信任，而且处处给我很多惊喜，让我感觉来到这样的一个大家庭非常温暖。不同的行业对比了以后，我发现，在企业工作，工作成果容易量化，工作强度高，但自主性比较大，达成目标后特别有成就感。做行政机关工作让我视野开阔，从人口计生局、卫生计生局，到现在的卫生健康局，单位名称的变化、职能的转变都要求我不断充实自己、扩大自己的视野。在工作实践中看到学到的东西既纵又深，常常引发我思考：如何在依法依规的前提下，作为政府的组成部门制定政策尽可能地做到公正、公平、公开，从而更好地为人民群众服务。

党的十九大报告中提出，"促进生育政策和相关经济社会政策配套衔接，加强人口发展战略研究。"我在行政单位干了 11 年，可以说自己一直从事着计生国策和人口家庭发展工作，11 载青春年华与国策形影相伴。回眸我从事过的人口计生历程，踏过了东莞许许多多的村庄社区，走遍了成千上万的计生家庭，道出了千言万语；回眸自己从事的人口家庭发展工作，我无比欣慰，因为我承担的是人口监测预警和人口与家庭发展工作，参与研究制定了计划生育特殊家庭扶助制度。我们的优质服务滋润百姓的心田，东莞的计生利益导向更加惠及民生。

两个 17 年，我从事了两种迥然不同的工作，组成了我两段人生的经历，虽然平凡，但也不平淡。在今后工作中，我将始终认认真真、兢兢业业地完成我的第二个 17 年的工作。

我的初心

熊劲光　东莞市卫生统计信息中心党支部书记、主任

【凡人凡言】"不忘初心，方得始终。"在前进的路上，"初心"既是原点，又是目标。刚才回望的是过去，让我们"不忘初心、牢记使命"，以信息化助力健康东莞建设，共同奋斗、不懈努力，迈向更美好的未来。

"汉语盘点2017"揭晓，高频使用的"初心"当选年度国内热词。说起我的初心，竟然有四个！

我的第一个初心，就是对党的信仰的追求。我出生在一个党员家庭，我的母亲是一位中共党员，一辈子工作在平凡的岗位上，兢兢业业，任劳任怨，没有豪言壮语，用自己朴实无华的言行践行她当初入党的誓言。我的父亲虽不是党员，但他毅然服从组织安排，远离家乡和妻儿，投身三线建设，转战大西北和大西南、常年工作和生活在条件恶劣的大山中，为我国的核工业无私奉献，以致英年早逝。

我考上大学那年，父亲被查出了肝癌，就在我母校的附属医院住院。弥留之际，他说："我总觉得我不够条件，没有申请入党，这是我的遗憾。你的母亲是位好党员，你要好好学她！"从小母亲对我的熏陶和父亲的希望，更加坚定了我对党的信仰和追求。在组织的教导和老师同学的帮助下，我在大学的最后一个学年光荣地成为一名预备党员，并如期在工作的第一个单位成长为一名正式党员。不管身在哪个单位、处于何职，我都始终以中共党员的标准严格要求自己。

我的第二个初心，是我对医学的追求。也许是儿时体弱多病、母亲年轻时也常有胃痛，我和母亲时常找乡镇卫生院的"老先生"看病。他们和蔼的面容、精湛的医术，总能神奇地驱散我们的病痛。我从小就对"老先生"有着一份敬畏和崇拜，我心目中救死扶伤的白衣天使就在身边，我希望将来的某一天我能够成为他们中的一员。考大学时，我毅然选择了医学，我的第一、第二志愿都是医学院校。拿到录取通知书，我欣喜之余又不免有点遗憾，因为录取通知书上的专业不是我报的华西最出名的口腔医学，而是我并不了解的预防医学。

命运和我开了一个巨大的玩笑！入学不久，刚刚结束一个月的军训回到学校，不到50岁曾患有乙肝、肝硬化的父亲在我母校的附属医院诊断出原发性肝癌晚期，并于两个月后永远离开了我们，我备受打击。在母亲、老师和同学的帮助下，我从悲痛中恢复过来，投入学习中。我逐渐认识到临床医学的局限和预防医学的作用，父亲当年如果能有意识、有条件做好传染病预防和放射防护的话，也许就不会得乙肝，不会很快发展到肝硬化、肝癌……

我对预防医学不再遗憾，逐渐喜欢上了这一门学科，孜孜不倦地学习，希望将来能够成为一名公卫医师，通过预防医学的知识和措施，防止更多的人像父亲那样患上当今医学尚无法有效根治的疾病。

虽然后来我没有从事预防医学一线工作甚至离开了预防医学，但我始终认为我是公卫人，始终关注公共卫生事业的发展。也正是因为此，我的专业职称一直走的是公共卫生这个序列，这也让省里的领导和专家都对一直从事信息管理工作的我的主任医师职称感到不解。

我的第三个初心是信息技术。大学二年级，一门名为BASIC的选修课，让我对计算机以及编程语言产生了浓厚的兴趣，我成了学校信息中心的常客。在那里，我认识了大型机和VAX；大五大六，学习统计、流病和毕业实习的数据处理，我又迷上了SPSS和286计算机，惊叹于它"强大"的统计分析和运算能力，写上几条脚本，吃个午饭、睡个午觉，就能把一个实习小组8个人十天都处理不完的数据变成专业规范的统计结果！

毕业后来到了外贸公司，身为外销员的我兼任了公司唯一一台386电脑的管理员、操作员、Email收发员和修理师，参与"金关"工程我首次接触并逐步熟悉了Oracle这个当时已是全球No.1的企业级数据库。

1999年1月份，我来到了东莞市防疫站办公室，我终于回到了我喜爱的预防医学专业，从此幸运地开始了喜爱的信息技术和管理工作。在领导的关心和同事的帮助下，我没有满足于原来的基础，如饥似渴地学习最新的信息技术，并将其应用于工作实践，和软件公司的工程师互相学习和切磋，投身于防疫站信息系统的开发。

2002年底，疾控中心成立，我被分到了疾控中心信息教育科。SARS期间我主动申请调回到当时人员不足的中心办公室。在负责综合管理和业务协调、协助中心建章立制、参与质控体系建设的同时，我独立开始了疾控中心信息化建设和管理的探索和尝试，VPN试点、运维体系和安全体系建设等多项工作成为全省地市级疾控中心的首创。我个人也成为全省疾控信息化方面的专家，参与或负责省、市疾控多个平台的设计、论证、实施和培训，后期则初步完成了个人从技术向管理的转型，并逐渐带出了一支精干的信息技术队伍。

2014 年，我服从组织安排，在局政法科工作了一段时间。虽然一时离开了我热爱和熟悉的信息管理工作，但政法工作的经历让我有机会关注与信息管理有关的法律法规。2016 年我到了市卫监所信息科，在协助好科长做好全市卫监平台建设的同时，我潜心于 Linux 下 Oracle 最小化安全部署的研究并在具体实践中得以验证和完善。

2017 年我服从组织安排，毅然放弃了公务员身份和待遇，来到了市卫生统计信息中心，从事全市卫生健康信息化建设和卫生统计工作，并主持中心领导工作。防疫站、疾控中心的办公室工作经验以及政法工作的经历，对于我合法合规领导中心并协助市局开展全市医疗卫生网络安全和信息化建设管理工作起到了非常大的帮助作用，让我很快进入了角色。

我的第四个初心是我的爱人。她是我进入大学认识并熟识的第一位女同学兼同乡。我对她的一见钟情以及同学、同乡近水楼台的便利，尤其是大学六年我对她的不懈追求，让我们的心越走越近。在经历了大学毕业后一年半天各一方（我在江苏工作、她在成都读研）的考验之后，我们终于步入了婚姻的殿堂。

硕士毕业后她放弃了深造、出国和留在高校工作的机会，回到了我工作的那个江北小城，来到了比我的母校小得多的当地高校当上了一名流行病学助教，在做好教学和科研工作的同时，甘于清贫，毫无怨言地支持我奔波在对外贸易的艰难旅途，并支撑起我们俩的温馨小家。

再后来，我俩有幸来到了充满活力的东莞，在领导和同事的关心和帮助下，我们俩的所学和专长都有了用武之地，并都取得了一些成就。正是有她的理解、支持和鞭策，我们俩学习上共同进步，工作上互相促进，生活中互相关爱。家庭的温馨和睦，也是我俩得以全身心投入各自工作必不可少的支柱。

以上是我的四个初心，讲述虽有前后，但对于我不分先后，都是我的真心。"不忘初心，方得始终。"在前进的路上，"初心"既是原点，又是目标。刚才回望的是过去，让我们"不忘初心、牢记使命"，以信息化助力健康东莞建设，共同奋斗、不懈努力，迈向更美好的未来。

我的故事我来讲

第九期

（2018年12月13日）

导语

主持人 / 张巧利

　　虽然本周寒潮来袭，外面还有阵阵寒意，但我们这里人人精神抖擞，整个会场气氛热烈。此时此刻，我的心情和大家一样兴奋、一样激动！因为我们翘首期待的"我的故事我来讲"第九期（最美专场）即将开讲！

　　今天"我的故事我来讲"主讲人有六位，他们分别是张秀薇、钟汉平、刘汉海、朱玉霞、陈嘉辉和全守波。

　　"敬佑生命、救死扶伤、甘于奉献、大爱无疆"，最美医护的精神值得我们歌颂，他们的故事更值得我们去聆听。

平凡的人生不平凡的工作

张秀薇　东莞市人民医院内科主任兼内分泌学科带头人

【凡人凡言】我是一个小女人，但我阳光开朗、勇于开拓、敢于担当，我有坚忍的意志和永不服输的精神。在 27 年的从医生涯中，我热爱自己的工作，从日常工作的点滴做起，坚持不懈，逐步成为独当一面的能手和管理者，在平凡的工作中做出不平凡的成绩。

我是一名内分泌科的医师，我们专科没有急诊科、ICU 等科室那么多分秒必争的抢救和惊涛骇浪的故事，相对来说比较"文静"。而我在平凡的医疗工作中，获得了许多不平凡的成绩，包括第九届东莞市十大杰出青年、东莞市第二届道德模范、广东省"三八红旗手"、全国"五一巾帼标兵"、东莞市最美医生、东莞名医、岭南名医、今年第二届"南粤好医生"等荣誉。我想，这些成绩大概是源于我对工作持之以恒的热爱与坚持不懈的努力。可以说医学成就了我，我也奉献给了医学。得到那么多的荣誉，离不开我的领导、同事以及患者对我的帮助和支持，更重要的是他们对我的认同和肯定成为我不断进步的动力。在这里我想向大家分享一下我的从医经历和感受。

入门的"开窍"

我出生于虎门的工人家庭，小时候的理想是当一名培养祖国花朵的园丁。1986 年，那年我 18 岁，高考结束后需要填报志愿，我一心想当老师。当时，灵魂工程师在我心中的形象非常高大，然而，我妈妈却很希望我当医生。妈妈认为当一名医生比老师来得轻松，而且人生意义比当一名老师来得重大。因此，我便将志愿一栏改为"湛江医学院"。经过五年苦读，于 1991 年的夏天，我毕业分配到东莞市人民医院内科当医师。现实工作的艰苦打破了妈妈给我营造的梦想，"轻松简单"完全跟医生这个职业挂不上钩，出门诊、值夜班、没有正常的节假日生活、收入低、备考试、搞科研……我心里在埋怨、迷茫，只将医生这个职业当作糊口的工作。直到有一次在心内科值夜班，一位心肌梗死患者突发心律失常、心衰，我用尽了所有办法，患者的病情都未能缓解。看着家属泪流满脸的样子，我心里非常难过。后来科主任回病房一起参与抢救，经过一夜的忙碌才控制住患者的病情。这件事情使我感触很深，我认识到医生责任的重大。病人将生命托付给我们，我们就有照顾、挽救病人的天职，但如果没有过硬的医疗技术，就没有能力挽救更多的生命和完成自己的使命。从此我坚持在繁忙的工作中，每天晚上睡觉前都会抽时间翻阅医书，加强理论基础知识；工作中虚心向同事和上级医师请教，争取一切能够提升自己的学习机会；踏踏实实地做好每一件工作。直到今天我仍然保持着这种习惯，使自己不断地进步和成功。

这种入门的开窍许多的年轻医生应该都会经历过。作为医生这种开窍的时机出现的越早越好，它是医生生涯中宝贵的经历和财富。

事业的成长

刚出专科门诊时，我比较年轻，个子又小，刚开始前来就诊的病人都抱着怀疑的态度来找我看病，有些患者甚至会跟收费处的人了解，这位医生这么年轻会不会看病啊？可想而知找我看病的患者当然很少，我心里也非常着急难过。后来我发现糖尿病的患者大多上了年纪，听力和理解能力都比较弱，而糖尿病的教育是糖尿病治疗"五步马车"的核心，因此我面对每个求诊的糖尿病患者都非常耐心，每次都会花上十分钟以上的时间不厌其烦地给他们讲解和教育，这让患者不但非常满意，而且病情也得到有效的控制。渐渐的，来找我看病的患者越来越多，我下班的时间越来越迟，嗓子也越来越沙哑了。但是，每次听到"找张医生看病就是找到优质服务"的赞誉，或者患者关切地对我说"张医生，你太累了，千万别病倒了，我们都需要你啊"，我的心里就感到巨大的幸福和满足。

我们内分泌科建科不久，外院转送来一位糖尿病并右下肢气性坏疽的患者，他的半个足部又肿又黑，臭气熏天，骨科医生会诊后认为需要截肢，可是他的小孩刚上小学，望着他那双充满绝望、无助的目光，我顶着风险和压力提出暂缓手术。接下来的 2 个多月，我与手外科合作，分次清创，加强调控血糖、抗感染、营养神经、扩管等综合治疗，每天都为他换药。终于，那只被判了"死刑"的臭脚由黑转红，肿痛消失，好转出院。2 个月后，当他手拿着鲜花，大步流星地向我走来，我看到他眼里闪动着晶莹的泪花，他一家老幼簇拥着我。说我不但保住了他的脚，更挽救了他们全家。那一刻，我的内心涌动着无比的快乐与幸福。我决定这一生我都要去关爱每一个患者，而不计较个人的得失与烦恼。

以后我们与手外科合作治疗糖尿病足，我们科糖尿病足治疗技术发展很快，伤口愈合时间已经没那么长，截肢率也很低，3% 以下。

团队的管理

2003 年我们内分泌科建科时，医院领导让我当上了专科副主任负责全面工作。当时我 35 岁，刚升副主任医师一年。我作为家中最小的老五，从来就是被照顾的那一个，因为个子矮小，尽管读书成绩不差，但从幼儿园到大学从来没有当过学生干部，因此我从来没有管理的概念和经验，而那时我的业务技术也有待提升，所以那时我的焦虑和诚惶诚恐大家可想而知。内分泌疾病是一系列与激素相关的复杂疾病，当时市内的内分泌专科发展也是从我们建科开始起步，缺乏经验丰富的专科医生指导，因此那时不常见的内分泌疾病对我们整个内分泌团队显得复杂而经验不足。我想到的就是集中大家的力量一起应对疑难病例，让整个团队共同进步。科里制定出所有查因的、疑难复杂的病例均要全科讨论的机制，我们全科的医生都积极参与到科室的建设中，经常凌晨还在翻阅文献，并致电科里的同组医生一起探讨病情。慢慢地，大家积累了丰富的临床经验并形成了一系列诊疗规范，我们科成为全市的内分泌疑难疾病的收治专科。

因为坚持和担当，我一个小个子与科室同事们一起撑起了一片发展的蓝天，也让我认识到团队力量的巨大。目前我们学科是广东省和东莞市临床重点学科，学科能力建设位居全省三甲医院第六位。

2012 年我被院领导授任为内科主任兼内分泌科主任。通常我们把整个内科称之为大内科，之前的大内科主任都是德高望重的老主任兼任。大内科包含了 13 个学科 830 多名医护人员，各学科主任均比我年龄大资历深。那时谁都为我这个年轻的小女人捏把汗，因为大内科除了在医院管理上要起到上传下达作用外，还肩负着整个大内科工作与人员方面的调配与安排，这些都是要从各学科那里调配人员才能完成，那可是跟各科室主任斗智斗勇的头痛活。为了更好完成各种艰巨的调派工作，我从制定各项制度着手，制定了详细的方案与制度，并制定了保健积分制度，定期公布各学科保健累计积分，以及各种管理流程，做到公正公平公开，通过一系列的制度建设和磨合，大内科的管理工作渐渐步入正轨，得到了各位学科主任的认同和肯定，各项工作任务均能非常顺利和出色地完成。

刚才我跟大家分享了我的从医生涯里的入门的"开窍"、事业的成长和团队的管理这几个转折点，其实发生在我们医疗工作者身上的救死扶伤的故事还有许多许多，大家都在默默无闻地践行着医学的使命。

人生的感恩

我觉得我很幸运，生长在这个大发展的时代，给了我许多展示自我和发展的空间。

我要感谢陪伴我成长的各届医院领导对我的指导、栽培和同事们对我的帮助，使我从一个年轻的医生不断地进步，取得了目前的成绩。

我要感谢我的爱人和亲人给我的支持、理解和包容，使我能够全心全意地投身于事业中。

我还要感谢我的女儿，尽管我不是很称职的母亲，可她从小就很懂事，因为她的理解让我感觉到我是个幸福的母亲。

我是一个小女人，但我阳光开朗、勇于开拓、敢于担当，我有坚忍的意志和永不服输的精神。在 27 年的从医生涯中，我热爱自己的工作，从日常工作的点滴做起，坚持不懈，逐步成为独当一面的能手和管理者，在平凡的工作中做出不平凡的成绩。

我是男护士，我为健康守门

钟汉平　东莞市滨海湾中心医院肾病内科免疫科护士长

【凡人凡言】燃烧自己，照亮他人。选择了护理，就是选择了奉献一生。我是护士，虽然我并不完美，也不坚强如铁，面对繁重的工作、家人的期盼、患者的生离死别，我也会累，也会失落，也会悲伤流泪。但作为一名共产党员，我从未怀疑过自己最初的选择，从未忘却初心和使命。

"阳光总在风雨后，请相信有彩虹，风风雨雨都接受，我一直会在你的左右。"相信这首脍炙人口的歌曲我们很多人都能够朗朗上口。每当听到这首歌的时候，正能量总能源源不断地涌上心头，因为我的心中总有一个梦，那就是一条绚丽的彩虹。

　　我来自广东梅州的小山村。小时候，我总爱仰望雨后的天空，找寻那美丽的彩虹，希望能够踏上它，在天空中自由地飞奔，但却不是每次都那么幸运，它有时会和我捉迷藏，躲在蓝天的某一角落。天空是那样寥廓而深邃，那无穷的真理蕴涵其中，顿时，给我小小的心灵，装满苦苦求知的信心。我经常疑惑地问父亲：为什么彩虹会时隐时现？父亲故作神秘地回答：因为你读书还不够用功，只有用功读书，做个有用的人，彩虹才会陪伴在你身边。虽然现在回想起来答案可能有点幼稚，但这就像是在我心里种下了一粒种子，待到风雨过后，阳光照射，便能萌发，开出艳丽的彩虹。

　　父亲是一名乡村医生，平日里不仅是一名医师，同时也是一名护士与药师，因为开处方、打针、发药都是由他一个人完成的。记忆中小时候的父亲总是身着一身军绿色的衣服，斜挎简陋的医疗箱，脚踏破旧的自行车上班，早出晚归，没有周末，就算是大年三十也不休假。随着基层医疗条件变得越来越好，代步工具早已变成摩托车，简陋的医疗箱更是被崭新、专业的医疗箱代替，但不变的仍然是父亲的责任心。作为共产党员为人民服务的初心，在近30年的行医生涯中，父亲始终勤勤恳恳、默默奉献，把每位患者都当成自己的亲人，不管白天黑夜，还是风吹日晒，一接到求助电话，他都会第一时间出诊，及时为乡亲们解除病痛。这也造就了父亲在我们村极好的口碑，就连周边的村民也常来上门问诊。

　　冰心奶奶曾经说过，父爱是沉默的，如果你感觉到了那就不是父爱了。小时候的我同样充满了疑惑，父亲在对待患者时总是和蔼可亲，轻声细语，他处事低调，不喜声张，给人一种很舒服的感觉，但是在对待自己的儿女时，却是声色俱厉、有错必纠。记得小学三年级时候，我因为调皮，偷偷跑到邻居菜地，把邻居新种的菜苗给拔了，当时心想，我爸是医生，他不敢拿我怎么样，心里还得意扬扬。晚上父亲很晚才回到家，但顾不上吃饭，什么话也没说就直接把我拖到屋外狠狠揍了一顿，我的眼泪顿时哗哗往外流。当我平静下来时，父亲才慢慢开导我，让我认识了这一次错误，第二天一大早还带着我去邻居家当面道歉赔不是。正是父亲严于律己、宽以待人的教育方式，让我从此再也不敢做出出轨的事情，那次是父亲第一次打我，当然也是最后一次！

在父亲的言传身教下，我不断规范自己的言行举止，也开始慢慢喜欢上了医学这门科学。我还记得小时候偷偷地把父亲的听诊器拿到小伙伴前炫耀，并煞有介事地帮他们听心音；还记得曾经用破旧的注射器拿小老鼠做实验；还记得那时的我立志也要做一名医生、一个有用的人！

但是，人的一生不可能一帆风顺，甚至是充满荆棘，很多时候常常事与愿违，高考的失利让我失去了做医生的机会，只能选择做一名护士。那时的我是迷茫的、灰暗的，甚至是绝望的，我不知道下一步要怎么走。这些父亲都看在眼里，他问：你的理想是什么？你还在寻找彩虹吗？一语惊醒梦中人，此时的我才恍然大悟，一个有用的人不一定只能做医生，而护士也能帮助他人，成为有用的人，因为三百六十行、行行出状元。带着这样的心态，我开心地度过了4年美好的大学时光。

时光荏苒，我们毕业了，同学们都在为找工作而绞尽脑汁，有些人转行做老师、医药代表，甚至是跟医学完全不相干的职业。而我，毅然选择了护士这条路，因为只有这样才能延续我的理想，学以致用。当我穿上神圣的白大褂时，心中的激动无以言表，感觉自己成为一名真正的白衣天使。然而，我却还不够格，因为还需要接受重重考验——过硬的专业技术、良好的护患关系、医护关系等。

刚毕业的我是那么青涩，还记得有一次，我为一位年老的患者做穿刺操作，因为老人家的血管比较细，比较难穿刺，家属强烈要求换女护士操作，我心里想：反正都要穿刺，谁打都一样，别人行，我也肯定行。但是我却没有和患者及家属做过多的解释，只是随口说了声：没关系，我能行的。最后结果是操作失败了，家属要向上级投诉我。此时的我，真的很无奈，甚至有种想哭的冲动，在上级护士的帮忙解释下，我才躲过了这次投诉。事后自己慢慢回想，家属这样要求也无可厚非，我们要换位思考，如果那位老人家是自己的亲人，肯定也想让他接收最好的服务，想到这里，我的心情顿时豁然开朗，并真诚地向那位老人家及家属道歉。从那次以后，在做任何操作之前，我都会换位思考、将心比心，尽量满足患者的合理要求。

如今我已经工作八年了。在这八年的护理岗位上，我的专业知识、专业技能得到了很大提高，护患、医护关系也相处融洽，同时我还荣获东莞市"最美护士""最美家庭"等荣誉称号，这些都离不开院领导的培养，同事们的帮助和家庭的支持。

在护理事业上，我还认识了一群志同道合的人。作为男护士，我们之间有太多的共同话语，一起讨论护理方面的专业知识、一起运动、一起探讨人生。我们是一个积极向上、充满阳光的集体，我们正不断提升自己各方面的素质，为了人民的健康在不断努力，努力成为受人尊敬的白衣天使！

在这八年里，酸甜苦辣尽在不言中，有曾被患者无理拒绝过的愤懑；有曾被患者误认为是医生的尴尬；有曾羞于在人前说出自己职业的无奈；但更多的是看到患者康复出院后的喜悦。如今护理事业正慢慢发展，我肩上的担子在不断加重。与此同时，我深深感到做一名护士难，做男护士更难，因为要时刻面对来自各方的压力。但即便如此，我仍然要向着心中的理想不断前行，只为留住那一条绚丽的彩虹！

燃烧自己，照亮他人。选择了护理，就是选择了奉献一生。我是护士，虽然我并不完美，也不坚强如铁，面对繁重的工作、家人的期盼、患者的生离死别，我也会累，也会失落，也会悲伤流泪。但作为一名共产党员，我从未怀疑过自己最初的选择，从未忘却初心和使命，只为这世界减少一份病痛。

越努力，越幸运

刘汉海　东莞市长安镇社区卫生服务中心全科医生

【凡人凡言】那时候，我就明白了，努力是一种状态，幸运是一种机遇，机会是留给有准备的人。你必须保持努力的状态，因为你不知道机会在什么时候会悄悄来到我们身边。

我叫刘汉海，来自长安镇社区卫生服务中心。今天，很荣幸在这里与大家分享我的故事。

从某种意义上说，我是一个很幸运的人，怎么说呢？

首先，我有了一份我热爱的工作。

每个早上，来到我的诊室，打开我的工作电脑，里面记载着我管理的所有患者的详细资料。今天预约过来复诊的有：蔡姨，有高血压病10年，血压控制良好。麦大叔，有糖尿病1年，饮食控制不好，血糖很高。陈伯，因冠心病，去年放了心脏支架，戒烟半年了。还有李叔、珍姐、邓伯等。对了，晚上，还要到工厂讲一场急救技能讲座。

这就是我，一名社区全科医生的一天，也是东莞社区全科医生们真实的工作写照。

除了日常诊疗，目前我还管理着200多名高血压患者，100多名糖尿病患者，家庭医生服务签约500多居民，他们是我的病人，也是我的朋友。守护好他们的健康，是我的职责所在，也是我的成就来源。我热爱着我的工作，我珍惜着我的工作。

我是汕头人。记得来东莞的时候是2002年，当时，我在长安医院临床实习。作为一名来自农村的医学生，我内心是渴望留在城市发展的，更期盼能够在大医院开启我的职业生涯。在医院实习的每一天，我都在努力地做，认真地学。为了不错过任何一个锻炼、学习的机会，我就直接住在医院科室里，当起了一名"住院"实习生。白天跟着带教老师查房、诊治病人，向护士姐姐学打针、插胃管、换药，晚上和值班医生一起收治病人、抢救病人。

有一次，和带教老师收治了一个胸痛的病人，病人突发呼吸心搏骤停。

小刘，马上心肺复苏。

阿军，准备除颤仪除颤。

肾上腺素1毫克推注。

带教老师有条不紊地发号施令，经过一番紧张的抢救，病人恢复呼吸心跳，成功抢救过来。老师拍拍我的肩头，小伙子，心肺复苏做得不错。

就这样，我有了一次又一次学习的机会，慢慢成长起来。

实习期接近尾声，我鼓起勇气，直奔院长办公室，找到当时的孙院长，大胆地提出自己的想法："我能不能留在医院？"结局我想大家应该都能猜到的，果不其然，我被拒绝了。院长告诉我，医院暂时不需要招人，让我回去等消息。

于是，有些失落的我回到老家工作。

三个月后，我意外地收到医院的通知，让我回医院的分院上班。那一刻，我觉得自己无比幸运。

后来，我才得知，当时在一次院务会议上，是几位主任同时推荐了我，才有了我进医院上班的机会。

那时候，我就明白了，努力是一种状态，幸运是一种机遇，机会是留给有准备的人。你必须保持努力的状态，因为你不知道机会在什么时候会悄悄来到我们身边。

2012年，因为医院分院整改，我转岗到社区当一名全科医生。起初，我也有诸多不适应，我以为全科医生不过是内外妇儿都要懂一点的万金油医生罢了，但经过全科医生转岗培训，随着工作的深入开展，我对全科医学"从摇篮到天堂的"全程、全人、全方位的健康照顾方式有了越来越多的认识，越来越多的热爱。

2016年，我报名参加了东莞市举行的基层卫生岗位练兵和技能竞赛。对比其他选手来，他们从业全科时间比我久、业务熟练，可以说是强手如林。

当时，恰逢二宝出生不久，可以说是工作、生活两头忙。还好，单位领导和同事帮我创造很好的学习环境，有的同事帮我顶班，有的同事陪我练习，还专门请了省、市的专家过来培训、指导。专家的要求很高，稍有不规范不到位的地方，都会严厉批评、指正，让我们反复练习，直到达标。

其中，竞赛的项目之一是心肺复苏。医务人员都知道，这个很耗费体能，为了提高耐力和体力，专家要求我们上下爬十多层的楼层再来做心肺复苏，每次都是气喘吁吁的；在这样高强度练习后，回到家本打算瘫倒在床，还有嗷嗷待哺的孩子和辛劳的妻子。一天半夜，孩子惊醒了，等到把他安抚睡着，已经是凌晨四五点了，我干脆拿起了书本，一直看到了早上上班。就这样，我一个月就瘦了 6 斤，但不服输的我"顶硬上"，就这样坚持了下来，从市赛冲到省赛，从省赛冲到国赛。

还记得在北京参加全国决赛时，我的压力很大，很担心给广东、给东莞丢脸。当时带队的尹露萍副局长为了给我减压，安慰我说，"没事，大海，反正除了前三名，别的都不会公布名次，我们就当去学习。"

虽然压力小了点，但走进了赛场，我还是很紧张，在实操模拟环节，我的考题是一位高血压病人患上急性心衰的案例。我一拿到这个题目，就感觉"稳了"。因为在之前工作中，我接触过类似的案例，而且处理得很好。得益于平时积累的经验，我很快地完成了相关处置，也得到了在场评委们的频频点头认可。

我是幸运的。在各级领导的关心支持下、在同事和家人的帮助和鼓励下，才有了 2016 年全国基层卫生岗位练兵和技能竞赛全市第一、全省第一、全国第一"三连冠"的成绩。

我是幸运的。在我们东莞，有着利于全科医生发展的"政府办、政府管、基层首诊、逐级转诊"的政策优势，东莞各级政府非常重视社区卫生服务的发展和全科医生的培养。去年，我们卫计局叶向阳局长等领导还特批我入了编，工资待遇也提高了不少，我还被保送到浙江大学邵逸夫医院进修学习。

我是幸运的。在当前国家大力推进全科医生队伍建设，加强基层卫生能力建设的政策环境下，全科医生的春天已经到来了。我相信，我们东莞的社区全科医生们，将会有更多实现价值和展示实力的机会。

我们中心领导常常跟我们说，金杯银杯不如老百姓的口碑。

是的，荣誉，它只代表过去，它不是终点，它是新的起点。荣誉过后，我依然是居民朋友们熟悉的刘汉海医生，我依然每天做着我热爱的平凡而充实的社区卫生服务工作。不同的是，我感觉到我肩负的使命更加沉重了，所以，未来日子，我将继续扎根东莞、扎根长安，继续坚守全科医生之路，不忘守护健康的初心，竭尽全力，努力前行。

我的天使梦

朱玉霞 　东莞市中医院大外科护士长

【凡人凡言】寒来暑往，几度春秋，或许在这 26 年的护理工作中，我不是一个合格的女儿、妻子、母亲，但我面对"人民公仆，健康卫士"这八个字，却受之无愧！我凭着对党、对人民的一片赤诚，凭着坚强的毅力和对事业的高度责任感，努力做好一名守护人民健康的公仆。

我是东莞市中医院骨二科护士长朱玉霞。我是 1992 年参加工作的，2011年加入中国共产党，一直从事骨伤科护理工作，2012 年任骨二科护士长，2014 年起担任科护士长。

近 26 年的护理生涯，虽然工作很忙、很累，我却从未动摇过对这份工作的执着，我常常对别人说：选择了一袭白衣，就选择了一生奉献。把守护健康当作自己不可推卸的责任。

记得，一次值夜班，新收了一位 66 岁髋关节置换术后脱位的女性病人，病人在别的医院做了髋关节置换手术，术后一周发生了脱位，四处联系来到中医院。看到病人脸上痛苦与无奈的表情，在为其测量生命体征和收集资料后，我轻轻握住病人的手说："腿这样摆放还疼吗？"病人被我的热心感动，露出了笑容。接下来的检查、手术、康复锻炼，病人从婴儿般地躺在床上，到术后幼儿般地学走路，到儿童般地稳健行走，忧愁、顾虑、痛苦、欢笑，我一直陪伴她度过。

把病人当亲人，病人的事就是我的事，病人的事情是大事，自己的事情是小事，不管周六周日，还是法定节假日，只要病房里的病人有情况，一个电话打来，我都会及时赶到病房。

作为科室的护士长，我总是以身作则，虚心学习，不断提高自己的理论知识和业务水平。我深知，要想减轻或解除病人的痛苦，仅有高尚的职业道德是远远不够的，还必须要有广博的知识和精湛的技术。因此，2007 年我到香港屯门医院进修 10 个月。2008 年从香港学习回来后，在东莞市护理学会"骨科专业委员会副主任委员"这一职位上，我将从香港学习到的服务理念、知识、技能与全市骨科同行分享，推动东莞市骨科专护理的发展。根据临床需要，我自行设计新型约束带、安全背心、手部网球拍等新型护理工具并在全院推广使用，受到患者及其家属还有全院医护人员表扬。新型护理用具有两项获得"实用型"专利项目，我是医院首位获得专利项目的护理人员。针对住院患者和门诊患者的康复护理问题，我参与开设骨伤科护理门诊，为患者提供药物、饮食、康复锻炼、家居照顾等方面的专业知识指导，切实解决了临床护理难题。

2010 年全国医院开展优质护理服务 136 示范工程活动，我带领着我的护理团队也积极响应号召，克服人手少、病人多、手术多等重重困难，投身到创优工作中。任何一项新开展的新事物都不是一帆风顺的，创优工作的开展亦是如此。创优工作刚开始首先遇到的第一道坎就是不理解！病人不理解，家属不理解！记得有一次我到8号房间查房。20床的家属一看到我，就用非常严肃的语气跟我说要投诉我的护士。我一听到投诉两个字，睁大了眼睛和嘴巴，跟20床的家属说："大叔，护士有哪里做得不好，你跟我说。"原来他说护士天天帮21床喂饭、做运动、翻身、擦身，就是没有帮她老伴做。我听了深深松了一口气。跟他解释了21床是因为病情重，生活上需要护士帮助完成。而他老伴病情轻，可以自己做。护士是根据病人病情或生活自理能力来决定病人的级别护理的。一级护理，生活护理需要护士帮助完成。二级护理，生活护理需要护士指导完成。大叔听了我这样说，轮到他眼睛、嘴巴都睁大了。一场不理解的误会，就这样化解了。

为了使创优工作能够顺利推行下去，我主动加强沟通，反复的讲解创优的目的和意义。渐渐地反对声少了，赞同的声音多了，病人的满意度高了！创优工作也得到了各级人员的认同，顺利开展。

作为一名护士长，我倾心打造团结互助、和谐共进的护理团队。在工作中，我总是把自己的工作经验毫无保留地传授给新同志，严格要求并督促团队认真执行核心制度，熟练掌握各项护理技术操作规程，坚持微笑服务，视病人如亲人，力争做到让病人满意、家属放心、自己安心。在我的带领下，骨二科病人满意度逐年提高，并因此得到领导、同事、病友的一致好评。生活中，我始终把科室护士看作自己的姐妹，主动协调医生、护士与患者的关系，不管谁有急事、难事，我总是主动站出来帮忙，嘘寒问暖。还会利用业余时间组织各种娱乐活动，丰富大家的业余生活，使全科的护理姐妹们能全身心地融入这个和谐、进取的大家庭里。正是由于我们和谐进取，科室先后被评为"东莞市先进护理集体""广东省十一五中医重点专科"。

寒来暑往，几度春秋，或许在这26年的护理工作中，我不是一个合格的女儿、妻子、母亲，但我面对"人民公仆，健康卫士"这八个字，却受之无愧！我凭着对党、对人民的一片赤诚，凭着坚强的毅力和对事业的高度责任感，努力做好一名守护人民健康的公仆！

爱的传递

陈嘉辉　东莞市第八人民医院小儿骨科主任

【凡人凡言】回顾我过去 40 年的人生经历，其实我也只是一个很普通的人。但小时候的贫穷并没有让我放弃理想；得到别人的帮助时，我也铭记于心。现在我有一技之长了，也希望在力所能及的范围内，帮助有需要的人。

四十年前，我出生在惠州沿海的一个贫困家庭。那时候的农村都很穷，而我们家特别穷。

老妈经常和我说，你要好好学习，以后才能改变命运。我相信只要努力，日子也会越来越好的。于是我把精力放在学习上，相信知识也能改变命运！

我学习成绩很好，年年三好学生，还当上了班长。可是父母都是老实巴交的农民，家里还是很穷。初中时我得了一场大病，没钱上大医院看，就在村里的诊所慢慢治。算起来村医也算是远房亲戚了，知道我们家里穷，也没怎么收我们的费用。我的病就这样慢慢给治好了。从那时候起，我决心要当一名医生，像村医那样，慈悲为怀乐于助人。

高考我也不负众望，以优异的成绩考上了重点医学院校。喜讯很快传遍村里，村主任上门道喜，并送上村委会的 500 元奖励金，还在我家门口放鞭炮祝贺。孩子有出息了家长本来高兴才对，但七千多元的学费却愁坏了我们家。知道我们的困境后，家庭环境比较好的亲朋好友纷纷解囊相助，加上政府的奖励，终于凑齐了上学的费用，让我踏上大学之路。大学期间我也通过勤工俭学挣取了部分生活费。其实当时挺尴尬的，得到社会的帮助本来是件好事，但家里的贫穷让我自卑内向，不善言谈。好在我没有放弃梦想，大学五年里我如饥似渴地学习，为以后的从医之路打下了扎实的理论基础。我也希望自己有一天有能力回报社会。

大学毕业后我来到东莞八院工作，随着经验的积累和技术的提升，我也开始为越来越多的病患者服务。但我觉得我的能力离回报社会还远远不够。

都说儿童是国家的希望社会的未来，2013 年我选择远赴北京学习小儿骨科来提升自己的能力。进修一年回到东莞后我开始专注于儿童骨科事业。有一次门诊看了一个孩子，6 岁，从河源来的，双脚内翻，无法走路。可能大家很难想象双脚内翻无法走路是什么样子，看看这张照片。这是双侧先天性马蹄内翻足。和孩子爸妈交谈后得知，孩子出生后就这样子。因为家里穷，小时候没钱上大医院医治，就用土方法治疗，但是没有效果。6 岁了，眼看就要上小学了，但孩子内向自卑，害怕被同学嘲笑，不愿上学。双脚残疾，如果还没有文化知识，想想都知道未来会是什么样的人生。后来经亲戚介绍，知道我们医院能治疗马蹄足，才来东莞碰碰运气。

这让我想起了自己的童年。虽然小时候很穷，但所幸的是我还有健康的双脚。我们都说寒门难出贵子，因为我们和有钱有文化家庭的孩子根本不在同一起跑线上。但这个孩子，别说起跑线，他连走路的资格都没有。这个孩子的遭遇对我的触动很大。作为东莞市仅有的几位小儿骨科专业的医生，我觉得我有责任为这些孩子做些事情，也实现我回报社会的初心。

其实先天性马蹄内翻足越早治疗效果越好。早期治疗，治愈率达 90% 以上。但知道这个病的人不多，小部分人可能没钱治疗，但大部分是不知道去哪里治疗。于是我向医院申请开展为先天性马蹄内翻足患儿减免治疗费用的公益活动。人还是要有梦想的，万一实现了呢？善良的人通常运气都不差，医院同意了我的申请。其实减免费用是其次的，作为科普宣传，让更多的人知道马蹄足这个病和治疗方法才是重点。

公益项目治疗的第一个孩子是福利院一个叫小贞贞的孤儿。4 个月大时因严重的马蹄内翻足无法治疗被家人遗弃。因为福利院用车紧张，无法每周送孩子到医院治疗。为了保证治疗效果，我坚持每周利用休息时间，亲自上门到福利院为孩子打石膏治疗。经过 12 次的石膏矫形和后续的治疗，孩子的双脚完全恢复健康，可以正常走路了。

经过媒体的广泛报道后，前来找我治疗马蹄内翻足的孩子越来越多。其中一名大龄孕妇产检时发现胎儿双侧马蹄内翻足。B 超医生说还挺严重的。家人都劝她放弃，说生下来会害了孩子，也拖累家庭。但孕妇已 38 岁，好不容易怀上，如果打掉，可能这辈子再也没机会做妈妈了。孕妇很难过，于是找到我，咨询能否保留这个孩子。我说只要排除神经畸形，只是单纯的马蹄足，是能治好的，建议生下来。

孩子生下来是这样的。虽然已有心理准备，但看到孩子的双脚这样子，爸妈还是很害怕。孩子出生后因为呼吸不好，还住了几天保温箱。两周大的时候开始石膏矫形治疗，经过正规系统的治疗，现在孩子已经能正常走路了。妈妈很高兴，庆幸当时没有放弃。任何生命都有生存的权利。

医院的公益项目只是免除了石膏矫形治疗费用，后面的小手术及矫形鞋还是需要付费的。治疗的孩子多了，也会遇到一些特别困难的家庭无力承担后续的治疗费用。通过社工组织的引荐，我前往香港推广我院的马蹄足公益项目并向香港梁锦棠咏春同学会募捐了 3 万元，用于治疗马蹄足。后来我们联系香港"康仪荟社"民间慈善组织，每年为每一位困难家庭捐助 6000 元，资助这些马蹄足孩子完成后续治疗。

在一个捐赠仪式上，香港"康仪荟社"社长霍济康先生透露，他小时候也很困难，也曾得到过别人的帮助。现在有能力了，希望能帮助有需要的人，特别是孩子，因为孩子是国家的未来。从 2017 年初至今，霍先生已经资助了 20 位困难家庭的马蹄足孩子，共计 12 万元。

我后来和霍先生熟悉了，才得知他还曾资助 12 名家庭困难的优秀高中生完成大学学业。这 12 名大学生均已毕业并参加工作，霍先生每年都会和他们聚会，了解他们的近况。去年我有幸参加了他们的聚会，了解到他们都已在各自的工作岗位做力所能及的事帮助别人。这些人有些参加义工组织，有的成为志愿者，受霍先生的影响，都是满满的正能量。

我曾经看过一个由真实故事改编的电影，说的是一个贫困家庭，妈妈生病了没钱治疗，孩子为了给妈妈治病在药店偷药，但被抓住了。旁边的小食店老板了解情况后帮孩子付了钱，还让女儿送来一包食物，孩子拿着东西就跑了。镜头转到 30 年后，小食店老板依然乐善好施，经常给流浪者提供食物。老板有一天突然病倒了，被送进了医院的重症监护室。面对高额的医药费，女儿为了医治父亲的病，只能卖掉小食店。女儿第二天却发现有人已把医药费用付清了。账单上写着：30 年前费用已付，3 包止痛药，1 包食物。下面是医生的签名。女儿想起 30 年前偷药的小孩，明白了一切。故事结尾，镜头掠过这名医生帮穷苦老百姓看病的照片。

这个故事很短，但很感人，说得好像就是我的故事。小时候很穷，得到别人的帮助，后来成为一名医生，也积极帮助别人。它表达了爱心的传递。施予爱心的小食店老板，最后也得到后来成为医生的孩子的报答。

回顾我过去 40 年的人生经历，其实我也只是一个很普通的人。但小时候的贫穷并没有让我放弃理想；得到别人的帮助时我也铭记于心。现在我有一技之长了，也希望在力所能及的范围内，帮助有需要的人。我不奢望这些马蹄足孩子长大后会感激我，只希望他们能健康长大，即使起跑时落后了，起码还能参与这场人生的赛跑。都说寒门再难出贵子，其实人生更像是一场马拉松，最终胜出的未必是先跑的那个人。

通过助学成长的 12 名大学生继承了霍先生的善心，已开始传递爱心，我希望这些马蹄足孩子长大以后也能在力所能及的情况下，帮助有需要的人。有了这样的爱心传递，我们的社会才会越来越好。

我的"麻醉人生"

全守波　东莞市松山湖中心医院麻醉科·中心手术室主任

【凡人凡言】他们也是我的老师，是他们成就了我的技术水平，不断促使我进步，更让我懂得珍惜健康、敬畏生命、热爱生活，让我深深地感受到，唯有加强修炼，敬业爱岗，做好本职工作，才是对人生价值的最好诠释。

我叫全守波，来自东莞市松山湖中心医院，职业是一名麻醉医生，因此大家可以叫我"全麻"。有同事调侃我："全守波，就是全心全意守护患者的心波。"好吧，这也正是一名麻醉医生应有的职业写照。想来本人姓"全"，"全麻"的全，已从事临床麻醉工作25年，看来这辈子就是为麻醉而生的。

我想从下面五个方面讲述我与麻醉工作的故事。

第一，我的感悟——荣誉促使我时刻鞭策自己

今天能有机会站在这里与大家交流，首先要感谢局领导的安排和关爱。2017年在市卫生计生局组织的东莞市最美医护评选活动中，我有幸获得认可，成为东莞市第二届"最美医生"之一，并在去年的发布仪式中，站在了聚光灯下。那一刻我的心情至今记忆犹新。这一年来，每当我想起当时听到宣布名单上有自己的名字时依然很感动。虽然被认为是个人的努力成就了"最美"，但从某种意义上讲，我更愿意相信是聚光灯下的感动进一步成就了今天的我。

获评"最美医生"这一年多以来，我多次参加局里组织的公益活动，也随"东莞市最美天使志愿者服务队"赴韶关、林芝等地深入接触当地卫生一线人员和前来就诊的老百姓，了解到了贫困地区有限的医疗技术水平和医疗设施条件落后的状况，并由衷地为自己曾经有过的一丝厌倦和消极情绪而羞愧。"德不近佛、才不近仙者，不可为医"，这句话虽然是对医者最高境界的概括，但我认为应该将它作为一面镜子，警醒自己应有的职业道德。古人云：己身不正，安能正人？医者仁心，只有以高超的医疗技术和良好的职业道德为患者解除病痛，何愁换不来风清气正，崇医尚德的社会正能量？

第二，我的感慨——麻醉科团队建设促推医院多学科发展

还记得2009年，为了更好地挑战自我，以实现自身价值，也带着对珠三角发达地区的向往，我从湖北一所医科大学附属医院调入东莞市第三人民医院，担任麻醉科学科带头人。曾在老牌大型附属医院麻醉科和大学教学岗位上

工作了 15 年的我，已经习惯在强手团队中相互依存，到了新的岗位，忽然发现，我所要带领的团队一切是那么的薄弱！

以前是强手如林，全科医生近 40 人，硕博学历占 80%，高级职称达 10 人以上，而这里只有 12 名医生，硕士以上只有 1 名，高级职称医生也只有一名；以前的单位，平均每天手术量 80 台，这里平均每天不到 15 台，而且许多麻醉技术还不能常规开展，科室设备条件也比原单位差很多……

巨大的反差，让我陷于深深的矛盾中，是回到欠发达地区的原单位，还是继续留在这个发达地区的相对小规模的医院？

犹豫之际，感谢引我进来的院领导，他们给了我充分的信任、支持和鼓励。在这个不大但足够我发挥个人专长的平台上，我开始着手麻醉科的建设和管理工作。

经过 9 年的培育和发展，如今的三院麻醉手术科，已拥有一只 20 人的梯队合理的医师队伍，研究生以上学历 5 人，高级职称医生 5 人，包括护理人员在内科室成员已近 70 人。我们已完全解决制约外科发展的瓶颈问题，现日均手术量近 50 台，可常规开展所有三级医院麻醉科应开展的业务项目，并且在全院普及并常规开展各类镇痛治疗业务，为打造舒适化的医疗环境、为手术科室的良好运转发挥了应有的保障作用。如今各类危重手术比例不断增加，东莞三院的区域医疗中心地位不断凸现，麻醉科的重要支撑作用更加强烈地体现出来。

在人们的印象中，手术患者的康复往往归功于主刀医生的精心施术，但其实在手术医生眼中，麻醉医生的麻醉技术和维持患者生命体征的水平才是他们能否完成手术的"定心丸"。我作为麻醉手术科的主任，告诫全科人员一定要有"甘做绿叶配红花"的胸怀，麻醉科好比做"剧务"，一定要积极为外科搭台唱戏，剧务者，俱务也，虽不能面面俱到，却必须尽其所能，将工作做得更好，将风险降得更低。

9 年来，我已养成长期坚守在工作第一线的习惯，对疑难危重患者的麻醉管理和抢救，不分节假日和休息日，始终保持随叫随到的状态。麻醉风险不同于其他医疗风险，麻醉无小事，不出事则已，一出事非死即残，并且麻醉风险的时间随机性非常强，需要紧急处理的窗口只有几分钟。这一点迫使我时刻把麻醉科的医疗安全装在心中，教导全科人员始终坚持一个理念：手术室就是战场，必须做到有求必应，随叫随到，不得有半点怠慢。每天我对全科的麻醉工作状态也必须做到了如指掌：哪个手术间有危重病人、哪个手术间有高难度操作技术心中有数，并且一定要充当年轻人的后盾，放手但不放过任何环节的麻醉医疗质量控制，支持和指导一线麻醉医生。

第三，我的敬畏——患者安全即是心安

还记得 2016 年 5 月的一个夜晚，手术室接进了一例特殊的急诊病例：一位小女孩后颅部被一把飞刀刺入脑内，需要紧急手术。值班医生还是第一次遇到这样的病例，在麻醉操作上遇到一个难题：手术必须在气管插管全麻下完成，全麻实施气管插管又必须在患者处于仰卧位状态下进行，而患者的后脑勺上正插着一把尖刀，如何才能仰卧位？紧急时刻，接到一线医生的求助电话，我立即赶到手术室，在仔细研判患者的伤情并对患者进行充分的安抚后，我采取跪姿，蹲在地上，小心用双手托着患者的头部保持悬空，再由助手进行麻醉诱导和气管插管，成功后直接让患者俯卧位，手术得以顺利完成。有同事收集了这个特殊方式插管的照片发在科内群里进行经验交流，后来微信照片被媒体发现、转载后，获得无数点赞，央视新闻为此对我做了专访。但实际上，这是我们医疗工作中再普通不过的一个事件。任何一个有责任感的医者，那个时刻都会毫不犹豫地跪下去来保护我们的患者，确保治疗顺利完成……

第四，我的愧疚——铭记失败，做一名有温度的医生

发生在十几年前的一个病例，至今回想起来仍让我心碎：还记得是一个大年初五的夜晚，一个歹徒潜入一住户家中行窃，出门正好遇上男主人，在与歹徒搏斗的过程上，男主人身中数刀，倒在血泊中。伤者被送到医院时，已经奄奄一息，我接到急诊科急救气管插管的电话后，匆忙赶到急诊科。患者的呼

吸道已无法保持有效通畅，腹部的刀刺伤已导致患者腹部明显隆起，刀口的敷料渗血十分明显。我以最快的速度完成了气管插管。在与患者家属简短的术前谈话时，我看到患者的妻子抱着一个几岁的孩子，焦急和惊恐写在脸上，签字的手因恐惧在瑟瑟发抖。那位孩子看起来和我自己的小孩差不多大。完成签字后，我立即随着其他急救成员推着患者往中心手术室跑，并迅速按照危重创伤休克的抢救处理模式为患者做好麻醉，动静脉穿刺测压、加压补液，以最快的速度配好了血并开始输注。但是患者腹腔的大出血已经不容许有片刻的等待，手术刀刚切开他腹腔的一瞬间，可怕的一幕出现了：患者的血压已经无法测到，"腹主动脉破裂！"只见患者血如泉涌，因刀刺伤的血管就在腹腔的后面，外科医生根本无法进行有效的手术操作……当时所有的急救手法都已用尽，仍回天无术。看着心电监护上室颤后仍然还有间断出现的心电活动，我心中那份无能为力的愧疚真的无以言表。

再次来到手术室门口，向患者妻儿交代不幸结果的那一刻，永久地定格在我的脑海里：妻子双膝跪倒，求我们再多尽些力量救救她丈夫，她不能没有他，娃娃不能没有爸爸……那一幕，我仿佛感觉自己就是个罪人，仿佛自己就是杀人犯的帮凶，为什么我不能救活他？我不敢直视那个懵懂的娃娃，不敢想象这个和我自己的小孩差不多大的娃娃，这一刻竟然永远失去了爸爸……

这件抢救不成功的案例，这十几年来，常常萦绕在我的脑海，提醒我，警示我，也鞭策着我不断学习和掌握医疗本领，更激励着我一定要做一个有温度的麻醉医生，面对病人，你挽救的不仅仅是个肉体，而是一个家庭的幸福。

第五，我的守护——患者的康复是我永远前进的动力

今年 8 月，产科一例胎盘植入的剖宫产手术，胎儿和胎盘娩出后，子宫收缩无力，出现大出血，血压直线下降。麻醉科立即配合产科启动抢救应急预案，中心静脉穿刺置管、连续有创动静脉压监测、凝血功能监测与维护、加压输血补液、电解质血气分析、麻醉深度调控，一系列麻醉管理的组合拳，确保手术顺利保住了子宫。手术结束，产妇麻醉苏醒十分平稳，醒来第一句话：我

的手术做了吗？小孩在哪里？谢谢你们！

这种术中"惊心动魄"，术后"波澜不惊"的感受让我由衷地感到自豪和欣慰。

一眨眼，今年我已从事麻醉工作25年，即将开始我的"50后"岁月。回首一路的经历，一方面那么多病人，在他生命最关键和最脆弱的时刻，感受了我的麻醉技术，让我能够体会到那种被需要的使命感和责任感。另一方面，他们也是我的老师。因为是他们成就了我的技术水平，不断促使我进步，更让我懂得珍惜健康、敬畏生命、热爱生活；使他们让我深深地感受到，唯有加强修炼，敬业爱岗，做好本职工作，才是对人生价值的最好诠释！这里我仿写了一首苏轼的《定风波》，献给我的50岁，也与大家共勉。

莫听市井嘈杂声，何妨医路且徐行。守望初心终不改，谁怕？一袭白衣任平生。

救死扶伤担使命，未竟，大医精诚暖人心。杏林春回多坎坷，归去，也无风雨也无晴。

10

我的故事我来讲

第十期

（2019年2月27日）

主持人／申洪香

183

　　明朝开国皇帝朱元璋一日早朝，突然向群臣提出一个有趣的问题："天下何人最快活？"有人说位居显赫者，有人说功高盖世者，有人说金榜题名者，有人说富甲一方者。朱元璋听后皆不以为然。这时，一位叫万钢的大臣答道："畏法度者最快活。"朱元璋顿时龙颜大悦，夸赞万钢的见解"甚是独到"，万钢也因此受到加封。

　　这个故事说明了什么呢？依法治国是方略，学法用法为民服务最快乐！

　　今天"我的故事我来讲"主讲人有四位，他们分别是肖文忠、梁剑辉、单金华和杜华良。

　　世间有法度，人间有真情，对法律的敬畏之心，让我们的生活更加幸福和美好。

冬天里的一把火

杜华良 东莞市卫生健康局办公室副主任

【凡人凡言】这8年来，因为工作和心理压力大的原因，有的同事申请换岗了，有的申请辞职了，我还在坚守着，其实我很感谢我的工作，吃亏、吃苦让我得到了锻炼，让我成长。

我叫杜华良，2011年起借调到原东莞市卫生局工作，一直到现在的市卫生健康局，主要从事综合文稿、信息调研、信访维稳和扫黑除恶工作。

俗话说，人不伤心不落泪，人无难处不上访。信访人走上信访之路，如同走进了冬天。信访干部要依法依规维护群众的合法权益，像冬天里的一把火一样，让人看到希望，感到温暖。信访工作堪称"天下第一难事"，谁都不想摊上的事，给我摊上了，而且一摊就是八年，但是我的内心始终有一把火在燃烧，让我对信访工作有激情、有热情、有感情。

这八年来，在我的信访登记表中，记录了4600多宗信访案件的详细情况。因为我这里是第一道关口，所有棘手的、重大的案件，我基本都参与接待和协调过，饱尝其中的酸甜苦辣。我跟大家分享三个比较刻骨铭心的信访故事。

"信访三陪"

信访工作还要当"三陪"？大家没有听错，我就当过几位信访人的"三陪"。不过，大家不要想得太重口味，这"三陪"是指陪吃、陪聊、陪睡，其中还包括一些女性信访人。

2012年4月12日，一位37岁的女士挂着拐杖过来，说某机构非法行医导致她双腿残疾，说我们的卫生监督执法人员存在包庇行为。你说一个人好端端的，突然就残疾了，能不心寒吗？从此这大姐风雨不改定期报到，有时候横冲直闯各大办公室，有时候会吵吵嚷嚷，有时候会住上一两天。

经过这么多年的相处，我跟她的关系是很微妙的，有时候她会对我火气冲天，有时候又对我哈哈大笑；有时候对我感激涕零，有时候又对我恨之入骨。

记得2013年5月16日，她过来了，看她那天的阵势，大包小包的又打算长住了。法律法规规定了，信访的本质是合理诉求要解决到位，无理诉求要解释到位，困难群众要帮扶到位。所以那天我跟她讲道理，又是摆事实，又是谈救济方案，足足跟她聊了几个小时，这让我第一次有种聊天聊到想吐的感觉。后来我协调主管科长、公安民警、当地卫计局的负责同志轮番上阵，但直到凌晨两点她还不肯罢休。

时间太晚了，而且她又是残疾人士，总不能把她赶出去吧，要对信访人的安全负责，于是我和另外一位同事留下来"陪睡"。她睡信访室，我们睡大厅。她倒是想得开，秒睡了，一会就听到她鼾声如雷，可是我坐在大厅整晚没睡。

在我的印象中，我接待过类似"三陪"这样的奇葩案件多了。凡是到市局信访的，矛盾都上升到了一定程度，比如有 10 多人的集体访，有带着菜刀信访的，有的爬窗户威胁自杀，有的扑通跪在我面前求助，有的不吃不喝要绝食，有的突然向我泼水，有的甚至举起凳子向我砸来。在违法行为面前，我只能严阵以待；在危险面前，我不能有任何退缩；在困难群众面前，我又时常感同身受。不过回想起当时被砸的情景，现在都觉得害怕，你说，要是他把凳子真砸在我的脑袋上，我可能就提前光荣"退休"了。

这八年来，因为工作和心理压力大的原因，有的同事申请换岗了，有的申请辞职了，但我还在坚守着。其实我很感谢我的工作，吃亏、吃苦让我得到了锻炼，让我成长。记得以前跟信访人打交道，我坐在那里浑身发抖、如坐针毡，现在我懂得用法保护自己。因为感恩，所以我依然对信访工作有着火一般的热情。

"信访奶爸"

也许在座的很多同事没有在信访室待过，没有感受过信访前线的水深火热，其实这里的故事很精彩，虽然有很多无奈，但也有暖心故事。

2015 年"双 11"的前一天，一位父亲带着他不到一岁的儿子过来，说他孩子接种卡介苗疫苗后，出现肺部感染等异常反应，经常出现痉挛、抽搐等症状。他带孩子转辗去了深圳、北京等大医院就医，医生说，孩子自身存在免疫缺陷，可能会有终身后遗症，要治愈的话必须做移植手术。

孩子是一个家庭的未来甚至所有。你说一个孩子好端端的，突然就得了重症，作为家长能不心疼吗？

理性告诉我，申请接种疫苗异常反应诊断和财政补偿，不仅要走法定程序，而且也不是一天两天就能解决的。我好说歹说让他们先回去，等待处理结果，可他就是不听，说："孩子这一折腾，家里的钱都花光了，还欠了一屁股债，是接种了疫苗才出现的问题。现在孩子等着救命，政府必须承担责任。"甚至还扬言，"如果不给治疗费，他就把孩子弃留在我们这里。"说完拍屁股真走人了！小孩的吃喝拉撒全归我管了。我是头一回遇到这种情况，有点措手不及。

那位父亲走了之后没多久，小孩就开始哇哇大哭，我一看傻眼了。那时我还没当父亲，难道要提前实习当"奶爸"？

我心里面想，不就是一个小孩吗？什么场面没见过？于是我抱起孩子，又是拍又是哄，又是扮鬼脸又是装猴子，可是什么招都不管用，这孩子还是不依不饶，哭得更厉害了，好像在告诉全世界，我这个实习奶爸不称职！

正当我一筹莫展的时候，哭声惊动了几位当妈的同事，同事们过来看了看说："孩子尿尿了，也饿了。"于是我屁颠屁颠地跟着学习了起来，在同事的指导下，又是给孩子换尿布，又是喂奶粉，嘿，小孩果然消停了。

想不到我人生第一次当实习奶爸的体验，是在信访室完成的。不过这信访奶爸也不是长久之计，最后我还是联系了当地医院，把孩子接回了儿科照料。

经过研究，我们把这个案件列为重点化解案件。经过与当地政府持续几个月的跟踪协调，在法律的轨道上，这位父亲最终获得捐助和补偿，后来他带小孩去做了移植手术。

我们信访工作这把火，点亮了一个孩子乃至一个家庭的希望。大家说，我这个信访奶爸还算称职吧？

"超级VIP"

做信访工作，要有强大的心理抗压能力。要学会"加减法"。"加法"就是不断加强法律法规政策的学习。我不是学医的，但是信访诉求大多数又是以医疗为主，我把工作中遇到的"常见病""多发病"，整理成专门的政策法规知识库，用法律知识武装自己。否则的话，一问三不知，信访人肯定给我急：我要见你们的领导！"减法"就是要懂得给自己减压，保持良好心态，凡事看开点，不要跟工资过不去。

2017 年 4 月 10 日，来了一位单身大姐，从那天开始，她就成了我们信访工作的超级 VIP。她说她到某家医疗机构做健康检查，多次表示无性生活史，但是检查结果显示可能怀孕。她说她受到了人格侮辱，心灵受到了创伤。在这位单身大姐看来，能不心寒吗？

仅一年多的时间，她信访了 20 多次，申请信息公开 11 次，对我们做出的所有答复都不满意，即使她签订了调解协议书，还是申请了信访复查、行政复议，提起了行政诉讼一审二审，她能够走的法定途径几乎都走了个遍。

她说她跟检查她的这家医疗机构结下了梁子。梁子不解，她就一直信访下去。

我很佩服她的坚持，但是我们要比她更坚持。为什么呢？因为我们的工作关乎人的生命和健康，我们的诊疗行为要一丝不苟地严谨规范，我们的信访行为、行政行为要一丝不苟地依法依规、公平公正，只有这样，才能让所有患者、让整个社会对我们的卫生健康事业有信心。

良言一句三冬暖，恶语伤人六月寒。信访人走上信访之路，心是冰凉的，有些伤害已经无法逆转，死去的人更是无法重来。希望我们的医护人员把医学术语、患者病情说得更耐心一点，我们的窗口服务更多一些微笑，我们的信访工作依法依规、公平公正。说不定我们的每一句话、每一个微笑、每一个行为，都会成为冬天里的一把火，让我们的患者、我们的信访人看到希望，感到温暖。

岁月悠悠情悠悠
——我的东莞故事

单金华　东莞市常平镇卫生监督所副所长

【凡人凡言】来东莞26年了，最好的岁月已留在这片土地上，来时风华正茂，现在已发染飞霜。东莞这片土地也从农村变成美丽而又有活力的城市。我庆幸当初的选择，更感恩这些年来单位的领导对我的包容、关心和支持，同事们真诚的合作。

我是来自常平镇卫生监督所的单金华，我是一名"老防疫"，从事基层公共卫生工作 36 年，见证了工作单位名称从"防疫站""防疫组""防保科""卫监小组"到目前的"卫监所"的变化，随着机构改革的进行，工作单位的名称虽然多变，但唯一不变的是我对公卫事业的热情。

在东莞工作不觉二十六个年头了，和所有新莞人一样，回忆这段历程一定会有许多感慨。这片火热的土地上的人民接纳过我们、包容过我们、扶持过我们，给了我们施展抱负和才华的平台。同时在这片土地上我们挥洒过汗水和泪水、激情和青春、聪明和才智。我们感恩这片土地，也无私地把自己奉献给了这片土地。

邂逅东莞

1983 年 8 月大学毕业后我被分配到了我的家乡——湖南省衡东县卫生防疫站从事食品卫生工作，从那时起，我便与公卫结下了难舍的情缘。在家乡工作 10 年，凭着对食品卫生工作的满腔热情，我从食品卫生医师晋升为食品卫生主管医师，从食品卫生监督员成长为食品卫生科副主任。我很喜欢我的工作，也喜欢我的团队，原以为会一直在家乡按部就班地工作下去，但 20 世纪 90 年代初，改革浪潮再起，全国再掀南下潮，我身边的朋友、邻居、亲人等都纷纷南下广东找工作。1993 年 9 月我和丈夫送我二哥到顺德，后转道去深圳，途径东莞，去大朗和樟木头探望我的邻居和朋友，朋友们都夸东莞和东莞人好，劝我们也在东莞找工作。听了朋友们的话，我心动了，抱着试一试的心态去了东莞市卫生防疫站找工作。当时接待我的是防疫站的张浩贤书记，他听说我是找工作的，很热情，说下面镇街很缺防疫人员，并立即帮我打电话给了企石医院的黄院长。当天我和丈夫就到了企石医院，黄院长也很热情地接待了我们，要我试用两个月，并立即安排食宿。东莞人的真情、热情和实干精神感动了我，就这样我开始与东莞结缘。

留步东莞

企石是东莞当时较偏的一个镇，相对落后。初到企石，我诸多不适应：首先是语言不通，和同事沟通困难；二是观念不同，协商困难；三是生活不便，锅碗瓢盆都不齐。那段日子，我常想起一句老话：在家千日好，出门一时难。于是试用期不到，就匆匆逃离了东莞。满以为再也不会来东莞了，直到一年后的1994年9月，企石医院要创二甲需要人才，黄院长给我打电话，问我是否还愿意去企石医院工作，并说帮我丈夫联系好了工作单位，我们深深被感动，就这样，我再次来到了东莞。这次来没有试用，直接任企石医院防保科主任，具体负责卫生监督、疾病控制、慢病防治和健康体检工作，就这样我们在东莞留步安家了。

拥抱东莞

初到企石，领导就把防保科交给了我。客观上说，企石医院的防保科正处在一个初创阶段，当时企石医院没有防保科，只有防疫组，由皮肤科医生兼组长，由一个乡村医生和一个护士具体负责防疫工作。万事开头难，在医院领导支持下，我制定了一系列规章制度和科室管理方案，和防保科的同事们一起，建立科室各种档案。经过几年的努力，企石医院的防保科逐步步入规范化管理的轨道。

2000年初，我调入常平医院防保科工作。常平镇与企石镇不同，是经济比较发达的大镇，是东莞东部中心，交通非常便利。当时，常平有两个火车站——东莞站与东莞东站，流动人口众多，而当时常平医院防保科的主任由分管副院长兼任，科室基础也比较好，且常平的卫生防疫工作排在全市的前列。2000年9月，医院领导要我担任防保科主任。当时，我压力很大，因为卫生防疫的工作面很广，记得读大学时老师说过卫生防疫工作是"上管天，下管地，中间还要管空气"，牵涉到食品卫生、学校卫生、职业卫生、公共场所卫生、医疗机构监督和传染病防控，等等，还要与社会和政府加强沟通联系。作为一个外地女人，我怕做不好，致使卫生防疫工作滑坡。面对这些担忧，院领导给了我很大的鼓励，同事们给了我很大的支持，于是，我暗下决心要努力做到最好，不辜负领导和同事们对我的信任。我接手的是一个基础较好的科室，要百尺竿头更进一步，必须创新。我秉着精细化管理的理念，先从科室管理开始，制定了科室管理方案，完善了管理制度和岗位职责。然后按业务和片区进行人员分工与分组，分片负责，责任到人。为了加强科室团队建设，促进团队共同进步，我科响应医院号召创建了市青年文明号，开展了军训拓展活动，进工厂、进学校、进酒店、进社区为企业主和群众开展卫生法律法规和卫生防病知识培训，配合市 CDC 开展科研活动，并积极配合镇政府开展"四清理五整治"、食品安全专项整治等活动，深入推进各项卫生监督和疾病预防控制工作开展的同时，也带动了体检业务的不断增长，促使社会效益和经济效益不断提升。多年来，在镇政府、卫生局、医院等各级领导的正确领导与支持下，通过科室全体人员的共同努力，辖区内未发生重大公共卫生事件，并为我镇成功创建全国亿万农民健康促进行动示范区和国家卫生镇做出了积极的贡献。防保股也连续多年荣获东莞市先进防疫科组、东莞市慢病防治先进单位、东莞市公共卫生一等奖和东莞市传染病应急演练优秀奖；取得市级科技成果 3 个，其中获东莞市科学技术进步二等奖 1 个，三等奖两个。我科的经济效益也从每年的几百万元逐步增长到近 1800 万元。

2014 年 11 月，镇街公立医院剥离卫生监督和疾病预防控制职能，我和同事也按照人随事走的原则，进入了我镇新成立的卫生监督所工作，担任卫监所的副所长。作为新成立的基层卫生监督机构，面临很多困难与压力：一是人少事多责任重大；二是执行的卫生法律法规众多而滞后，执行困难；三是监管对象复杂多变，违法行为隐匿，取证困难，等等。常平作为商贸大镇，市场主体基数大，我所的监管对象近 1000 间，我们不仅要完成日常监管、商事后续监管、国家"双随机一公开"等卫生监督工作任务，还要完成如娱乐场所专项整治、医疗机构依法执业专项、清无打非专项、扫黑除恶专项和以案促管专项等各种专项工作任务，而市场主体复杂多变，特别是有的基层医疗机构违法乱象投诉又多，应对监督检查手段多变，令监督员取证困难。由于编制限制，我所成立至今不但未增加一个新人，还减少了 4 名工作人员，人均监管对象超 200 间，而那些违法乱象且投诉又多的监管对象又消耗了我们很多的监督资源，面对如此庞大的工作任务和当前依法行政。严格执法的要求，我们深感责任重大，特别是当前对监管不力就要追责的管理模式，基层卫生监督员如履薄冰，压力很大。面对困难与压力，我所不忘初心，砥砺前行，建章立制，不断加强队伍建设，落实执法责任制，分片负责，责任到人，不断完善机构建设，创新监管模式，开展量化分级与风险管理，开展夜间执法与节假日执法，以案促管，不断提高监督服务能力。记得 2017 年我镇某门诊，因其收费贵引发患者和竞争者的投诉多达 20 余次，但每次监督员去调查处理时，取证都很困难，为此，我们采取夜间执法和记分管理的方式，使其校验期内记分达 24 分以上，被纳入黑名单管理，并在校验时给予暂缓校验三个月。因暂缓校验期间不可开业，该门诊就偷偷开业，被举报查实后该机构被注销。

卫生监督是一项严谨而又复杂的工作，在处理、协调各类问题和矛盾中，仅仅掌握基本业务技能还远远不够，所面对的监督对象形形色色，卫生法律意识不强，特别是有些社会底层人员的抵触情绪严重。在打击非法行医行动中，当事人拿刀对峙我们的事件时有发生，最困难的是有些不明真相的群众还会进行围观，还会站在非法行医者那方指责我们的执法行为。这时候，只是一味跟他们讲处罚，效果往往不理想，只有从群众的根本利益出发，换位思考，晓之以理，动之以情，给他们宣讲政策法规、宣讲非法行医的危害，才能避免发生冲突。记得有一次打非对象是一名年过六旬的老人，现场监督员已对现场相关药品进行了证据保存，当对老人进行询问笔录时，老人已吓得手发抖，突然间倒在了地上。他老伴连忙叫我们打 120 急救，口里还不停指责我们，这种情况把现场监督员都吓了一跳。我马上叫现场监督员打了急救电话，并观察老人的情况和现场录像。不一会儿，120 急救人员替老人量了血压，确实存在血压偏高的情形，建议其去医院进一步检查，老人与其老伴均不愿意配合去医院检查，在这种情况下，我们只能对当事人及其老伴进行安抚，嘱咐其注意休息，避免引起生命危险。安抚好老人后，我们只进行了现场取证就收队了。过了几天，了解到老人身体无大碍后，我们联系了村委，又去找他们，我们耐心细致地跟他们做工作，讲道理讲法律，通过解释，老人认识到自己的行为是违法的，配合我们做了笔录，也同意接受相应的行政处罚。

作为一名卫生监督员，要敢于担当，在法律面前，人人平等，面对困难压力，不能畏惧，切实履行职责。时刻牢记为人民服务的宗旨，在卫生监督执法过程中，做到以事实为依据，以法律为准绳，严格执法，秉公执法。自我所成立以来，在镇政府和镇卫计局的领导下，在市卫健局和市卫监所的指导下，通过全体卫生监督员的共同努力，我所依法行政，严格执法，积极开展"以案促管"，不断提高监督服务质量。落实了群众办事"最多跑一次"，立案查处了近200宗违法违规行为，罚没款达30余万元，吊销医疗机构执业许可证3间，注销违规医疗机构3间，打击非法行医"黑诊所"近130间次，并把10余间违法违规的医疗机构纳入了黑名单。

感恩东莞

在东莞工作、生活了26年，感谢东莞让我茁壮成长，感谢东莞给了我一个展示自己能力的平台，让我能够在这个平台上，增长阅历、丰富自我，我担任过东莞市第十五届市人大代表，也担任过常平镇第十二次和第十三次党代会代表，由初来时的主管医师晋升为副主任医师、再到主任医师，由普通工作人员成长为科室主任和卫监所副所长，领导和群众对我的工作也给予了充分肯定：连续16年被评为先进工作者；连续14年年度考核被评为优秀；曾荣获广东省卫生监督先进个人、东莞市打假工作先进个人和常平镇优秀共产党员等荣誉。可以说东莞成就了我，我也奉献给了东莞，得到那么多的荣誉，离不开我的领导、同事对我的帮助和支持，更重要的是他们对我的认同和肯定成为我不断进步的动力。

这就是我的故事，可讲得远不只这么多，来东莞26年了，最好的岁月已留在这片土地上，来时风华正茂，现在已发染飞霜。东莞这片土地也从农村变成美丽而又有活力的城市。我庆幸当初的选择，更感恩这些年来单位的领导对我的包容、关心和支持，以及同事们真诚的合作。在今后的工作中，我将不忘初心，砥砺前行，为促进卫生监督事业的发展和保障人民的身体健康做出自己应有的贡献。

常怀敬畏之心，执法从严

梁剑辉　东莞市卫生健康局综合监督科科长

【凡人凡言】其实每个卫生监督员也是广大卫生工作者的一员，每一次行政处罚都是我们的职责，而不是我们的目的，感谢大家理解和支持卫生监督工作。我将再接再厉，为守卫市民健康，打造健康东莞而奋斗。

我 2004 年毕业，考进市卫生监督所，就职于传染病监督科。2005 年借调到卫生局防保科。对一个刚毕业的青年，能到卫生局锻炼还是很幸运的。当时卫生局人数也不多，大概 40 个人，只有我一个"80 后"，大家上班忙到下班，工作强度非常大，想找个人聊天都没有，当时一位科长说过的一句话我印象特别深，"早上上班倒一杯茶，坐在办公桌上工作，就一直坐到中午吃饭，有时候连上洗手间的时间都没有"，这也特别能反映当时的情况。可以说，吃苦耐劳，执行力高一直是卫生局的优良传统，也是单位文化的一部分。当你看到那些前辈在忘我地工作，看到局领导在凌晨还在批阅文件，我相信，工作人员都会以他们为榜样认真地做好自己的事情。

2011 至 2013 年，由于局的职能调整，我负责食品安全综合协调工作，其中印象最深的就是 2011 年 10 月发生的中堂毒腊肉事件。这个事件我全程都在参与，组织开会、追查问题产品流向、清查小作坊、写报告、写新闻通稿，整个处理工作紧张而有序地进行，当时中堂跟我们对接的是当地食安办副主任，给人印象挺好，很配合我们的工作。但没想到的是半年之后，出了一条新闻，题目是《东莞中堂毒腊肉案保护伞获刑》。原来当初处理事件跟我们对接的这位食安办副主任，利用负责食品安全综合协调和依法组织各执法部门查处食品投诉等职务便利，从 2010 年开始向黑作坊通风报信，在一年半的时间里分十次受贿五万元，最后就是因为这五万元，不仅丢了工作，还被判了七年半。这个事情时刻告诫我，作为一名执法人员，对法律要有敬畏之心，执法要从严。

2014 年 10 月，中共十八届四中全会专题讨论依法治国问题，并通过《中共中央关于全面推进依法治国若干重大问题的决定》。习近平总书记强调"各级政府必须坚持在党的领导下、在法治轨道上开展工作，加快建设职能科学、权责法定、执法严明、公开公正、廉洁高效、守法诚信的法治政府"，为我们执法工作指明了方向。近几年来，我们推行飞行检查和暗访、异常名录和黑名单、双随机一公开、风险管理、量化分级等监督模式，执法行为不断规范。特别是去年推行的执法全过程记录制度，保证执法公平、公正。我们执法力度也在不断加强。

有法必依，执法必严，违法必究。在座很多都是医疗机构的负责同志，请务必重视依法执业这个问题。我要强调，违法行为一旦被查实，就一定按程序走下去，依法进行处理，这是执法人员的职责所在。请大家注意，目前，我们行政处罚以及"黑名单"信息都会通过卫生监督信息平台自动推送到网上，供群众查阅。这些查处记录会对医疗机构声誉造成非常大的负面影响。我举一个例子，前两年有一家医疗机构不按要求发布医疗广告，被我们纳入"黑名单"公示，很多竞争对手把该信息从网上打印下来，一接诊患者就拿这个说事，叫他们不要去那里看病，导致该医疗机构业务一落千丈。要纳入黑名单管理的违法种类一共有 13 项，大家可以在局网站查阅。其实，每家被查处的医疗机构都在一定程度上反映了内部管理存在漏洞的问题。曾经有一家医疗机构，竟然有人使用假的医师资格证和医师执业证进行执业，而机构负责人竟毫不知情。对伪造国家机关证件非法行医者，要移送公安局追究刑事责任，对于医疗机构，无论你知不知情，也难辞其咎。

广大医护工作者，在看病救人、提升医疗技术的同时，也请留意法律这条红线，保护好自己。曾经有一家医院的儿保医生，根据就诊孩子妈妈的要求开了妇炎康复胶囊等中成药，虽然方便了他人，但是自己却惹上了麻烦，最后被认定为跨专业从事诊疗活动，按照法条，按非卫生技术人员处理。而且违反有些法律了，是要予以停业甚至吊证处分的。在这里我举一个需停业和吊证的法条，根据《执业医师法》第三十七条及我局的自由裁量权，对发生一、二级医疗事故承担主要责任的医师，暂停六个月以上九个月以下执业活动。对发错药、打错针、输错血、错报或漏报辅助检查结果、开错手术部位、将手术器械或纱布等异物遗留在患者体内并造成二级以上医疗事故的主要责任人，吊销医师执业证书。我局的行政处罚自由裁量标准都在局网站公示，大家可以上网查阅。最后，请大家重视病历的书写和管理，病历历来是我们执法调查最为重要的证据之一。根据 2018 年 10 月实施的《医疗纠纷预防和处理条例》，未按规定告知患者病情、医疗措施、医疗风险、替代医疗方案；未按规定填写、保管病历资料，或者未按规定补记抢救病历者；最轻都要分别给予医师警告，并处 1 万元以上 5 万元以下罚款。如果定性为篡改、伪造、隐匿、毁灭病历资料的，就算没有造成危害后果，有关医务人员也要暂停 6 个月以上 1 年以下执业活动，对直接负责的主管人员，给予降低岗位等级或者撤职的处分。请大家一定要注意。

其实每个卫生监督员也是广大卫生工作者的一员，每一次行政处罚都是我们的职责，而不是我们的目的，感谢大家理解和支持卫生监督工作。我将再接再厉，为守卫市民健康，打造健康东莞而奋斗。

难忘的岁月

肖文忠　东莞市卫生监督所党总支书记、所长

　　【凡人凡言】在过去的这些年里，无论我身在何处担任何种职务，都牢记组织的委托，依法依规履行职责，勤勤恳恳努力完成领导交办的任务，为卫生健康事业的法治化水平提升贡献一己微薄之力。

时光荏苒，岁月如歌，转眼间又过去了十多年，回首风风雨雨，有太多的感言，有太多的追忆。下面，我与大家分享下本人在三段时期经历的一些往事。

麻涌下乡驻村

2005 年 12 月 19 日，作为我市第二批"十百千万"干部下基层驻农村干部中的一员，我进驻到原东莞市卫生局的驻点村——麻涌镇麻一村，挂任村党支部副书记、驻村工作组组长。驻村伊始，对该村各方面的情况还不太了解。为了尽快进入角色，开展工作，我首先以走访干部群众入手，深入了解麻一村的现状和发展规划。为此，我还专门把摩托车从东莞运到麻涌，沉下心来，吃住在基层，和群众真正打成一片。

由于村集体经济落后，再加上病残、子女读书等因素，部分群众生活较为困难。驻村初期，我便与村里管民政的干部一起，走访了好些困难户，将了解的情况及时向原东莞市卫生局领导报告。

有一户村民经村干部找到工作组，反映自己家女儿精神有异常，但由于经济困难，一直未很好地进行治疗，经我请示局领导并与市新涌医院（即现在的市第七人民医院）取得联系后，将病人送至市新涌医院免费为其检查、开药，考虑到路途较远，在随后的时间里，我多次趁回东莞办事的机会帮她取药，遇到药费超标就自己掏钱为她垫上。但凡村里有群众找到我，我都尽心尽力地帮助他们。

在走访中我发现很多村民是因病致贫、因病返贫。为帮助群众解决"看病难"的问题，给村民办实事，经请示局领导在麻一村举办了健康宣传义诊活动。由市人民医院、市中医院、市慢病院、市妇幼保健院等医疗卫生单位共30 多名医护人员组成的献爱心义诊服务队来到麻一村，为村民开展常见病治疗、健康检查和健康知识咨询等送医送药活动，受到村民们的热烈欢迎和一致好评。

为了让群众从根本上脱贫致富，工作组努力扶持该村村民就业，增加造血功能。我想方设法联系一些工厂企业，介绍村里群众前去工作，让其能够多增加收入，提高生活水平。

恰逢那个时候麻涌镇创建省卫生镇，为确保年底实现创建省卫生镇的目标，村里专门成立了创卫工作小组。我发挥专业特长，尽力协助他们开展工作：研究制订计划，现场检查，和干部群众一起清扫街道，搬运杂物、清洗市场等。

为了提高村民的卫生健康意识和法治意识，改变农村落后的面貌，我还在村里组织举办多场健康知识科普讲座和卫生法律法规普法讲座，由我主讲，为村民讲授健康的概念及其影响因素，传染病防治相关法律法规以及中国居民膳食指南等内容，收到了良好的效果。

在那一年里，我按照一名党员的标准严格要求自己，认真遵守党章党规，用心服务群众，努力为群众多干实事，与村里的干部群众结下了深厚的友谊。

兴宁挂职锻炼

根据省委组织部和原省卫生厅部署，受原东莞市卫生局的委派，我作为第二批参加"卫生人才智力扶持山区计划"支医队员中的一员，在麻涌下乡结束之时，又马不停蹄，于2006年12月1日到兴宁市卫生局挂职任副局长。

我在兴宁市卫生局领导班子里头分管卫生监督、疾病控制、妇幼卫生、慢性病防治等工作，为全面熟悉情况，特别是基层的情况，我想方设法多往基层跑。

通过调研发现，兴宁市医疗卫生系统，特别是乡镇卫生院的发展相对珠三角等经济发达地区而言还是显得比较落后，建设欠账多，设施残旧，人才奇缺，该市广大防疫工作者在承担了大量的传染病防治、计划免疫、健康教育等公共卫生工作，取得显著成绩的同时，也存在好些不足，而且这些问题不是一下子可以解决的。鉴于此，我要求市CDC要加大对基层防疫人员、临床医生开展传染病防治、卫生法律法规等的培训，并参照食品卫生监督量化分级管理的办法对全市乡镇卫生院进行分级管理，还下发了文件，制定奖惩措施，进一步明确了工作职责。

在调研中我还发现，兴宁市随着经济的起步、招商引资工作的深入，已设置了四个工业园区，已有一批外来企业投产运营，但一直未开展职业卫生监督工作。针对这种状况，为了预防控制和消除职业病危害，保护劳动者健康及其相关权益，履行法律赋予的职责，我要求兴宁市卫生监督所、市疾病预防控制中心迅速撰写一份工作报告，呈送市人民政府有关部门，以尽快开展工业园区的职业卫生监督监测工作，防范职业病的发生，也引起了当地政府的高度重视。

大家知道，"五一"、国庆黄金周是探亲旅游的绝佳时期，但考虑到节日期间安全生产和稳定的重要性，我婉拒了组织上让我早些回东莞休息的安排，主动要求值班。值班期间，我认真遵守值班规定，坚守工作岗位。记得在5月1日那天，值了大半天班也没什么特别的事，以为这一天就这样平安过去了，不料，下午四点来钟接到电话，说在该市某镇发生一起凶杀案，一死二伤，伤者正被120急救车送往市人民医院抢救，兴宁市委市政府要求全力做好伤员的抢救工作。时间就是生命，放下电话，我一边联系医院值班领导，一边火速赶往市人民医院。我向市人民医院传达了上级领导的指示，要求医院迅速组织医疗骨干投入抢救，相关科室密切配合，尤其血库应做好供血准备。随着抢救工作有条不紊地进行，我们与家属一起在焦急等待。直到晚上八点钟，伤员才暂时脱离危险。回去的路上，心里轻松了不少。

2007年6月份，梅州地区普降暴雨，造成山洪暴发，江河水位暴涨，该市各镇不同程度受灾。为做好灾后防病工作，预防疫情发生，保障灾区人民的身体健康，兴宁市卫生局召开了全市卫生系统灾后卫生防病工作紧急会议。会上，我对全市的卫生防病工作包括疫情报告、卫生监督、疫情监测、消毒杀虫及宣传教育等工作做了部署。之后，我和疫情处理小组一起，深入灾区，踩着泥泞的乡道，划着门板，涉水为群众发放宣传资料、消杀药物等，指导当地群众开展灾后卫生防疫工作。

2007年8月，国务院部署要求从8月份开始到年底，开展产品质量和食品安全专项整治行动。由于一些客观的原因，那种条件较为简陋、卫生状况较差的小餐饮店在兴宁市街头随处可见。面对整治任务重、时间紧的状况，为确保如期完成国务院提出的工作目标，以较好的成绩迎接上级的检查，我顾不上回家休假，和卫生监督所的领导一起，认真研究整治方案、召开会议、部署工作，并深入到一线检查落实情况。

记得有一天，我带队到该市福兴镇检查整治工作。听基层的同志说，在火车站附近有几家饮食店，由于达不到发证条件，属于无证经营，之前卫生监督员去过几次，遭到店主抵触，没办法处理。火车站是城市的门户，人员流动大，一旦出现问题，容易造成负面影响。我当即决定前往察看。当大伙来到火车站，我发现站前广场有一排铺位，有几间经营饮食。当我们来到一家正开门做生意的店铺前，发现面积不大，六米见方，没有封闭厨房，只是在入口处靠墙摆放了几个煤炉，没有三防设施、原材料随意放置，条件极其简陋。当我们的监督员说明来意，要求店主停业整改，并上前动手准备拆除招牌时，挺着大肚子、背上还背着小孩的女店主，突然冲上去挡在前面，破口大骂，情绪非常激动。见此情形，我赶忙叫工作人员停手，和颜悦色地跟他们夫妇解释，动之以情、晓之以理，在我们耐心细致劝导下，他们最终同意停业整改。

接着，我们又去了另一家位于华侨中学旁边的餐馆，说是餐馆，其实就是用竹子搭成的简易工棚。我们去时，只见有几个工人正在忙着准备食材，地上放着几个大盆，满地是菜叶、饭粒、动物内脏，污水横流、蚊蝇纷飞。时值盛夏，太阳的暴晒和炉火的高温使得屋子充斥着一种难闻的气味。看到我们进来，工人中有一位四五十岁模样的汉子手持菜刀就冲上前来，嘴里还大声说着："老子的地也给征了，现在做点生意也不给，还给不给人活了！"事发突然，见此情形，大伙都纷纷后退。我当时内心也很紧张，但在这电光火石间，我想到自己作为当天行动的带头人，大家都在看着我，自己决不能后退，故作镇定站在原地，同时劝导他放下菜刀。如此一来，对方反而怔在那里，我于是抓紧时间跟他解释：不是不给你做生意，只是选择做餐饮生意，按国家法律规定需要一定的准入条件；看你的模样，估计小孩还在读书，假如他课后经常光顾这样的饭店，为人父母你会放心吗？经过多番劝说，不知是不是我的话引起他的共鸣，慢慢地他的态度软了下来，表示愿意接受处理。至此，大伙都松了一口气。经过一段时间大家共同努力，全市餐饮卫生状况有了好转，取得初步成效。

在兴宁市卫生局挂职锻炼的这一段经历，使我的人生阅历丰富许多，对后来的工作也有很大的帮助。

局机关任职

根据组织安排，2008 年我被调往原东莞市卫生局工作，担任疾病预防控制科科长。那几年，随着我市经济社会的发展，流动人口急剧增多，人口的稠密和流动加大了传播疾病的风险。除了常见病以外，一些新发的传染病也在不断地威胁我市群众健康。防病工作变得十分复杂、繁重，挑战不断增加，疾病预防控制队伍就如同一支消防队，一支全天候作战的部队，节假日休息没保障、加班加点是常事，只要碰到突发公共卫生事件，比如传染病疫情，不管白天黑夜、刮风下雨，都得火速前往组织处理。作为疾控科负责人，我始终保持着高度的责任感和紧迫感，带领科室同志依照《传染病防治法》等法律法规，规范开展各项防病工作。

2009 年 4 月 30 日晚上 11 点多，当许多人在家筹划着如何度过"五一"假期之时，我还在办公室加班。当时，最早在墨西哥发现的"猪流感"（后来被命名为甲型 H1N1 流感）疫情在肆虐北美大陆的同时，也在向其他地区扩散，WHO 已经提升了全球大流行的警戒级别。对于我市来说，由于所处地理位置和社会经济发展特点，防控形势相当严峻。突然，一阵清脆的电话铃声划破了寂静的夜空——"这么晚了还有电话，可能有情况！"不容我多想，赶紧拿起话筒，电话是由原省卫生厅疾控处打来的。原来，在香港发现中国第一例输入性甲型 H1N1 流感病例，是由墨西哥坐飞机途经中国上海抵达香港的，经调查，有三名与该病例同机被判定为密切接触者的墨西哥客商目的地是东莞，上级要求我们迅速找到那三名客商进行处置。那个时候，甲型 H1N1 流感被列为乙类传染病按甲类管理，传染性和危害性极大。情况非常紧急，放下电话，在请示局领导之后，我和市疾病预防控制中心防疫科的几名同志立刻动身，迅速启程，顶着夜色，驱车前往我市某镇一家涉外酒店，抵达时已是深夜1点来钟。本来以为按图索骥，应该不会很难，谁知在酒店服务台一查，竟然没有发现上述三名客商。奇怪！难道他们没在这家酒店下榻？还是以别人的名义登记入住？种种皆有可能，但不管怎样，都必须尽快找到他们。我们与酒店方一起不断研究，试图找到可行解决办法。最后，由于时间太晚只好作罢。等我回到家准备休息时已接近凌晨4点。5月1日一早，我们再次前往该镇继续查找，结果又没找到，后来扩大范围，还是一无所获。后来才获知他们改变了行程，推迟了抵达东莞的时间，最终在第二天晚上才找到他们，马上进行隔离观察。结果"五一"假期一天也没有休息，我们几个笑称：我们用实际劳动庆祝"五一"国际劳动节。

自那以后，我们一刻也没有消停，东奔西走，到处去查找甲流密切接触者，美国的、意大利的、韩国的……外籍人士居多，为避免引起外交纠纷，多数时候都是和市外事局的同志一起去，这种情况平时应该并不多见。再后来，我们东莞也出现了全国第一起本地感染聚集性疫情，疫情逐渐在全市社区、学校、工厂等多点暴发。那段时间，我们几乎天天都在外面忙，端午节、中秋节、国庆节等节假日都是在加班之中度过的。

2010年5月1日，那天早上起来没接到什么任务，感觉挺庆幸的，总算可以好好享受一番假期，于是对家里人说：今天开始放假，我们虽然去不了远的地方，但可以在附近玩一玩，要不去从化走走吧。这难得的提议立刻得到家人的赞成。于是在收拾好行李之后，接上父母，一家五口高高兴兴地出发了。谁料，刚要走出东莞之际，就接到办公室值班电话，说有紧急公文需要马上回去处理，没办法，只好掉转车头。女儿撅起小嘴一脸的不乐意，父母倒是挺通情达理，说不要紧，工作紧要。自己心里头觉得挺过意不去的，便交代妻子说："把我送回单位以后，带他们到水濂山公园转一转，那里风景也很不错的。"

在局机关工作的五年时间里，任务相当繁重。好多时候，往往一早出门，到晚上才能回家，一走就是一整天，家里的事很少顾及。面对这些，自己只有把对亲人的愧疚藏于心底，更加努力工作，因为我觉得，既然选择这个职业就应该恪尽职守，把本职工作做好，不负组织所托。

　　总之，在过去的这些年里，无论我身在何处担任何种职务，都牢记组织的委托，依法依规履行职责，勤勤恳恳努力完成领导交办的任务，为卫生健康事业的法治化水平提升贡献一己微薄之力。

我的故事我来讲

第十一期

（2019 年 4 月 29 日）

主持人／方泽槐

世间有法度，人间有真情。

2019 年是我市"执行力建设年"，也是全面建成小康社会的关键之年。这期"我的故事我来讲"主题是"抓执行 提品质 促发展"，定为院长主任专场，目的就是通过医院院长和社卫中心主任讲述自己的亲身故事，给我们分享抓执行提品质促发展的经验，进一步推进我市卫生健康事业改革发展。

今天"我的故事我来讲"主讲人有五位，他们分别是蔡立民、隗伏冰、李培、林洪志和汤松涛。

岁月如歌，不忘初心本色；前路艰辛，唯有砥砺前行。

我的全科路

汤松涛　东莞市寮步镇社区卫生服务中心主任

【凡人凡言】8个月，全体职工没有休假，一家一家地摸清健康底细，我们建立近7万份健康档案，其中4.3万18岁以上村民参与了高血压普查，普查率达91%。

我是一位党员，也是一位基层医务工作者。毕业后，从临床一线医师做到医务管理者，一干就是 26 年。直到 2008 年 6 月，镇领导找我谈话，要我去筹建寮步镇社区卫生服务中心。当时很多朋友不理解，纷纷劝说：汤医生您在寮步，医疗技术群众是信赖的，口碑良好，追随的患者群体也不少，职称都已经升至主任医师、教授级别了，为什么还要去办卫生站呢？有很多危重的病人等您去救，很多疑难病例要你去会诊。的确，我抢救过不少危重患者，抢救成功也带来很大的成就感，我确实也犹豫过。

　　但是我记得刚来寮步医院时，急性心肌梗死每年不超过 5 例，然而，随着生活水平的提高，病人却越来越多，受害的家庭也越来越多。作为一个医务工作者，不愿意看到更多百姓生病，尤其是大病。但当时没有政策，1 个人的力量有限，应该是有一条防治结合之路，让百姓少生病、晚生病、少生大病，才是百姓健康的出路。社区卫生服务不正是防治结合、以防为主的服务体系吗？再者，当时东莞市医疗市场较混乱，非法行医猖獗，很多群众被蒙被骗，得不到合理的治疗；政府举办的公益性医疗场所不足，老百姓看病难、看病贵是当时亟待解决的问题。要让群众健康能有基本保障，要让医疗费用得到控制，政府办、政府管，收支两条线的运作模式，不正是有效途径吗？市政府有了科学的决策、良好的政策设计，我相信在基层卫生站也有用武之地。再说，我是一名党员，应该服从组织的安排。于是，我来到了寮步社区卫生服务中心，走上了全科之路。

　　当时，市委市政府要求在 2008 年 10 月 1 日前必须全面开业，没有人员，仅从寮步医院抽借了 3 人；没有场所，全部需要选址装修。4 个月的时间，寮步要建成 1 个中心 12 个站点，场所没有装修好，设备需要采购，我们每天都奔波在各站点的装修现场。维持基本开业至少需要 120 人，特别是人从哪里来，没有医生、没有护士，怎么开业？没有办公室借用了寮步医院的一个房间，招来的人没有地方住，借用医院的闲置的旧病房，买了些上下铺就安置新员工。4 个月要招 120 人难度很大，托同行、找朋友、全国广告招聘、电话 24 小时待机，9 月，他们终于来了，并在开业前开展一周封闭式培训。

　　政府要建立独立社区卫生服务体系，我想是医改的重要举措，想要为老百姓做一点事。成立之后,我们提出百姓赢、政府赢、医疗机构赢的"三赢"理念。建立社区卫生服务机构首先要让老百姓的健康得到保障,同时还要节省费用,通过我们的工作要为政府做好民生工作实现政府赢、社区卫生服务机构也要赢才能得到长久的发展。

大家统一思想、统一理念,加班加点装修,有序采购和安装设备,2008年9月28日凌晨3点,社区卫生服务中心的门口还在浇水泥地,八点正大厅和诊室的脚手架还没有撤离,就是这些人硬是齐心协力,在同日下午3点以一个全新的面貌和全市各镇一起举行了社区卫生服务机构开业典礼并投入使用。

业开了,然而管理架构尚未建立,制度没有现成的,一切都在摸索着前进。老百姓对新成立的医疗机构、医务人员是陌生的,他们在观望着。尽管政府有社区首诊制度,然而他们用这么便宜的药能看好病吗?首诊制度老百姓不适应,基药制度老百姓不理解。群众有个习惯,看病要看医生,要看专家才放心。时任东莞市副市长吴道闻曾在一次社区工作会议上讲过"社区卫生服务的发展最大困难不是缺人、不是缺资金,最难的是改变群众的就医观念"。要取得老百姓的信任,而且不单是看病,还要管健康、要预防,中风、心脏病可不是打预防针就能解决的。怎么预防?怎么样才能提高居民的健康水平?

经过反复的思考、请教专家,我明白了要解决群众的健康问题,首先要了解群众的健康状况,找出存在健康问题。要将全镇居民都组织起来不是一件容易的事,于是,2009年初我去找村委干部沟通,希望得到村(社区)的支持。有些干部不理解,认为这是社区卫生服务机构的事情,我就讲政策、明道理,村民健康不仅是医疗机构责任,也要村委去努力,有时为一条横幅,就要做一下午的工作。那一年我在做了无数的沟通后,开了30个村(社区)两委会,开了30个村民动员会。有时选用晚上的时间,在村广场架起了大灯,装上了大喇叭,用已经沙哑的声音动员群众参与。

当时,寮步镇有7.6万户籍人口,这120人白天看病,又要参加普查建档,晚上下乡回来还要整理和录入资料,想要完成高血压普查和建立健康档案,仅仅靠这120人远远不够,我们想到了广东医科大学,动员了大量的学生协助下乡,一大巴车一大巴车地接送。8个月,全体职工没有休假,一家一家地摸清健康底细，我们建立近 7 万份健康档案，其中 4.3 万 18 岁以上村民参与了高血压普查，普查率达 91%。一下子新发现了 4000 多个高血压患者，很多人不知道自己患有高血压病，知晓率仅为 38%，控制率只有 7.6%，可以说当时的高血压防控处于相当低的水平。

到了 2010 年，我们再次下乡到各村进行动员，此次动员会的对象是筛查出来的高血压患者，动员他们参与高血压规范管理，我们动员一村就组织一村为他们提供健康体检，将彩超机搬到村里面免费为患者检查心脏、动脉等项目。这一次，村委干部不仅提供场地、组织居民参加，还为医务人员提供盒饭、饮用水，陪同医务人员下乡入户。这时候老百姓说：我的健康问题终于有人管啦，政府做了件大大的民生实事。没有建站的村纷纷要求新建社区卫生服务站。目前，比开业时增加了 8 个站点，管理了 1.6 万高血压患者，血压控制率为 79%，已达到很高的水平。

高血压的病人管理起来了，如何减少高血压的发病率？仅靠社区卫生服务机构的力量明显不足，必须把整个社会动员起来。于是，我们积极动员政府，充分利用项目，积极开展防控工作，从广东省慢性非传染性疾病综合防控示范区到国家慢非示范区，从广东省级健康促进示范村到广东省健康促进示范镇再到全国健康促进区。历时 6 年持续推进，不断深入，提高居民健康水平的工作终于形成了"政府主导、多部门联动、全社会参与"的良好局面，整个镇营造出浓厚的健康氛围。老百姓对社区卫生服务机构的态度从观望到理解，从理解到支持，从支持到信赖。基本医疗门诊量稳步增长，门诊诊疗人次去年达 107 万，家庭医生也深深扎根在老百姓的心里。

社区卫生服务对象大多是常见病、多发病，但在众多的普通病人面前全科医生一样要认真对待、细致入微，要有很好的知识储备，可能就在一般患者中有危重病人的存在。记得有一天，一名患者自诉胃痛来就诊，根据疼痛的特点，这不是简单的胃疼，虽然做了个心电图，结果显示仅有轻微的改变，但还是不能排除心脏病，建议患者住院治疗。患者因曾多次出现胃痛，只是最近比较频繁而不相信不肯住院且离开了诊室，但是我还是担心患者的病情，拿起了电话再次沟通，并联系了家属，最后还是说服了患者入院治疗。患者入院检查发现是严重的冠脉狭窄，及时做了手术，挽救了生命。患者复诊时说："汤医生，您真是我的好家庭医生！"

我们参与和主持了国家、省、市级累计科研项目 29 项，项目经费达 500多万元，直接获益群众达 5 万余人。围绕社区人群健康开展研究，从居民到职业人群、从患者管理到高危人群管理，逐步总结和探索出适合基层发展的一套管理模式。我们被许多国家学术会议邀请介绍经验。经过多年的努力，寮步镇总心脑血管事件发病率在 2015 年出现拐点，2017 年比全省平均水平低 200/10万，也就是说每 10 万人 1 年减少 200 人患脑卒中或心梗。2018 年均次费用 74元，为群众节省医疗费用近 2 亿元，较好地解决了群众"看病贵"的问题。

我们单位连续十年荣获东莞市社区卫生服务机构先进单位等称号；是卫生部首批"全国示范社区卫生服务中心"。2017 年被评为"全国优质服务示范社区卫生服务中心""全国百强社区卫生服务中心"；科研工作进入全国社区卫生服务机构前 50 强，排名第 19，全省排名第一。寮步镇被评为"国家慢性病综合防控示范区""全国健康促进区"。

多年来，我先后被评为东莞市卫生系统优秀党务工作者、东莞市"五一"劳动模范、原卫生部授予"全国医药卫生系统创先争优活动指导工作先进个人"，被原国家卫计委、国家人力资源部评为"全国卫生计生系统先进工作者"等称号。

十年来感谢组织对我的信任，感谢组织的培养，我会一如既往做好本职工作，继续为百姓健康护航。

不忘初心　追梦前行

林洪志　东莞市凤岗医院党委书记、院长

【凡人凡言】在以后的工作中，我会团结带领全院职工以"逢山开路、遇水架桥"的勇气，以"闻鸡起舞、风雨无阻、日夜兼程"的奋斗精神，抓好各项工作的落实。

　　我叫林洪志，是东莞市凤岗医院的党委书记、院长，今年42岁。11年前走上行政管理岗位之前，我是一名有着12年临床实践的五官科医生。

　　我出生在广东揭西一个贫困县的小山村里，小时候，物质生活极度贫乏、就医条件十分恶劣，农村人求医问药很艰难。记得有一次半夜，我母亲突发疾病，父亲跑到几里外的乡村医生家，叩门求诊，但那医生只哼了一声，连门缝都没有打开，一直到天亮后才过来诊治。这件事对年幼的我触动很大，我暗地里发誓，长大了一定要学医，要救治像母亲一样受病痛折磨的贫苦人。1993年中学毕业时，我毫不犹豫地报考了医学院校，毕业后来到凤岗医院，成为一名五官科医生，在这个岗位上一干就是12年。

　　在五官科的12年里，我没有忘记自己少年时的志愿，始终牢记"医者仁心"，善待每一位病人，为他们选择合适低廉的治疗方案，尽心尽力减少他们身体上的痛苦和经济上的负担。我深知他们的每一分钱都来之不易！我对病人的真诚和细心，也换来了他们的信任和回报。多次收到病人送来的感谢信和锦旗，每一面锦旗，每一句发自肺腑的感言，都是病人对我的肯定和鼓励，激励着我对"仁心仁术"的坚守。

　　就在我全身心投入医学事业的时候，2001年一场灾难降临到我们全家头上，还不满53岁的父亲被发现是肝癌！天一下塌了下来。作为长子，我深知自己肩上的责任。我开始了带父亲到各地求医的漫漫长路。那时的我，初为人父，家庭、工作、医院三头跑，忙得焦头烂额。父亲在广州治病，我常常一去几天，转车、找医院、排队挂号、等医生……在这个熬人的过程中，深刻感觉到患者求医的艰难，尤其是大城市、大医院。那时我就在想，如果有朝一日，我们基层医院也能有好的技术、好的设备、好的医生，那将给病人带来多大的便利呀！

　　父亲在与疾病抗争两年后，最终还是离我而去了。在无边的哀痛之余，我总是想起父亲经常对我说一些话，他一直叮嘱我一定要做个有担当、有责任心、有爱心的人，要把病人当自己人去关心；如果病人一时没有钱，你要尽力去帮助，千万不能收受病人的东西，他们去治病本来就不容易。虽然父亲已经离开我16年了，但这些话深深印在我心里，成为我的为人准则。

2008 年，因为工作需要，我被调到医疗设备股工作，从临床岗位转到行政管理岗位，两眼一抹黑。我怀着"空杯"心态，积极学习，主动向同行取经，虚心向同事请教，在工作中我结合医院实际，很快摸清理顺了设备管理的窍门，对设备股各项管理制度、流程都实行了标准化、程序化。我参与组织编写的设备股管理制度和章程，2009 年在全市卫生经济规财工作会议上做了经验介绍，同年底我当选为广东省医学装备委员会委员。

2010 年，我院搬迁进了新院区。我在 10 月份被提拔为副院长，主要分管安全生产、总务、防保、分院等工作。作为一个缺少行政历练的新人，一开始，遇到一些突发性事件，令我有些措手不及，我知道，又是一次从头开始。

记得 2010 年 11 月，我院发生了一起比较大的医闹事件。他们把分管业务的同事围在当中，当时我也在现场协助处理。面对气势汹汹的人群和质问，我感觉手心冒汗，大脑一片空白，不知如何应对。那时，在心里告诉自己，一定要尽快转变角色，熟悉业务，提高水平，在重大事件面前能站得出去、拿得下来！后来在市卫生局的统筹安排下，我到办公室、医政科、医调委等部门进行了系统学习，掌握了行政工作流程和医疗纠纷处理方法。在领导和同事们的帮助下，我的管理水平得到了提高，面对医疗争议，面对患者激烈的质疑，本着尊重、体谅、实事求是的原则，能做到冷静应对，不卑不亢，有理有节。

在繁忙的工作之余，为了提高自己的业务能力，我积极主动学习，2015 年取得了南开大学与澳大利亚弗林斯顿大学合办的医院管理硕士研究生学历和学位。作为东莞市 2016 年新当选的市人大代表，多次奔赴全国人大北京培训基地、香港中文大学、南开大学等高校进行学习，丰富了知识，开阔了视野，履职期间向市人大提出了议案一个建议两个，所提议案《礼让斑马线，保障人民生命安全》被纳入市人大督办提案，人大代表工作也得到市人大的肯定。

由于领导和同志们信任，2015 年，我被任命为凤岗医院院长，2018 年 10 月任医院党委书记，我肩膀上的责任更重了。随着东莞市属医院、区域中心医院和社区卫生服务中心不断完善，深圳等周边城市人才虹吸效应，人才流动加剧，基层镇街医院面临前所未有的挑战。如何保证人才队伍稳定，避免成为"培养基地"？作为全镇的唯一的一所公立医院，怎么让全镇人民看病更便利、怎样提高患者就医时的获得感、幸福感、安全感？这些问题时刻都提醒着我，下一步我们应该怎么做。

"不谋全局者，不足谋一域。"十九大报告中习近平总书记关于健康中国的战略部署，粤港澳大湾区建设规划出台，东莞市委"湾区都市、品质东莞"的发展规划和建设"卫生强市"的实施意见，为我指明了前进方向；那就是以党建为抓手提升职工政治思想水平，凝心聚力谋发展，统筹推进医院经济、政治、文化、社会和生态文明建设；确定了医院"促发展、调结构、腾空间、建设重点专科特色专科、名科名院"的十三五发展规划。我们的具体做法归纳为"两强三重"。

一是强党建，促发展。医院党委于 2018 年 8 月升格为二级党委，下设 5 个党支部，共有党员 118 人，大专以上学历占比 97%，中级职称以上占比 75%。通过设立 12 个"党建协作组""党员先锋岗""党群服务中心"等措施搭建服务桥梁，结合"一支一特色"创建，组织专业定期下乡、下企业、下学校，开展义诊、健康宣教、免费体检等活动。同时优化企业员工来院就医流程，群众满意度不断提升，2019 年荣获凤岗镇"不忘初心、牢记使命"主题教育先进单位称号；医院主题党日创新案例纳入全市主题教育优秀案例；成功创建凤岗镇党建"双标工程"示范点；检验科成功创建东莞市特色专科；3 人获"凤岗镇最美医生"、4 人获"凤岗镇最美护士"称号。

二是强管理，促提升。以"绣花功夫"抓好医院精细化管理，将原有的 9 个职能股室职责进行梳理细化，新增设了科教办、质控办、绩效办、社保办、安全办等内设机构，行政科室分布更合理，原来的薄弱环节都取得了明显进步；制定了医院 3 年行动改进方案，对患者进院后的停车、绿化、卫生、灯光、公厕、服务流程、宣传、公共设施、后勤服务监管等 9 个方面进行全闭环管理和提升整治，院容院貌焕然一新。

三是重业务，补短板。发展是第一要务，我们提出了"三提升"工作思路（提升技术水平、提升服务质量、提升就医环境）。结合现代化医院精细化管理要求，我们召开了"深学习、大调研、真落实"系列调研活动，确定了医院存在的管理、信息、设备、流程、学科建设等 9 个工作短板，明确分管领导和责任部门，各项工作统筹推进。其中突出的设备短板、信息短板计划 3 年内逐步解决，学科建设方面将从专科建设着手，计划用 3 年时间统筹推进培育心血管内科、呼吸内科、中医老年病科、泌尿外科、乳腺外科、脊柱外科、关节外科、妇科、产科等 24 个二级专科，重点培育 2—3 个东莞市重点专科、特色专科，最终实现专病专治，进一步保障人民群众健康生命安全。

通过努力，近年来论文、科研的数量和质量明显提高，病历书写管理规范，成绩突出，住院病案首页数据填写质量在全省 455 家二甲医院中最高排名第 8，在东莞市二甲医院中连续多年排名第一；健康促进工作卓有成效，我院成功创建广东省健康促进示范医院，并代表东莞市在广东省健康促进工作大会中做了经验介绍。

四是重人才，提薪酬。"人才是第一资源"，目前东莞还存在体制内外两种身份、两种待遇。为了稳定人才队伍，我们制定了聘用人员管理制度，对表现优秀的业务骨干办理人才引进手续、参照在编待遇。近年来共引进中高层次人才 34 人。目前 552 名聘用人员中，参照在编共 142 人，占聘用人数的 25.7%。此外，我们还合理提高了聘用人员薪资，计划按东莞市公立医院薪酬改革方案，用 3 年时间逐步提高薪酬，最终实现同工同酬目标。

五是重创新，推绩效。"创新是第一动力，创新就是生产力"，我们通过对全院岗位分析、定岗定编设计，有效解决了公立医院人浮于事、出工不出力的弊端，合理确定了各岗位的绩效系数，比较好地体现了公平公正、多劳多得、优绩优酬的分配机制，提高了职工的工作积极性。2018 年 3 月，在全市医疗卫生系统规财会议上，我院的绩效考核工作做了经验介绍。

随着医联体和分级诊疗工作的不断推进，我们先后与广东省人民医院、南方医院、珠江医院、东莞市人民医院、市中医院、市妇幼保健院等医院建立了医联体，聘请了近 40 名外院专家为我院特聘专家，通过这些举措提升了医院的服务能力，让凤岗群众足不出镇就能享受到更优质的医疗服务，群众也更愿意选择我们医院。近三年，手术量每年递增超过 1000 台次，增幅超过 13%。出院病人数年增长超过 1600 人次，增幅 10%，患者满意度不断提高。在全市卫生系统年终质量检查中也取得了较大进步，得分率由 2016 年的 72.71

分，到 2017 年的 88.77 分，再到 2018 年的 91.7 分，2018 年获得了全市医院综合管理工作优秀实施单位称号。群众看病更加便利，就医的获得感、幸福感、安全感更有了保障。

岁月不居，时节如流；时光不辍，薪火相传。凤岗医院今天所取得的成绩，来源于上级的正确领导和支持；来源于 60 多年来全体职工共同努力、团结拼搏；也凝聚着自己作为一名共产党员，始终不忘初心、牢记使命，勇于追梦的执着和心血。

一千多年前，唐代伟大的现实主义诗人杜甫曾这样表达他对劳动人民的关怀，"安得广厦千万间，大庇天下寒士俱欢颜！"对我来说，能为患者提供全方位、全周期的医疗服务，患者得到救治时的获得感、幸福感、安全感能不断提高，就是我的奋斗目标。在以后的工作中，我会团结带领全院职工以"逢山开路、遇水架桥"的勇气，以"闻鸡起舞、风雨无阻、日夜兼程"的奋斗精神，抓好各项工作的落实。我相信，在东莞市委市政府、东莞市卫生健康局的坚强领导下，东莞卫生事业一定会越来越好；东莞人民的健康会越来越有保障。

最后，借习近平总书记的话和大家共勉：攀上一座高山后，你会发现还有更多的高山等着你去攀登。只要我们携手同行，就能不断攀越险峰峭壁，攀登新的高峰，达到新的高度！

我"枯燥"的质控之路

李　培　东莞市茶山医院党总支书记、院长

【凡人凡言】民之事，丝发必兴。我的"三段式"经历，茶山医院的质控以及专科建设的"三个三"模式，将医院质量管理体系与医院的专科建设与发展有机结合，正是契合了"品质东莞"的城市精神；正是契合了人民群众对医疗服务的需求和对美好生活的向往；也将提升居民的就医幸福感。

我是来自茶山的李培，是一名在质控道路上走了将近 20 年的老质控人。2002 年，我在虎门医院开始从事医政管理工作，我的履职经历比较丰富，在一级、二级、三级医院都工作过；在专科医院和综合医院也工作过；参加过国家二级、三级中医院的评审，也接受过综合医院等级评审，无一例外质控都是所有评审指标的重头戏。目前，我是茶山医院院长。我对于质控的认识和应用，在自身经历上体现了"三个阶段"。

第一阶段：触动

跟质控的结缘可以追溯到十几年前，当时我在虎门医院的医务股工作，同时也协助虎门辖区的医疗纠纷处理工作。那时虽然全市医疗事业蓬勃发展，但尚未建立统一的质控标准和体系，医疗纠纷层出不穷，我很大一部分工作就是在处理医疗纠纷。据不完全统计，在 2002—2012 年间，光是我处理的医疗纠纷就有五六百件。令我印象最深的是，在 2005 年的春节，当时我开车正从安徽老家回东莞的路上，车还没驶入东莞的境内，就接到了我们单位的电话，需要我紧急处理一件医疗纠纷。所以当时我连家都没有回就直奔医疗现场。另一件令我印象更深刻的医疗纠纷发生在虎门一家民营医疗机构，因为一个胆囊手术，一名非常年轻的父亲，不幸在手术台上再也没有起来，死者家里面还有年幼的孩子。当时他的妻子带着孩子跪在我们面前痛哭流涕的情景至今我都记忆犹新。我们在后面的调查中发现，这起医疗悲剧和质控不无关系，当时进行手术的医护人员没有落实医疗核心制度，没有按照诊疗操作规范进行手术等。虽然当时这起医疗纠纷我们以 30 万的赔偿作为最后的处理结果，但是我心里非常清楚，这个事件给这个年轻的家庭带来的损失和悲痛远远不是 30 万可以解决的问题。那件事情以后，我的内心就更加坚定要制定一套合理可行的医疗质控方案的想法。通过查阅资料、自我摸索，我探索建立了一套质控体系。

第二阶段：行动

这样一套的质控体系真正地全面落地实施是在 2014 年，这一年我来到茶山医院当院长。我刚来茶山医院的时候，医院是一个基层的一级医院，底子薄，业务发展举步维艰，我经过两个多月的调研和请一些管理专家问诊把脉，决定从质量控制入手，同时确立了"强基础、树形象、创专科、求发展"的医院发展战略思路。来茶山医院的第二个月，我就在茶山医院启动了全面质控工作。首先第一步，就是把质控办从医务股分出来独立设置，配置了三名工作人员，医院质控工作从单一的医疗质控转为大质控，全方位思考，不留死角，并总结出"三个三"质控模式。即全面、全程、全员三个方面；基础、环节、终末三个阶段和临床、医技、行政三类科室的立体质控体系。但是让我没有想到的是，这个质控体系推行还不到两个月时间，我的院长信箱就接到了投诉信件。这是医院的一名老职工写的，他在信件当中提到，因为质控管理工作方案的推行，导致了他的奖金受到扣罚，这对他很不公平。我印象很深刻的是他在意见信上是这么写的：我一个在茶山医院兢兢业业奉献了十多年的老员工，你李培一过来就减我的待遇。我当时把老同志请到我的办公室，我是这样跟他沟通的，我说，我知道你对茶山医院做出了很多的贡献，但是你要知道，茶山医院不仅仅要做一级医院，我们要以人民群众满意的医院为目标去做。你想一想，或许你觉得大包围的处方对病情的治疗会更有保障，又或许像你说的多开一点药给病人，也是为单位在创收。但是，我们就必须要回到源头，现在这个过度治疗的情况无异于杀鸡取卵，我们要做的事情就是通过质控提高我们的医疗水平，严格按照病情及相关诊疗规范，把开具处方管理真正地标准化、流程化，让老百姓在茶山医院可以看好病又可以少花钱。动之以情，晓之以理，顽固的老同志最终也认同了医院的处罚意见。

经过不断和员工进行沟通交流，我们终于把职工们的心拧在一起，医院上下达成一股力量，必须要往质控路上走，而且要走得更立体更全面。经过连续几年的推行，就开始发现这条路是对的，几个数据可以反馈：2018 年我院运用 PDCA 管理工具对 Ⅰ 类切口预防用药进行专项整改，Ⅰ 类切口预防用药时间从 2017 年的 24.9 小时降到 2018 年的 22.1 小时；Ⅰ类切口预防用药比例从 2017 年的 26.4% 降到 2018 年的 22.5%。还有我们的药品比例从 2014 年的 36.8% 降到 2018 年的 25.9%。2018 年茶山医院所有质控指标均达到管理要求。在 2014 年至 2018 年，医院连续五年荣获东莞市年度医院综合管理工作优秀单位称号，在全市医疗单位名列前茅。2018 年，我们顺利通过二级甲等综合医院评审。

第三阶段：推动

我们牢牢抓住质量控制这一医院生存与发展的关键点，脚踏实地、日夜兼程、持续发力、久久为功。今天在茶山医院用质控理念、用管理工具已蔚然成风，医院管理与诊疗活动已趋于规范，也已显现持续质控带来的勃勃生机。今年 1—4 月医院服务总量呈两位数增长状态，编制床位数从 300 张增加到 400 张。

在质控形成习惯、形成文化、形成动力的时候，将对医院的专科建设带来积极的推动作用。做好了质控减少了纠纷、提升了质量，也更好地推动了医院的专科建设。来到茶山医院后，我常深入临床一线参与临床科室业务查房，从中发现很大一部分病例，如原发性肝癌、胃癌等，我们能明确诊断，但患者及家属很难信任我们，医院专科实力及学科水平也有一定局限性，最终还是转送至上级医院手术治疗。同时随着生活水平的提高，我们老百姓对医疗要求也越来越高，很多老百姓大病重病首先考虑的并不是茶山医院，他们不敢在茶山看，经常不惜开着两三个小时的车去广州看。这样既增添患者就医过程的困难，一定程度上又闲置了宝贵的医疗资源，对我触动很深。为此，根据公立医院改革精神和医院实际情况，我与医院领导班子一同构思了对医院未来专科发展的又一个"三个三"模式，即三个专科联盟，三个重点专科，三个学科群。

2018 年，茶山医院与中山大学附属第三医院胃肠外科、风湿免疫科成功搭建半紧密型专科联盟。2019 年，我们又与暨南大学附属第一医院成功搭建骨科专科联盟。这就意味着茶山老百姓在家门口就可以享受三级医院的医疗服务。2018 年，在茶山医院就成功运用 3D 腹腔镜技术，完成了八旬老人的中期胃癌根治术；就在上个月，我们医院骨科成功开展了首例肩关节镜手术……

目前，我院已完成专科建设"三个三"模式的第一阶段，三个专科联盟运行正常。第二阶段，我院将在临床医疗、科学研究、人员进修、教学培训、医疗质控和医院管理等方面与两所医院进行紧密协作，推动专科发展，打造茶山医院的三个重点专科。2017 年，医院临床护理专业已成功创建市级临床重点专科，骨科（手外科）已成功创建东莞市重点专科培育项目。接下来，我将带领全院职工继续完成"三个三"模式第二阶段，推动专科建设迈上新高度。

在医院专科建设积淀雄厚之后，茶山医院将走上我们所构思的新"三个三"模式的最终目标，以重点专科为"龙头"，进一步打造三大优势学科群。在我看来，优势学科群无论是在增强医院整体实力，还是在解决临床实际问题上，对医院的发展都具有重要的现实意义和深远的战略意义，也是未来破茧成蝶的必然趋势。

利民之事，丝发必兴。我的"三段式"经历，茶山医院的质控以及专科建设的"三个三"模式，将医院质量管理体系与医院的专科建设与发展有机结合，正是契合了"品质东莞"的城市精神；正是契合了人民群众对医疗服务的需求和对美好生活的向往；也将提升居民的就医幸福感。在这里，我想说，正是责任感，才能让我在"枯燥"的质控之路上走得这么远，希望通过我的故事，能将这种坚守层层传递下去。

情系妇幼健康 无悔心灵选择

隗伏冰　　原东莞市妇幼保健院院长

【凡人凡言】我来到东莞这一片热土已经23年。一路走来，我像一头老黄牛一样默默耕耘，因为责任，不敢懈怠，每天工作超过12个小时，手机24小时不关机，23个春节与东莞妇幼同在。作为一名医生，作为一名医院管理者，我无悔自己的选择。

我是一名妇产科医生，见证了东莞医疗事业 20 多年的奇迹，我也为此做出了事业上的三次选择。静心回眸，这些选择，是我对理想的追求，更是这个蓬勃时代给我的机遇。

第一个选择：我留在了东莞。

在来东莞之前，我是湖北一家三级甲等综合医院的妇产科学科带头人。1996 年，怀揣着理想的我来到东莞市妇幼保健院。我清晰记得，试工第一天，院长拿出一份病历，让我分析一个产妇的死亡原因。这是两天前深夜急诊入院的疤痕子宫产妇，2 小时内顺利分娩，产后突然大量出血，鲜血瞬间布满产床，虽然动员了全院力量，产妇还是停止了心跳，留下一个嗷嗷待哺的婴儿和一个悲痛欲绝的丈夫。

根据资料，我判断是产程中剧烈宫缩导致的子宫破裂。很遗憾，当时医院没有开展子宫切除的技术力量，更不具备产科重症救治能力。尽管大家竭尽全力，却未能阻止悲剧发生。看完这份病历，我感到一阵阵的压抑、难受和痛心！

几天后，我参加全市孕产妇死亡病历分析会议。让我震惊的是，东莞一年的孕产妇死亡病例比我工作十多年见的还要多！

这是因为 20 世纪 90 年代的东莞正飞速发展，外来人口众多。部分孕龄妇女受教育程度低，健康意识差，几乎不接受孕期保健，怀孕后危重情况特别多。全市没有急救体系支撑重症孕产妇的救治，流动人口孕产妇死亡率位居全国之首。

大家可能对保健院老院区或许还有印象。运河边的一隅，逼仄的空间，陈旧的建筑，80 张病床，200 多名工作人员。6 名妇产科医生，不收治病理产科的患者，更别提重症孕产妇。工作环境也与我原来的单位有明显差别。

留下？还是离开？需要我去选择！

左手是平稳发展的事业平台，右手是充满未知、眼前困难重重的开拓阵地！我迟疑了很久。但一想到院长递给我的那份死亡病例，鲜血淋漓的场景浮现在我的眼前。一个强烈的声音在我耳边回响：留下来，东莞需要你！这里的孕产妇需要你！

正式上班后，医院任命我为妇产科主任。这里不像三甲综合医院，有各级专家层层把关，有综合力量的鼎力支持。我必须独当一面，必须胆大细心，必须尽职尽责。为了保障产科的安全，我一直住在医院宿舍，24 小时处于备战状态。就这样，我带领妇产科逐步建立并完善了诊疗规范，不断开展新技术新项目，完成一例又一例重症抢救。记得有一天凌晨 4 点，我被一阵急促的电话铃声惊醒。产妇臀位，胎儿的双下肢和躯干已经娩出，但胎头滞留在子宫内，此刻剖宫产已没有机会，而超过 8 分钟娩不出来就可能导致严重后果。怎么办？我想到了后出头产钳术，这种手术我虽然接受过培训，但并没有在临床实施过，是明哲保身选择放弃，还是承担风险知难而上呢？医生的责任让我选择了后者，而幸运的是手术成功了。

产科临床工作就像一场没有硝烟的战场，每一次的抢救都是千钧一发、争分夺秒、不分昼夜，是责任和奉献让我一直在坚守。

弹指一挥，10 年过去，我做出第二个选择：牵头组建重症孕产妇救治网络，进一步保障母婴安全。

在救治网络还没建立之前，我作为主要的出诊专家参加全市重症孕产妇救治工作。因为分娩的特殊性，很多的抢救在夜间进行，我经常是晚上出去，早上回来。逢年过节，我更是丝毫不能放松。

还记得，一天晚上 9 点，某镇医院的产科医生带着哭腔给我打电话，说产妇羊水栓塞，她们科主任休假不在东莞，病人快不行了。我立刻出发，到了医院的产房，患者已经意识模糊、测不到血压了。当时该院的急救团队还没到位，时间就是生命！我立即把病人推到手术室，承担了抢救总指挥、手术护士、手术医生等多个角色，十分钟内紧急剖宫产取出胎儿，为后来的抢救争取了机会。手术后，我一直守着病人直到病情稳定，这时，已经是第二天清晨，马不停蹄又回到医院，为事先约好的病人进行 3 台择期手术，一直忙到下午一点多钟，感觉又饿又渴，在手术室对付了一点冷菜冷饭。刚回值班室休息，电话铃又响了！说是有一位产妇出现剧烈腹痛、休克、出血，要我过去会诊。于是，顾不上疲倦，我火速赶往现场，经过几小时的奋战，再次将一名孕产妇从死亡线上救了回来。

2004 年，至亲家人重病住院，我陪护在床边。午夜 12 点，院长打电话给我，原来是一家医院收治一个双胎妊娠产妇，剖宫产术后出现严重的休克和凝血功能障碍，要求我立即出诊。一边是急需我照顾的亲人，一边是生死线上挣扎的产妇。我没有半句推脱，赶到医院病房，产妇奄奄一息。我一边听汇报，一边检查病人，诊断为腹腔内出血。因为生命垂危，前面有两批会诊的专家都不敢做出再次开腹的决定，我该怎样选择？重压面前没有却步，为了争取一线生机，我毫不犹豫选择担当，立即上台剖腹探查。发现 5000 毫升血液积聚在腹腔，清理积血，找到出血灶，成功挽救了这个病人。

我也通过这样的经历对全市产科的救治水平有了全面的了解。为了让这类抢救更加有效和规范，2006 年，我向医院和市局领导提出申请，成立全市危重症孕产妇救治网络。通过网络建设，有组织、有步骤地对全市危重症孕产妇实施救治。经过两年多的筹备，上级部门同意了我们的方案。时至今日，救治网络运行 11 年，孕产妇死亡率连年下降，达到了发达国家的水平。

2014 年，我接任妇幼保健院院长。任重道远，我做出了第三个选择：以 JCI 认证为抓手，强化医疗质量管理。

经过前几任院长的努力，保健院已经取得了飞速的发展，但"重规模、轻管理"的粗放模式逐渐制约了医院的进一步发展。强烈的责任感，促使我下决心带领医院再上新征程，再攀新高峰。我大胆提出了开展国际 JCI 认证，目的就要是引进精细化管理模式，保障医疗质量和安全。

一旦抉择，便无退路。

对我们来说，这是一次全新的变革，JCI 有 1274 个衡量要素，需要建立 700 多个管理制度。在推进工作中，遇到了前所未有的阻力，听到很多不同的声音：我们已经是三甲专科医院、没必要去自找麻烦，那么严格的标准将会影响医院的经济效益，医院硬件设施的改造要投入很高的成本等等。

怎样统一思想？我思前想后，编写了一份模拟急救演练的案例。一次院长查房，我把一个抢救模型放在医院的停车场，模拟 35 岁孕 32 周合并心脏孕妇，在停车场突然晕倒，要求抢救小组 5 钟到位开始一系列救治工作。演练开始，周边安保人员手足无措、不清楚应急流程、打了 10 多个电话抢救小组还没完全到位，还存在着胸外按压操作不规范、抢救人员分工不清晰、围死亡期剖宫产的概念不准确、转诊绿色通道不畅通等问题。这次"无比沉痛"的医疗应急演练，敲醒了大家心中的安全警钟。紧接着我进行了消防、停电、婴儿被盗、信息瘫痪、有害物质泄漏等演练，从每次演练中找到许多问题，以问题为导向开始整改。也开始了我们创建 JCI 之旅。两年时间，我们组织 100 余场应急演练，完成了 80 多项质量改进项目。全院人员团结一致、奋勇拼搏，战胜了原以为不可能战胜的困难，翻过了原以为翻不过去的高山。

难以忘记，2016 年 12 月 5 日，JCI 总部派出评审组一行 5 人，漂洋过海来到妇幼保健院，用 5 天时间听取汇报、查阅资料、人员访谈、系统追踪，上翻天花板、下入地下室，进行了一次全方位无死角的审查。

这是一次只许成功、不许失败的考试！这场考试把我们全体员工紧紧地凝聚在一起。整个过程展现了保健院人特别能吃苦、特别能战斗、特别能奉献的精神本质和亮丽风采。

艰难困苦，玉汝以成。我们终于拿到了"JCI 认证医院"这块金字招牌。最难忘的是，反馈会上，专家组组长对我们说："如果我的家人需要妇幼服务，我会毫不犹豫推荐他们来贵院接受治疗。"这句话是对我们最大的肯定。话声刚落，现场掌声四起，久久不息，很多员工想到创建以来的辛苦劳累、心酸委屈，都禁不住热泪盈眶。通过 JCI 洗礼，妇幼保健院的医疗质量和服务水平得到了质的飞跃。

各位领导，各位同行，转眼间，我来到东莞这一片热土已经 23 年。一路走来，我像一头老黄牛一样默默耕耘，因为责任，不敢懈怠，每天工作超过 12 个小时，手机 24 小时不关机，23 个春节与东莞妇幼同在。作为一名医生，作为一名医院管理者，我无悔自己的选择。

医者初心不改，灵魂深处仍少年。

壮志凌云未酬，毕生奉献在东莞。

心之所向，"医"路前行

蔡立民 东莞市人民医院党委书记（原东莞市人民医院党委副书记、院长）

【凡人凡言】心之所向，"医"路前行。我要继续坚守 30 年前的初心，以国家建设粤港澳大湾区为重大契机，在创建广东省高水平医院的道路上砥砺前行，为莞邑群众提供更高品质的医疗服务。

我是在市人民医院的职工宿舍长大的，受父亲的影响，从小就对成为一名医生充满了向往，因为在我看来，医生不单是一门职业，更重要的是可以治病救人。1981 年我考入广州中医学院（现广州中医药大学），毕业后留校从事医学教育工作。留校任教是众多大学毕业生梦寐以求的，但是我始终牵挂着家乡医疗事业发展，因为在当时，相比许多大城市，东莞的医疗人才还十分缺乏，因此，我于 1989 年下定决心从广州回到东莞，成为一名骨科医生。转眼间，我从事临床工作和医院管理已经整整 30 年了。下面，我通过四段经历跟大家分享我的故事。

一、我是一名"中医生"

人们习惯上称呼中医专业的医生为"中医生"，但我对"中医生"的理解是：中国的医生。不管是中医专业的，还是西医专业的，只要是中国的医生，都应当属于"中医生"的范畴。在疾病诊疗过程中，选用中医、西医治疗只是方法上的不同，目标都是帮助患者最大限度地康复。

基于这样的认识，我在行医过程中，一直秉承着"博采众方，中西医优势互补"的理念，开展阶梯式的治疗。能用保守疗法的，尽量不采取手术方式；确实需要做手术的，就把手术做好；手术首选微创的方法，微创方法不适用的，再实施开放手术。做到既采用手法复位、夹板固定等传统正骨方法，并研制活血灵片、白花丹止痛膏等院内制剂；也通过到上海瑞金医院、香港玛丽医院等进修，掌握最先进的手术方法，在东莞率先开展了双侧人工髋膝关节置换术等多项技术。

在开展临床工作和学术研究过程中，我带领学科团队不断总结，逐步形成了较为系统的学术思想，并获得省、市科技进步奖 7 项，参与发明专利两项。

二、骨一科的绩效管理魅力和生死大营救

我从 1994 年开始担任东莞市中医院骨一科副主任，1997 年起担任科室的

正主任。作为科室主任，既要有过硬的业务技术，还要掌握良好的管理本领。我不断更新自己的管理知识，寻找最适合科室发展的路子，以更好地服务市民。这里我讲两件事。

第一件是我在全院科室中率先提出了绩效管理的设想。通过前期调研和广泛征求意见并经医院管理层同意，我在科室内推行绩效工资以岗位技术含量、责任大小、职称、工作业绩、工作效率等方面来综合评定。通过运用绩效管理方法，让科室人员在保证医疗质量安全的情况下，多劳多得，优劳优酬。自从这个制度实行后，科室人员的工作效率、业务技术水平以及患者满意度都有了大幅度提高，科室也因此多次被医院评为"先进科室"。

第二件发生在 2005 年 6 月，一个由东莞某单位 35 名工作人员组成的考察团在贵州遵义境内发生车祸，其中两人当场死亡，其余也有不同程度受伤，大都是四肢的骨折，严重的是腰椎脊柱受伤。当地医院医疗设备不够完善，最后全部的伤员都被专机送回了广东。我接到上级指令后，带着救护车队到白云机场接了这三十几名伤员，十万火急奔回医院。事故伤员人数多，伤势重，救援任务罕见而艰巨。经过组织骨伤科上下全力抢救，伤员最终全部转危为安。此事得到了全国总工会以及省市领导的肯定，科室管理的成效经受住了考验。

三、在市中医院的三个突破

2005 年 11 月起，我担任市中医院业务副院长。任职不久，适逢广东提出建设中医药强省，我紧抓机遇，结合医院业务工作的实际情况，确立了"彰显中医药特色，抓重点，补短板，实现整体突破"的工作思路，力求更好地满足当地群众对中医药服务的需求。在此过程中实现了三个突破。

第一个突破是打造医院"金字招牌"，组织创建脾胃病科成为东莞首个国家级中医重点专科。随后，我作为学科带头人的骨伤科成为国家中医药管理局"十二五"中医重点专科建设单位。骨伤科一分为七，各有侧重，规模在珠三角地区位居前茅。特别是在救治从汶川大地震灾区转至我院的 5 名伤员过程中发挥了积极的作用，取得了理想的疗效，赢得了"这是我第一次来东莞，太感谢东莞人民了"的赞许。在这两个国家级重点专科的带动下，一批中医特色显著和优势突出的专科应运而生，使医院成为莞邑地区中医药事业发展的一面旗帜。

第二个突破是在抓医疗质量过程中首次提出了"自我质控"的理念，推动医疗质量控制工作实现由"事后质控"向"事前质控"的转变。我要求每个科室成立质控小组，专门负责收集整理工作质量存在的缺陷，防范由于医疗质量缺陷引起的事故，提升医疗质量和患者满意度。

第三个突破是医院成功创建为东莞的第一个大学非直属附属医院，同时是研究生培养基地，随后又成为博士后创新实践基地。当时东莞地区的高等教育资源十分短缺，我积极协调，促成了上述项目的落地，也开启了东莞高层次医疗人才培养的先河。

四、与百年红楼再次结缘

2017 年 11 月，我被任命为市人民医院党委副书记、院长。肩上的担子更重了，一些朋友提醒我，医院管理工作任务更重，从事专业技术时间减少了，但我认为虽然自己直接服务病人少了，但做好医院管理，带好团队，就能服务更多的病人。我按照院党委工作部署，深入全院开展调研，一方面总结了医院既往的成绩，摸清了家底；另一方面梳理了存在的短板。人民医院在历任领导班子的辛勤耕耘下成就了较大的规模，取得了喜人的成绩，但也存在发展呈规模扩张型而非质量效益型、专科建设层次还不够高、科研相对薄弱、职工人数较多、在一定程度上存在利益诉求多元化等问题。面对存在的问题，我注重发挥党建工作的引领作用，营造"团结奋进，院荣我荣"的氛围，在全院画出最大的同心圆，与班子成员按照上级决策部署，提出了创建广东省高水平医院的奋斗目标，制订了三年行动方案，确立了加快驱动医院发展的"四大引擎"。

第一个引擎是提升医疗质量。发展是第一要务，我把打造高水平临床专科作为头等大事来抓，采取了一系列措施。例如：遴选优势专科冲击国家级临床重点专科，与中山大学肿瘤防治中心等国内知名医院建设专科联盟开展深度合作，成为珠三角地区唯一的广东省肿瘤诊疗示范医院建设单位。为了给市民提供更好的急救保障，组建移动 ECMO（体外膜肺氧合技术）重症救治团队，近期通过该技术将两例镇街医院的心脏骤停患者顺利转至我院 ICU 并抢救成功。我还发挥自己的专业优势，建设中德关节交流中心，让东莞市民在家门口就有机会得到德国顶级骨科专家的会诊。

第二个引擎是打造人才队伍。人才是第一资源，是医院实现高水平发展的动力源泉。一方面，我致力于把中层干部、科主任培养成医疗和管理的双重专家，组织他们学习掌握国内外先进的亚专科技术和优秀管理经验，更好地带动科室发展。另一方面，针对高层次人才短缺问题，我带头发掘和主动联系，以最大的真诚赢得高层次人才的青睐，去年以来全院共引进高层次人才 8 名，招聘应届博士、硕士毕业生 45 名，初步实现了"筑巢引凤"和"引凤筑巢"目标。

第三个引擎是力补科研短板。创新是第一动力，我组织重点投入经费建设中心实验室，建设专职科研团队，并将自己的科研经验毫无保留地跟他们分享，为申报高层次科研项目打下坚实基础。在大家的共同努力下，2018 年新增国家自然科学基金项目两项、省市级课题 53 项，以第一作者或通讯作者发表论文 221 篇，迈出了科技兴院的新步伐。

第四个引擎是实施精益管理。一方面，我大力推动绩效改革，发挥绩效考核的指挥棒作用，提升医院综合实力。在院内组织进一步优化绩效方案，根据不同单元，做出不同方案，推进各科室做好科内二次分配，体现多劳、优劳多得，以此调动全院员工的积极性。

另一方面，我在管理中十分推崇两个理念，沟通和平衡。

美国普林斯顿大学研究分析发现，个人智慧、专业技术和经验只占成功因素 25%，而 75% 取决于良好的沟通能力。我把主动到一线听取员工心声摆上重要工作日程，并及时和跟我有谈心意愿的员工面谈，把沟通作为推动工作的强有力抓手。此外，我还注重加强科室间的沟通以更好地解决科间协调问题，形成工作合力；引导医务人员加强与患者及家属的沟通，以提高医疗服务质量和患者满意度。

同时，中医学阴阳平衡理论和哲学的辩证法对我产生了很大的影响，也促进我用平衡的理念开展管理工作，包括处理好突出优势学科和发展相对薄弱学科之间的平衡；医疗、科研、教学工作之间的平衡；行政职能科室和临床业务科室关系的平衡等，让我尽可能在各个关系之间找到最有利于医院发展的平衡点。

　　心之所向，"医"路前行。我会继续坚守 30 年前的初心，以国家建设粤港澳大湾区为重大契机，在创建广东省高水平医院的道路上砥砺前行，为莞邑群众提供更高品质的医疗服务。

12

我的故事我来讲

第十二期

（2019 年 7 月 1 日）

主持人／殷炯棠

237

和着新时代七月的红色旋律，今天我们迎来了中国共产党建党 98 周年的伟大日子，在这个特别的日子里，我们举办第十二期"我的故事我来讲"之"我是共产党员"专场活动，以特殊的方式庆祝党的生日。

今天"我的故事我来讲"主讲人有六位，他们分别是周建平、易文、蔡小桃、邓怀东、张艳和杜绍林。

在平凡中成就自我，为党旗增辉

易　文　东莞市石龙镇社区卫生服务中心党支部书记、主任

【凡人凡言】作为一名共产党员，作为一名社区卫生工作者，我深知自己的工作平凡而艰巨，但是，我愿意在平凡的岗位上做好平凡的事，努力完成党交给的每一项任务，认真履行自己在党旗下宣誓时的庄严承诺。

今天，我们迎来了中国共产党的 98 岁生日，在这个特别美好的日子里，能以一名共产党员的身份站在这里，向党倾诉心声，和各位交流心得，我感到无比的激动。

一

我 1986 年参加工作，1996 年来到东莞，从医 34 年。在党的关怀和培养下不断成长，从一名医师到主任医师，从一名共产党员到党支部书记。

来石龙社卫中心之前，我在手术麻醉科工作了 22 年，挽救了成千上万人的生命，也见证了医学事业的高速发展，这样的日子，让我充满了成就感和自豪感。

2008 年，东莞全面建设社区卫生服务中心，医院领导推荐我到社区卫生服务中心担任管理者。从专科医生到全科医生，从科室管理者到单位管理者，对我来说，都是全新的挑战。说老实话，当时我也犹豫过，因为自己对麻醉学专业轻车熟路，担任原石龙人民医院麻醉科主任，又是东莞市麻醉学分会副主任委员，在业界还是具有相当的影响力的。社区卫生工作对我来说非常陌生，前景也不太明朗，一怕影响专业发展；二怕带不好团队，影响社卫工作。经过反复思考，我认为无论走到哪里，改变的只是工作岗位，不变的还是为人民服务，作为一名共产党员应该听从党的指挥，服从党的安排。因此，我坚定了自己的信念，毅然决然地走上了这个新的岗位，用实际行动去诠释一名共产党员对党的忠诚。

二

成功转型为全科医生，取得了全科医学主任医师资格，一干又是 6 年。

2014 年，党组织决定由我担任石龙镇社区卫生服务中心党支部书记，主持全面工作，新的挑战又摆在了我的面前。

石龙镇是我市老年化程度较高的城镇之一，老年人多、慢性病人多，社保基金"入不敷出"。全面推行国家基本药物制度迫在眉睫，而基本药物的使用需要群众的理解和配合，难度之大可想而知。一天晚上，年近60的老中医李医生给我打电话，"主任，这两天我都睡不着觉，我想离开社卫中心，我做了30多年的医生，从没有遇到过这样的事情，有个病人气势汹汹，指着鼻子骂我，说我不给他开进口药，骂我不得终老，我心里非常难受……"她的声音哽咽、情绪低落．当时我非常理解她的心情和压力，感同身受，近来因为实行基本药物制度，群众不理解而责难医生的事情，已经不是第一次了。我仔细倾听她的诉说，反复安抚她的情绪，在肯定了她的坚持和努力的同时，语重心长地劝导，作为共产党员我们应该理解群众、关心群众，努力做好群众的思想工作，才能把党和政府的关怀和温暖，准确地传递给人民群众，才能得到人民群众的理解和支持。50分钟过去了，她的情绪慢慢稳定了，并且说：我现在想通了，我也是一名老党员，在工作中个人受点委屈不算什么。应该立足岗位，做好本职工作。我放下电话，长舒了一口气，习惯性地去跟母亲道声晚安，走到母亲卧室门口，却发现80多岁的患有高血压的母亲晕倒在厕所的地上不知多久了……所幸，经过治疗，年迈的母亲没有留下什么后遗症，但我仍然非常内疚和自责。

为了实施"保基本、强基层"的医疗改革发展政策，我与大家一起，经常利用晚上或中午群众在家休息的时间，走街串户，为群众宣教社保政策和健康知识。由于工作量大，工作时间长，一向身体素质良好的我，患上了支气管肺炎，迁延两月有余，不停地咳嗽，晚上不能入睡，白天按时上班，一边输液一边工作。其实，我也想晚到一会儿，在家里多休息一会儿，我也想休假住院，可是我做不到，因为我们中心还没有配备副主任，每天有许许多多需要处理的事情在那里等着我，何况自己也改变不了提早上班的习惯，因此一天也没有休息过。虽然身体是极度疲惫的，但是精神是非常充实的，因为我是在用自己的实际行动，履行一个共产党人的职责，践行一个共产党人的自觉担当。

生病期间，同事们看在眼里，急在心里，时不时为我送来温水和暖粥，嘘寒问暖。大家的关心和照顾让我感受到了社卫中心大家庭的温暖，让我更加坚定了服务群众，服务员工，当好班长的决心。

一年时间，经过大家的共同努力，群众理解和接受了国家的基本药物政策，社保基金也转为"收支平衡"的良好状态，石龙社卫中心的工作也从此翻开了新的一页。

三

行程万里，不忘初心，我们的工作，承载着石龙居民的健康梦、社卫中心的发展梦、全体员工的幸福梦。

作为党支部书记、中心主任，面对的不只是单位员工个人，还有他们的整个家庭，要关心的不只是他们的工作，还有他们的精神世界和他们的生活水平。

我中心非编人员占比80%，大部分为临床一线专业技术人员，收入较低，给工作积极性和人才的稳定性带来了一定的影响，如何破解这个难题呢？中心党支部经过深入调研，在上级党组织的支持下，充分利用国家医改政策，结合本单位实际，实行了"一类事业单位定位、二类事业单位管理"的新模式。坚持了绩效优先、兼顾公平、按劳分配的原则，2016年实施了"奖励性绩效同工同酬方案"，量化了1263条考核指标，先后对考核方案进行了4次优化，奖励性绩效工资占总工资比例的58%，大幅度提高了员工待遇和工作热情，员工都称赞中心党支部是有温度的党支部，有力地增强了团队凝聚力，充分地保障了中心更快更好地发展。2018年石龙镇社卫中心成为全国优质服务示范社区卫生服务中心，得到了群众的信任和赞扬。

作为一名共产党员，作为一名社区卫生工作者，我深知自己的工作平凡而艰巨，但是，我愿意在平凡的岗位上做好平凡的事，努力完成党交给的每一项任务，认真履行自己在党旗下宣誓时的庄严承诺！

信念引领、孜孜以求，
不忘初心、甘于奉献

邓怀东　东莞市中医院骨一科副主任

　　【凡人凡言】这片热土也为我个人事业的发展提供了充足的养分，使我在党的信念引领下，潜下心来孜孜以求着一个骨科医生的工匠精神。这二十多年，我十年如一日，一步一个脚印，从一个普通住院医师逐步成长为一个具有一定专业特长的骨科主任医师。

我是来自东莞市中医院的一名党员。我出生于江西省。江西是红色摇篮，是革命老区，也是中国共产党打响反对国民党反动派第一枪的地方。我从小就生长在红旗下，深受着党的教育。我的父亲是一个当了七年兵的老军人，他是一名老党员。在转业的时候，为响应国防部的号召，他放弃了地方武装部的职位，意志坚定地投身到了我国的核工业事业当中，在位于江西省修水县的一个铀矿采矿工区里默默地坚守着自己的那份理想与事业！在我的印象中，他十年如一日地迎着朝霞走上工作岗位，披星戴月一身疲惫回到家来，在平凡的工作岗位上一干就是三十余载！父亲那种爱岗敬业、孜孜不倦的形象深深地印在我的脑海里，激励着我走过了千军万马过独木桥的高考年代。现在我还清晰地记得，在考上大学临行前，我问父亲，我是不是应该在大学积极向党组织靠拢，加入党组织呢？当时父亲给我的回答异常肯定。他说，党组织是一个吸引先进思想的组织，是一个可以令自己思想升华又严于自律的组织，加入共产党就证明你思想上要求进步，理想更高，抱负更大，从而更好地为人民健康事业服务！这就是一个老党员对子女们的期望！带着这个期望，在大学期间，我处处以父亲——一个老党员为榜样，刻苦学习，并取得了优异的成绩！我还成了学生会体育部部长，并被列入共产党员考察对象行列。最终在 1994 年 12 月，我加入了党组织，光荣地成为一名中国共产党党员！

大学毕业后，我怀揣年轻人的梦想与抱负来到了东莞这片热土，投身到了医疗服务行业当中。在我走上医疗工作岗位之初，艰辛困苦的临床工作开始考验着我，一台持续了 16 个小时的手术给我留下深刻的印象。

那是在 1996 年，是我参加工作的第二年。那天我值班，突然来了一个呕血便血的急诊病人，我第一时间判断患者病情危重，必须立即进行急诊手术。我一边请示上级医生，一边做好术前准备。在科主任的带领下，我们从下午四点钟开始为患者实施剖腹探查手术。但是手术有太多不可预测性，我们发现这个手术难度远远超过了最初想象！当时，我们只能一边小心翼翼地分离显露，一边请求支援。在漫长而紧张的手术过程中，我们没有松懈，一直坚守在手术床旁，一遍又一遍地寻找那隐藏得很深很深的出血点。时间一分一秒地过去，我们必须对抗饥饿与疲乏一波又一波的侵袭。但是，病人胃肠道里的血还是在流，出血点到底在哪里呢？我们一路坚守到清晨六点钟，在外援专家的帮助下，终于找到了一个正在出血的十二指肠憩室。这，就是我们坚守了十几个小时所要寻找的出血点！看到了确切的出血点，我的精神为之一振，病人有救了！早上八点的时候，我们终于完成了这台通宵达旦的手术！当我带着几近虚脱的身躯走出手术室，清晨和煦的阳光照耀着我，我感到无比的温暖！虽然疲惫不堪，但却有着一种成功后的喜悦！16小时不间断的手术需要强大的体力支持，更离不开精神信念的引领。急病人之所急，痛病人之所痛，全心全意为人民健康事业而奋斗就是我们共产党医务工作者必须牢牢坚守的理想和信念。

如今，我已经在东莞市卫生健康事业的工作岗位上奋战了二十多年，这是一个平凡而又见真情的工作岗位。在这二十多年里，我见证了东莞经济的蓬勃生机，也见证了东莞医疗卫生事业的飞速发展。同时这片热土也为我个人事业的发展提供了充足的养分，使我在党的信念引领下，潜下心来孜孜以求着一个骨科医生的工匠精神。这二十多年，我十年如一日，一步一个脚印，从一个普通住院医师逐步成长为一个具有一定专业特长的骨科主任医师，也由一个普通党员成长为支部委员。

我深知个人事业上的进步是党对我培养的结果，我应继续发挥我的专业特长来回馈社会，造福一方，这也将是我今后的光荣使命！

跟我从医之初的那种长时间高强度手术不同的是，现在考验我的变成了手术难度以及对于高难度手术的那种决断能力。东莞英雄郑浩源的右膝关节病变就着实地考验了我面对困难的担当和承受能力。这个故事得从2015年7月说起，东莞英雄郑浩源是我市公安局的一名交警，在一次执行抓捕任务的时候，罪犯的越野车从他的身上碾过。当时他多发脏器损伤，全身多处骨折，生命垂危，命悬一线。伤后他被送到了广州市抢救，历经了多次手术，最终摆脱了生命危险，进入了功能康复期。在康复的过程中，郑浩源发现自己的右膝关节呈僵直状态，无法屈曲。在广州经过一段时间痛苦的康复治疗后，没有任何进展。在这个时候，郑浩源向上级表达了想返回东莞家乡继续接受康复治疗的意愿。市公安局领导同意了他的请求，院领导把他安排在我所在的骨一科继续接受治疗。作为他的治疗组组长，我认真细致地检查了他右膝关节的病情，发现他的右膝关节曾经开放性骨折脱位合并骨缺损，经清创手术后大量贴骨瘢痕组织形成，最难办的是髌骨完全向外侧脱位并固定，这将是一个治疗难度极高的手术。关节镜微创进行粘连性膝关节松解是我的技术专长，虽然我有大量的成功手术病例，但像他那么严重的我还是第一次碰到。再加上病人身份特殊，病人及领导会同意由我来给他施行手术吗？就算他们同意手术，万一手术不成功呢？带着这种忐忑的心情我一开始也不敢贸然地为他实施这个手术。但是每次查房时我看着郑浩源那僵直变形的膝关节，看着他进行屈膝锻炼时的痛苦表情，我陷入了深深的自责。郑浩源是东莞的英雄，为东莞社会的稳定做出了巨大牺牲，是我们学习的榜样啊！难道我就不能为他做点什么吗？这个时候如何来体现共产党员的责任担当呢？经过一遍又一遍的自我鼓励与术前讨论，我终于下定决心利用我的技术专长为他施行关节镜下右膝关节粘连松解手术。结果，手术非常成功、效果远超预期！坐着轮椅而来的东莞英雄，经过我们近一年半的精心治疗，终于可以站立自由行走了！

后来，郑浩源同志在他的演讲报告中表述了在我院住院的经历，对于我们的工作，他给予了充分的肯定，表达了诚挚的感谢！欣慰之时，那份信任，鼓励我要不忘初心、甘于奉献！

如今，为配合打造"湾区都市、品质东莞"的建设，我院正在努力建设广东省高水平中医院。在新时代的长征路上，"风好自扬帆，奋蹄新征程"，我将永远不会忘记全心全意为人民健康服务的初心，牢记使命，以实际行动为人民健康事业而奉献毕生的力量！

不负青春韶华，谱写边疆情怀

蔡小桃　东莞市大朗医院产科主任

【凡人凡言】不负青春韶华，谱写边疆情怀。因为青春，所以要挑战自我；因为青春，所以要挥洒热血；因为青春，所以要砥砺前行。作为一名年轻的共产党员，相信回到工作岗位上的我一定会更加严格要求自己，不遗余力地做好本职工作，让每一个母亲都绽放出灿烂的笑脸，让每一个婴儿都健康地来到这个世界。

我是东莞大朗镇区一名普普通通的妇产科医生。回顾逝去的这一段青春岁月，我的内心充满了幸福，充满了感恩，同时，也带着一点愧疚……可谓百感交集，但却从来没有为自己的选择后悔过。

从医学院毕业后，我就穿上白大褂，成为一名妇产科医生。作为医生，每次看到病人复诊时逐渐痊愈的灿烂笑脸，心里感到很欣慰；看到一个个小生命在我的手中来到这个世界，我和他们的父母一样，都感到特别的开心和感动。

2016 年底，一个挑战和机遇突然来临，广东省选拔第八批干部人才赴新疆喀什支援，需要 5 名医生，其中包括一名副高职称以上妇产科医生。综合各方面情况，医院和科室认为我是合适人选。我没有去过新疆，网上输入新疆喀什搜索，跳出来的结果都是负面的不稳定形势的各种新闻。再加上儿子才读二年级，是最需要母亲在身边引导和照顾的时候。丈夫工作也特别忙。离开母亲和妻子的他们会怎么样？

回家和丈夫商量，丈夫表示无论去还是不去，他都支持我的决定。还未懂事的儿子只是一个劲问我："妈妈你会去多久？"在下决定的短短一天内，我的内心是挣扎的。援疆援藏援外工作是国家稳定边境和和平外交的国家战略，作为一名共产党员，务必要有更高度的思想觉悟，做时代的表率者、开拓者和奉献者，也应该要有为大家舍小家的气节和情怀，为祖国边疆的稳定和发展奉献自己微薄的力量。经过考虑，我加入了第八批援疆队伍。

临走前的数个晚上，看着已经熟睡的儿子，不自觉泪流满面。儿啊，虽然妈妈离开你一段时间，但相信你长大后一定能够理解和支持妈妈的选择。没有富强的国，就没有幸福的家。妈妈也希望能成为你的榜样和表率，希望妈妈不在身边的这段时间，你依旧努力学习，长大后做一个对祖国有贡献的人。

就这样，带着对未来的憧憬，带着对家人的不舍，我和医疗队踏上了去往边疆的旅程。

飞机到达喀什的第一天，晚上八点，太阳还在半空中，路边未融化的积雪，光秃秃毫无生气的胡杨，浓浓的塞外大西北的味道扑面而来。第一周军训，以及政治形势及民俗风情学习，期间下了两场大雪，室内暖烘烘的暖气，饭堂飘着葱花的羊肉汤，构成了一幅祖国大西北的生活写照。

结束一周的军训，我们正式到受援单位报到。我们对口的医院是新疆生产建设兵团第三师医院，下属 16 个团场 176 个农业连队。我们的任务是到妇产科开展大部分的手术，例如全子宫切除、腹腔镜手术等。但是因为地处偏远和经济发展不均衡，医疗制度和医院硬件设施确实比南方医院要滞后很多。

3 月 28 日晚上 7 点左右，那是来到新疆的第一个月的一个傍晚，我在办公室上班，此时电话急促响起，说有个临产孕妇胎位不正，胎儿的一只脚已经娩出了，情况非常紧急，请我立即过去帮忙。我火速赶到产房，产科的医生和护士都围在孕妇周边。一个维吾尔族的孕妇，表情痛苦，满怀期待的眼神看着我们。胎儿娩出的小脚被孕妇产道夹得有点淤青，一边的 B 超医生告诉我胎儿双顶径 104 毫米。那一刻我的抉择是两难的，臀位阴道助产，评估胎儿体重超过 3500 克，双顶径超过 95 毫米，极其容易出现后出头困难；剖宫产，三师医院不具有产房紧急剖宫产手术条件，胎儿无法耐受较长时间的术前准备。多耽误一分钟对母胎就多一分危险。看着孕妇频密的宫缩和胎儿瘀黑的小脚，我决定实行臀助产，备后出头产钳。在我们的共同努力下，顺利地分娩出了婴儿。产后，这个有点虚弱的少数民族同胞轻轻说出"谢谢"，从她的眼神里，我感受到这句话饱含着很多的情感。不止饱含着一个少数民族同胞对我们的无尽感激，也饱含着她们对我们如亲人般的信赖。

产科经常有这样的紧急情况，在对外的医疗援助工作中，也正是我们带着组织的嘱托，带着党员的使命和担当，使我们时刻牢记着在具备相关专业知识的同时，也应该有相当的责任担当。生命都在你手里，你哪能逃避担当？即使有风险，也要与生命赛跑。作为一名共产党员，面对问题和挑战，是迎难而上还是畏缩不前，是敢于担当还是互相推诿，是勇于牺牲还是明哲保身，我希望我们的回答和行动都不会辜负这六个字：我是共产党员！！

又是一个下午的下班时间，我接到三师医院产科主任电话，团场送过来一个怀疑胎盘早剥病人。三师医院在喀什市区，部分离得比较远的团场需三四个小时以上车程。来到三师医院，产妇腹中胎儿已经没有胎心了，强直性宫缩，属于重型胎盘早剥。因为三师医院没有血库，紧急用血都必须到当地血站申请。鉴于当时病人病情非常危重，转运过程中随时有生命危险，和当地医院产科主任商定后决定就地抢救。急诊做了手术。手术中术前抽血检验结果回报：纤维蛋白原 0，血小板 50 万，这些数据都显示出现了产科的灾难性并发症——DIC，手术关闭腹膜的时候伤口也在一直渗血。术毕我手压着伤口煎熬地等待血源，与死神赛跑。

血源来后，输红细胞、血浆、冷沉淀一系列抢救，病人血压仍旧忽高忽低，少尿，血小板进行性下降等。除了值班麻醉师，剩下只有产科医生，情况仍然危急。晚上 12 点，我联系了省援疆医疗队，他们派出了 ICU、妇科、急诊科医生进行了会诊。这个病人一直抢救到深夜两点，转了 ICU。术后经历了急性心衰、急性肾衰、电解质紊乱等待一系列问题，经过得当的治疗，术后 10 天转回普通产科病房，转危为安。事后，我们意识到当地产科抢救的团队力量薄弱，倡议成立业务院长为首的产科抢救团队。现在，医院也已经成立了多学科联合的产科抢救办公室，正在为产妇和婴儿的健康保驾护航，听到这个消息我倍感欣慰，在我们的医疗工作中，存在着许多紧急复杂情况，单人的力量是薄弱的，众人拾薪火焰高，唯有集众人之力方能达最大成果。在我们的党集体中，遇到复杂危急情况，我们党员更应该团结起来，发挥先锋模范作用，团结同志，努力形成齐心协力干事业，凝心聚力谋发展的生动局面，真正让百姓少花钱看好病。

援疆一年半，是我人生极其重要的一段经历。除了带去我们东莞人民的爱心外，我更收获了和新疆人民铸成的珍贵友谊。回来大半年了，还时不时会收到之前诊治病人的问候和祝福，我也经常会和三师医院的老朋友们一起讨论病例，一起商讨治疗对策，一起成长，一起进步。这一段援疆的经历也更让我倍加珍惜东莞优越的工作条件和生活条件，从而激励自己更好地做好这份救死扶伤的工作。

不负青春韶华，谱写边疆情怀。感谢所有人，在我这段援疆的不凡岁月中给予我的关心和帮助，感谢岁月的磨砺让我不断地成长蜕变。因为青春，所以要挑战自我；因为青春，所以要挥洒热血；因为青春，所以要砥砺前行。作为一名年轻的共产党员，相信回到工作岗位上的我一定会更加严格要求自己，不遗余力地做好本职工作，让每一个母亲都绽放出灿烂的笑脸，让每一个婴儿都健康地来到这个世界。

医路漫漫，光明相伴！

杜绍林　东莞东华医院院长助理

　　【凡人凡言】医疗事业是一项人民的事业，服务患者服务百姓，是一名医生永恒的脚步；向着光明的方向前进，作为一名眼科医生将永不止步；身为一名共产党员更要牢记使命，不忘初心。

我是一名眼科医生。一路走来，关于医生之路，现代学者说"医生要具备哲学家的思维，谈判专家的技巧，佛学家的肚量甚至上帝的能力"，其实我国古代名医早就说过："学不贯古今，识不通天人，才不近仙，心不近佛者，宁耕田织布取衣食耳，断不可作医以误世！"

医路漫漫，可对于我来讲医生之路永远有光明相伴！因为我是一名眼科医生，因为我更是一名共产党员，因为医疗事业是人民的事业，自入党之日起即树立信心为这份事业甘于吃苦、顽强拼搏、乐观向上。

光明相伴成长：成长路上勇当先锋

2013年年初接诊了一位患者，50岁，男性，高度近视。摆在我面前的门诊病历都有一本眼科学书那么厚。当然戴的镜片也是那么厚！其人我记忆深刻，以至于这个时间我也记得那么深刻，因为它改变了我一个抉择方向。从他的病史叙述中听得出焦虑、困惑和恳求。"医生，我50了，为什么我的近视还在进展，我看过了国内最好的医院和多家三甲医院都未能解决我的问题。"头两次就诊，我用目前高度近视的理论和诊疗方法跟他详细解释，的确，高度近视或恶性近视是当前眼科棘手的难题，解决不了近视进展的问题，眼轴还在不停地拉长。可这位阿叔不放弃，仍然坚持来找我，这次他变了咨询方式和说话内容："杜医生，我知道您是中山大学中山眼科中心的研究生，您也肯努力专研工作，您还年轻，可否让我求您个问题？"我说您请讲，阿叔说："请求您跟您的同行帮我研究一下我这个近视可否控制，我可以等。"顿时我感觉所学好浅好无力，学医不就是为解决患者诉求吗，可这个问题还真是没得到解决。纵使这的确是当前世界面临的眼科学难题，我也应该心系患者诉求，勇于担当，努力尝试。

难以忘记，也是在这个时候，2013年6月，在儿子刚满月时，我的中山大学博士入学通知书也到了。入学前也经历了一番思想纠结的过程：家里需要我，儿子如何照顾？每当这个时候我都会想起一位老党员，我的研究生导师，她也是我在学校时的入党介绍人。导师这样说："杜啊，你上学时表现不错，工作中我相信你也求上进，虽然现在遇到家庭的一些事，其实随着年龄变大还有很多很多事要你去面对，但你应该记住你来到这个社会为了什么。"对啊，为了什么，为了奋斗目标，借我们东华董事长的一句话讲："小了是为了奋斗出事业，大了是讲为了人民的健康，就是你的奋斗目标。"这不就是一名党员的初心吗？良师益友的话、两位老党员的话我深信不疑。从此，在东华工作五年后再次开启了三年博士钻研学习历程，学习期间竭尽全力参与眼科临床训练与科研活动，主要参与攻关青光眼、近视和眼底病防治等领域，参与重大课题项目两项、发表 SCI 论文 3 篇、参与完成省科技进步二等奖一项。事实也证明，三年学习再次让我能更进一步地理解患者、满足患者的诉求。求学归来后，医院领导安排我负责科室工作，起初我还认识不足，觉得做好我本职工作就够了，做个好医生就可以了，事实说明我错了，院党支部书记找我谈话："小杜啊，还记得哪天入党吗？记得党员是干什么的吗？"顿时羞愧难当，身为一名党员勇于担当、带领队伍攻坚克难是本职工作，也是一名党员的使命。回来后我带领团队逐步完善与引进了省内及国内领先新技术：ICL 与 PRL 治疗高度近视眼技术、人工玻璃体挽救濒危眼球技术、全个性化飞秒治疗近视技术、23/25G 微创玻璃体切割技术等；总结科室自有技术经验与诊疗策略，并已申报课题项目立项；优化科室核心技术架构及病种结构：C、D 型病例＞50%，提升疑难手术比例三、四级手术比例＞60%。这道成长路上的光芒指引和激励我迈过了一道又一道技术难题的关口。

学成归来：全心全意为人民的健康服务

医学学习和个人成长都是为了更好地服务患者。"服务社会、造福桑梓"是东华医院办院理念、服务宗旨，也是民营医院对党和人民事业的主动担当。上至院长下至清洁工护工，服务患者是核心，我作为东华党员的一分子对医疗服务也有特别的感触。院外公益义诊服务更是不可或缺，单眼科义诊场次不低于 50 场每年，每周至少一次。因为这是患者的需求、老百姓的需求：我国多数地区的防盲治盲的效果与老百姓的认知关系紧密，白内障不被认为是疾病；白内障是老人的特有疾病，多数老人不方便单独去医院就诊，子女又关注不够；再加上一些地区的经济因素而不能就医，白内障成了我国致盲原因的第一位。

我们也组织一批优秀党员医生下基层，真正了解情况解决问题。2016年8月，我们在石龙某社区开展义诊时偶遇一独居老人陈姓阿婆，75岁，双眼仅能看到手影，几近失明，活动范围仅在家中熟悉的角落靠触摸辨识，经检查确诊为老年性白内障（成熟期）。阿婆因白内障严重影响了生活质量。经过一个月对近500位老人的防盲调查，发现类似老人还有很多，主要原因：认为年龄大理所应当、经济问题、子女没时间陪伴看病等。因白内障致盲失去生活自理能力最是不应该，因为白内障可以通过治疗完全复明。作为一名眼科医生，我想我能帮他们做点事。解决问题如同治病救人，了解缘由、对症施治。

习近平总书记反复强调："要坚持问题导向，把问题作为研究制定政策的起点，把工作着力点放在解决最突出的矛盾和问题上。"首先解决患者就诊难问题，东华医院多次组织党员先锋队伍组织义诊筛查而且周期开展随访跟进，对于困难出行患者采取通知街道村委集中接送就医。关于对于白内障疾病认知问题，采取规模性白内障复明义诊推进科普宣传、以提升百姓对于白内障认知水平。治疗费用问题，结合国家关于百万白内障复明工程项目政策，申请复明基金资助贫困白内障老人接受手术治疗。在医院和东莞市残疾人福利基金会及民政等部门的大力帮助下，我院眼科中心成为东莞市复明定点单位，免费为贫困白内障老人进行微创白内障手术治疗，近两年的时间让1200余白内障老人在公益帮扶下如愿复明。在白内障复明项目开展同时，进一步优化服务流程、推行日间手术缩短住院日，解决家人没时间陪伴老人就医问题等，医疗服务真正踏上一条光明之路。

党的力量来自组织：奋斗路上，一支向阳的队伍

身为一名党员，要以身示范，努力带领团队不断进取。综合医院里眼科多与耳鼻喉口腔并名为五官科，可能那是一个所有眼科或口腔人最不想听的

叫法，3 年前我也在那里被叫作"五官科人"。那时眼科住院部两个医生。在医院领导与支持下 2017 年我带领团队创建眼科中心，眼科规模由原来 10 张床逐步发展为编制 40 张床眼科中心，住院部医生人数逐渐由两人到 4 人再到 6 人，现在是一支 13 人的眼科医生队伍，职称由住院医生到正高职称，学历年轻医生绝大多数为研究生以上。大家在眼科中心是这样工作和学习成长的：自成立之时，所有医生早 7 点到病房开始业务学习和病例分享，然后常规查房、手术、门诊等工作，按照业务专攻方向划分专业主攻项目、组建亚专业框架，逐步塑造了一支具备扎实专业基础的眼科团队；科室培训专业科普推广医生担任近视防控、爱眼讲堂等的宣教员，形成了一支眼科公益宣传团队；科室推出"东华眼视光"专科公众号、飞秒近视护眼群、眼科中心公益群等针对老百姓的线上服务内容，形成了一支重视患者体验的服务团队。这支向阳向上的队伍，吃苦耐劳的团队，共同为眼科的发展壮大辛勤灌溉，为眼科中心的每一次技术攻关欣喜雀跃，对眼科中心的每个荣誉而倍加珍惜。因为成长，团队内涌现多名入党积极分子。

医路成长，创新是动力之源

人民对医疗的需求是不断变化的，医疗创新是我们解决百姓更多需求的岗位使命，但每个个体创新的能力或者创新环境条件是不同的，可能产出也不同。尤其站在基层岗位，很多医生说看好病就不错了，怎么可能创新？的确创新是困难是挑战。但创新应在医疗活动中无处不在，这要求我们要做到创新主题永远是围绕患者的围绕临床的围绕实际工作的。我也是这样带领我的团队开展创新工作。在我所在科室的日常工作中：总结了急性闭角型青光眼的现代诊疗新策略并申报省医学科研基金项目；改良了我们常用的手术小器械，申报了实用专利项目；结合临床开展了一系列临床研究发表了系列 SCI 临床研究文章。同时，2017 我院专门成立了东华科创协会以鼓励青年医生结合临床不断创新、提升医疗质量水平。科创路是坎坷而遥远的，不免会有人想掉队，如同迁徙过冬的大雁们，飞行几千里，路途上头雁要带领队伍也要不停地鸣叫鼓励队伍，这条路需要有头带领队伍、也需要同行一路同行方能到达。我作为首任会长带领东华科创团队团结一致、奋勇拼搏，战胜了原以为不可能战胜的困难，打开了基层医院、民营医院科创的新局面。

艰难困苦，玉汝以成！我院继内部成立东华科创协会以后，陆续在创新路上有所斩获：2018 年成功获批广东省博士工作站，2019 年 5 月获批东莞市东华临床医学研究院，我很荣幸作为首任院长；就在前两天我们又接受了东莞市重点实验室项目专家的现场评审。创新的平台一个接着一个，这是全体东华人攻坚克难、顽强拼搏的结果。

医疗事业是一项人民的事业，服务患者服务百姓，是一名医生永恒的脚步；向着光明的方向前进，作为一名眼科医生将永不止步；身为一名共产党员更要牢记使命，不忘初心！

用心为青春代言

张 艳 东莞市卫生监督所信息科副科长

【凡人凡言】人因坚定而成长，因付出而美丽，努力本就是年轻人应有的状态，奋斗是青春应有的底色。我会牢记共产党人的担当和使命，继续用心去对待工作和生活，用心为我的青春代言。

我生长于湖北，毕业于美丽的武汉大学。2003年11月，本科在校期间，我实现了向往已久的愿望，成为一名光荣的中国共产党预备党员。

2006年的夏天，我的硕士学业结束，作为一名党员，尤其是青年党员，要充分发挥朝气蓬勃、干劲十足的特性，在广阔又充满生机的天地绽放自己的色彩。于是，我选择了改革开放的前沿地，选择了东莞，成为咱们卫生健康系统中的一员。2007年6月，我被借调到原东莞市卫生局工作，在办公室负责收文，并在这个岗位上坚守了12年。时光流转至此，回头去看过去12年的工作经历，我的内心深处充满了感激。感谢这看似平凡的岗位，练就了现在的我，让我收获了四颗充满生命力的"心"，让我的青春过得很充实。

心静好做事，万事皆悦目。我的第一颗心——静心。刚开始借调到市卫生局的时候，我以前没有接触过收文工作，对这项工作的认知很粗浅，以为办理收文非常简单、容易上手。然而，刚刚接手收文工作不到一个月，我就有种快要招架不住的感觉。从何说起呢？第一，文件出乎我意料的多。每天加班加点办文是我给自己定下的一条纪律。我记得在2008年"三聚氰胺"奶粉事件暴发时，文件更是多得数不过来。现在，再次回忆那段时光，印在我脑海里的全是如雪花般的文件向我扑面而来。一张张白纸黑字不间断地从传真机里吐出来，不分白天和黑夜。那时传送文件上下楼梯我基本上是在奔跑和跳跃中进行的。第二，办公条件有限。办文前要将收到的纸质文件一份份扫描成电子文档，扫描仪卡纸已是常态。最初的我，每天都在焦急和焦虑中度过。第三，急件占据半壁江山。每天文件那么多，而急件向办文要的是效率。面对大量的文件，日复一日的焦虑并不会使事情变得美好。经过一段时间的适应和磨合，我总结出了一个克服焦虑的方法：那就是静心。只有静下心来，从容面对，才能以静制动，以不变应万变。当心静了了后，我发现枯燥的工作也变得富有乐趣了，我不再焦虑扫描仪卡纸夺走宝贵的时间，尝试着平静下来，手动控制着送纸。静静的夜里，右手一页一页轻捏传送着纸张，耳边传来扫描仪有节奏地发出一进一出的呼啦声，此时此刻，老化的扫描仪仿佛也成了我的朋友，有它陪伴着我，为我的工作加加油、助助力。在收文这个平凡的岗位上需要的就是一颗不浮不躁的心，不被杂事、难事所困扰，静等花开。不厌恶工作的平凡，不被工作中的艰辛所牵绊，静下心来把事做好，我想这也是作为一名共产党人应有的品质，我做到了，我的心也踏实了。

欲要看究竟，处处细留心。我的第二颗心——细心。从刚出校门的"职场小白"到如今的"阅文无数"，经过各类公文的锻炼和磨砺，我在心中牢牢刻进了"细心"二字。从十多年前的年收文四千余份，到现在的年收文近万份，每一份文件，我都待之如初恋，生怕漏掉一个细节、忽视一个要求。每天面对高强度的公文办理，如果只图办文流转速度之快，不求拟办意见准确周全，会给上级领导增加负担，也会让业务科室的工作难以开展。为了避免这些情况发生，办理每一份来文，我都力求认真细致地通读全文，哪怕是一两百页的文件，我都从头到尾至少浏览一至两遍，重点章节再多次读、重复读，以确保提出的拟办意见无分歧，无遗漏。每年的人大建议、政协提案办理也是我局工作的重点，当几十份提案建议在同一时间分派给我们初审时，虽然时间紧、任务重，我也做到了仔细研读每一份建议，争分夺秒征询科室的意见，为的就是提出的初审意见准确、合理。没有细心，也许会误将提案的主办职责承接下来，我们的科室难以开展工作。没有细心，也许会将提案的主办职责不当地推送给兄弟单位，造成工作被动，给外界一个"踢皮球"的印象。细心，是一种工作态度，一种工作作风，面对自己坚守的这份工作，唯有敬岗爱业、脚踏实地，才能对得住共产党员这一朴实而又光荣的称谓。

顾念工作，方能做好工作。我的第三颗心——责任心。收文10余年，我每天的工作时间被大量的文件和数不清的电话填满，日均收文30余份，有时更多达50份。其实，办文岗位远远不止单纯地处理公文、传递文件，还牵涉到与来文单位和职能科室的各种电话沟通和协调，更少不了接听大量群众的来电咨询，一天下来，喉咙都是隐隐作痛的。有时，也会在某些时刻感到疲惫不堪，但尽管疲惫，我的思想也从未放松过。我知道，责任心，是做任何事的第一个前提。有了责任，才有敬意，怀有某种敬意去做事，肯定不会把事情做差。很多次，在节假日里，我的手机都会收到收文短信提醒。看到这些信息，如果当时在外，活动再精彩、景色再美丽，也没法走进我的心了，因为我满脑子都是尽快赶回去处理文件的事情。今年春节期间，当看到媒体报道上海某公司生产的静注人免疫球蛋白相关事件后，虽然假日期间有我们敬爱的同事值班值守，但我在心里也做着随时接收处理文件的准备。果然，在大年三十和年初一有文件要紧急接收，经过与值班同事不断地沟通协调，成功地完成了紧要文件的接收办理。尽管那时已是凌晨时分，我也没让同事的来电铃声惊扰夜空，因为我的心时刻准备着。如今，我的女儿已上小学，回想起她的幼儿园时光，我是有些遗憾的，因为幼儿时代的她曾经对我提过两个小要求。她说：妈妈，我好想有一天你能在幼儿园门口接我回家，哪怕一次都行；还有一个就是，我特别希望妈妈能陪我参加一次幼儿园的美食节活动。女儿的愿望我一个也没能帮她实现，在她三年的幼儿园期间，我没能在某天的傍晚出现在她的学校门口，也没能在学校的活动期间陪她品尝各种美食。虽然那个时候我还有很多天的年假没有休完，但是，哪怕请休半天年假来满足女儿的小愿望，我好像也舍不得，心里总是顾念着这耽搁的半天该会有多少来文、多少急件要处理。或许这份顾念就是一份责任心吧，我常想，心怀责任，有担当，这是做人的根本，更是共产党员应承担起的一份使命。

前路有光，初心莫忘。我的第四颗心——初心。在收文工作岗位上，一晃 12 年过去，根据组织的安排，现在的我走上了党务工作者的岗位。对于我，这是一项全新的任务。在每一个平凡的岗位上，每一次从零开始，都全力以赴，这就是我的初心。以前的工作已成历史，现在的我要从零开始学习，不忘初心，继续前行。初闻"党务工作"，也许会有人认为这项工作没有什么具体实在的内容可做。而事实却是"一入党务深似海，从此党章入梦来"。党务工作其实包含了大量琐碎而又重要的任务事项，需要付出很多精力和时间。作为一名党务工作者，一定要主动学习，掌握最新的理论知识和政策方针，用科学理论武装我们的头脑，所以，每每有新的文件政策，我都每篇必读、篇篇精读。初到机关党委，我已学会了与时间赛跑，每天除了处理各种具体细小的事务，还需跟进各种大小会议活动的前期准备和后期的信息采编，我们也曾笑称：机关党委也可以另外加挂一个"会务科"的牌子了。虽然工作很忙碌，虽然业务还生疏，但也乐此不疲，因为我初心不改。倘若没有这颗初心，我将有负韶华，在进与退中犹豫不决，在琐碎之中碌碌无为。

12 年收文如一日，新的征程已经开启，我的青春绽放于此，收获于此，里面的故事不一定很精彩但我的心却很踏实。正因为这 12 年的坚持，我更加坚定了共产党人的信念，对党忠诚，务实进取；正是因为这 12 年的坚持，我更加珍惜共产党员的担当情怀，身在平凡岗位，要甘于平凡拒绝平庸，在其位，要有作为；也正因为这 12 年的坚持，我更加深刻地领会到共产党人的初心和使命，为实现中华民族伟大复兴的中国梦，在每一个平凡的岗位中脚踏实地、尽职尽责，贡献自己的一份光和热。人因坚定而成长，因付出而美丽，努力本就是年轻人应有的状态，奋斗是青春应有的底色。我会牢记共产党人的担当和使命，继续用心去对待工作和生活，用心为我的青春代言。

坚持信念守初心，服务莞邑担使命

周建平　东莞市人民医院党委委员、副院长（原东莞市人民医院外科主任）

【凡人凡言】从医至今25年，或许已经取得不错的成绩，那些已成过去！未来我们需要坚守我们的初心，砥砺前行！不为良相，便为良医！牢记从医第一天承诺的医师誓言！也维护和捍卫我们为人民服务的宗旨！这就是七一，我是共产党员的故事。

我是 1991 年在大学里入的党，至今 28 年党龄了。回想一路走来的从医路，守初心，担使命是我一直以来秉持的信念！

我是东莞最早的心胸外科大夫之一。20 世纪 90 年代，国内心胸外科专业刚起步，专业的特殊性，医生成长道路漫长，收入低，没人愿意做！自己选择心胸外科时曾坚信随着我国工业化趋势发展和人民生活方式的转变，肺部疾病和心脏疾病会增加的！而且心胸外科是代表了一个地区医院外科技术水平的专科！做，而且一定做好它！但 21 世纪初因为肿瘤外科的发展强劲，我院曾考虑把胸外科并入肿瘤外科，心外科和心内科合并发展！那时我真的很迷惘，从业 10 年，居然有点类似军队番号被取消的感觉！路在何方？当年我守住从业时的初心和判断，我坚信我的选择是对的！我们的专科没有特点，技术思考和转型提升技术，当时正逢微创胸外科发展的时机！东莞地区能开展微创胸外科的人凤毛麟角，我通过不断外出学习和培训，并邀请省内知名专家来指导，终于突破重围，见证了心胸外科从小到大，专科技术从无到有，参与了医院乃至整个东莞地区心胸外科发展的全过程。构建了地区微创胸外科技术体系，引入人工体外膜肺治疗急危重症疾病，最早参与了地区冠脉搭桥手术和心脏移植手术。我们的胸外科也发展成为广东省重点专科。我们的团队从原来成立时的 4 人发展壮大到现在的 17 人！也通过医学会带动本地区一批人从事心胸外科专业！曾经有不少的人包括我们的同事问同一个问题，我们医院能做肺癌手术吗？能微创做吗？在这里我可以非常肯定地回答，10 年前我们能微创下完成肺癌根治术，现在我们已经做得非常好！可以跟广州的很多大神教授媲美！

践行从医时的誓言！不忘初心，牢记为人民服务的宗旨！我们来自人民，拜人民为师，服务人民。谁心里装着百姓，百姓就拥护谁！ 20 多年的从医生涯，记不清挽救了多少人，但不管贫贱富贵，我的眼中都是我的病人，都需要我们真心付出。现在我每年仍承担着科室接近一半的手术量，每周二早上的门诊基本看到中午 1 点！门诊量也是全科最多的！记得 2018 年我收治了一个 16 岁的右肺多发硬化性血管瘤的女孩，江西人，已经去多家医疗单位就医，因为多发罕见，医生都建议右侧全肺切除。右侧全肺切除对于一个未成年人意味着她的下半生就是个残疾人了！加上家境不富裕，怎么办？患者和她爸爸多次在我院的各个专科就诊咨询，大家都建议找我！面对无助的父女，小丫头期盼生活的眼光刺痛了我，我来做！我召集并参加多次的治疗方案讨论，制订了腔镜下纯手工切开肺叶连续和简断交锁缝合肿瘤剔除术计划，切除病变大的肿物多个送冰冻病理确认没有癌变，其他的小病灶观察，术后经过加强营养和护理，患者恢复良好。出院那天小女孩特意一早跑我办公室给我鞠了个躬表示感谢！其实，我们更加需要感谢的是老百姓对我们的信任！

同样去年我们收治的一位韩国病人，应该说韩国的国民福利和医疗条件比我们好，但这个病人是慕名来找我手术的，医学无国界，病人的信任是对我们最好的鼓励和肯定。

俗话说，众人拾柴火焰高，一个好汉三个帮！医疗服务是个团体活，我自己亲手带出来的第一梯队 9 人，两人是副高以上了，其他都是老主治医生，现在仍在带第二、三梯队。我也是外科教研室主任，兼顾着整个外科规培教学和实习工作。每年完成科室带教讲课和教学查房等规培工作，协助医院完善优化教学课程、2017 年制订人文关怀课程、2018 年创建了微创技能实验室、2019 年开展科研培训课程和远程视频学习交流分享会，亲自督导参与考核医院外科评聘分开工作等。目前也在协助部分科室的实验室筹备工作。可能大家有个疑问，你参与那么多工作，有时间做好临床服务吗？你的教学工作质量会好吗？其实就是把人培养好了，自己才能有时间和精力做好临床工作。人才是第一生产力！把人才培养好，才能把我们的医疗服务做到更好！这是与我们守初心，牢记服务社会和人民的宗旨这个使命相吻合的！

知重负重担使命，内省自己找差距！我是本科生，有自己的弱点，现在只是个好大夫，离医匠和大师有很长的距离，面临国家发展的新要求和新时代下我们的使命，我内省自己，选择了创新发展医学专利和转化医学的道路。尽管目前只是探索阶段，但已经申报了一个市社会重点发展项目，尝试利用医院数据库和其他科研机构一起开发基础软件。科研路漫漫，把临床的工作和经验总结成科研和成果，自己做表率，带动年轻人的科研干劲创建科研平台。或许我们做得不够好，但我愿在孜孜不倦的探索路上做个小石子，为我医院临床、科研的发展尽一份力量！

从医至今 25 年，或许已经取得不错的成绩，那些已成过去！未来我们需要坚守我们的初心，砥砺前行！不为良相，便为良医！牢记从医第一天承诺的医师誓言！也维护和捍卫我们为人民服务的宗旨！

我的故事我来讲

第十三期

（2019 年 8 月 28 日）

导语

主持人／卢赞梅

　　不忘初心守信念，知重负重担使命。

　　今天"我的故事我来讲"主讲人有五位，他们分别是赖郭文、周顺良、麦才京、卢创标和张雯。

　　作为新时代的纪检监察干部，"不忘初心"基础在于铭记理想的"初心"，坚守奋斗的"决心"，秉承工作的"匠心"。不忘初心，方得始终。习近平总书记指出，要把维护党的纪律严肃性和信任爱护干部统一起来，体现严管就是厚爱、治病为了救人。把好"方向盘"、用好"指挥棒"，建设一支高素质专业化干部队伍，把严管和厚爱都落实到位，才能让干部干得开心、拼得安心。

做一名有尺度有温度的纪检干部

卢创标 东莞市疾病预防控制中心四级主任科员

【凡人凡言】作为一名纪检干部，"从严治党"和"严管干部"是我们的政治任务，也是我们的尺度与温度。我为我能成为纪检监察队伍中的一员而感到自豪。

我是市疾控中心卢创标，我现在在办公室工作，同时也是一名纪检监察工作人员。

2008 年 7 月，我毕业后到市疾控中心工作，从事的是公共卫生工作，那时候我根本没有想到会与纪检这个工作有交叉点。2014 年 4 月 1 日，一次偶然的机会，我被借调到原东莞市卫生计生局纪检组工作，成为纪检监察队伍中的一员，一借就是三年时间。这三年多来，我在前辈们的指导下核查过大量不同类型的信访件，丰富的纪检工作经历，让我对纪检工作也有了深入的了解，领会到纪检工作要有尺度，同时也要有温度。

故事 1："惩前毖后，救治病人"

我在纪检组工作的时候，总是喜欢跟前辈们讨论案例，这么多案例中，有一个让我特别记忆深刻。

这个案例已经到了约谈主要对象的环节。但谈话对象就是不配合，用了很多方法都不交代，总是回答不知道或者不存在相关的问题。其实问题已经核实清楚了，他配合不配合也会被处理的。只是在之前的接触中，知道他党性很强的，所以也想挽救他，希望他能主动交代，这样可以为他争取从轻处分，也让他能够真正地认识到错误，真心改正过来。

这个案例后来是怎样突破的呢？是在七一建党节那天，前辈们特意在建党节前两天计划好，跟那位调查对象在建党节过一次组织生活，还提前准备好了党旗。建党节当天前辈们就对他说：今天是建党节，我们在这里工作，也参加不了自己党支部的组织活动，而你现在也在这里接受组织调查，也只是调查对象而已，还没有被开除党籍，还是一名中国共产党党员，还是我们的好同志，今天我们几个老党员就在谈话室里过一次组织生活吧，我们先重温一下入党誓词，再简单开一次组织生活会。

就这样，他们就挂起了党旗，面对党旗，举起了右手，宣读起入党誓词。当念完最后一句"永不叛党！"之后，谈话对象突然哭起来了，他觉得他辜负了组织的培养，已经不是一名合格的党员了。接着进行自我批评时，他很是后悔，慢慢地把犯了的错误说了出来，说起以前是如何经过重重考验入党的，如何晋升提拔的，如何被利益诱惑的，一步步犯下错误走到今天的。最后这个案件也顺利完成了，这位谈话对象也得到了相对较轻的处分。

之所以说这个案件能让我记得特别清楚，是因为我第一次认识到纪检工作的本质，不仅要有尺度，该严管就要严管，该严肃查办就要严肃查办；同时也要有温度，尽力去挽救犯错误的同志。

另外一面，我还从中领悟到了纪检干部的初心，就是"惩前毖后，救治病人"。其实这个案例中，党性这么强的一个领导干部，因为一念之差而犯了错误，真的很让人惋惜。所以我们要尽力去唤醒他的初心，帮助他不要在错误中越走越远。这其实也就是党中央不断教育我们要"不忘初心"的意义所在。

故事 2：严明执纪也有温度

在众多的举报信件中，有个别明显是恶意举报的，对于这类举报件我们要不要核查呢？回答是肯定的，我们必须查，而且要公正严明地查清楚，还清白者清白，为担当者担当，也是我们保护干部的一种方式。

有这样一个举报件，件中反映了某单位领导很多的问题，其中就包括收取供货商回扣和生活作风问题，信后还附有几个举报人的署名。表面上看，是实名举报，有理有据，把问题说得有板有眼。但经过初步了解，是一起以群众的名义，故意"泼脏水""下绊子"的诬告。首先，这个信访中的举报人姓名大部分对不上号，有姓氏不对的，也有名字是同音字的，其他对上号的人员都表示没有参与过任何举报；另外，信件中提到的供货商在这个单位里三年来只有小几万元的采购款，这些小额采购不需要被举报的领导审签，采购总额也没有举报信里的提到的回扣款多；最后，说的生活作风问题也子虚乌有。

这类恶意举报，或者只反映问题，而没有实质证据的举报，其实并不少，而且往往出现在某些敏感时间点，如果我们没有深入调查，把真相还原，那么这位领导可能就会背负着贪污受贿、包养小三的恶名，声誉严重受损，所以即使这会大大增加我们的纪检监察工作成本，我们也要调查清楚，绝不冤枉一个遵守纪律的同志。

故事 3："打铁还需自身硬"

在举报信件中，反映的问题除了涉及纪检内容以外，往往也会涉及其他方面问题，有采购的、财务的、人事任免的、生活作风的等，可谓是包罗万象，应有尽有，只有熟悉相关工作制度和流程，才能高质量地完成信访件核查任务，才能经得起挑战。

有一次，与一名负责单位采购工作的对象谈话，他知道自己在采购过程中有违规操作的地方，把采购项目拆分标，化整为零。可能认为我们是纪检干部，对采购制度不太熟悉，谈话时，总是避重就轻，向有利于他的方向做解释说明，为拆分标列出了很多条理由，有说是为了方便群众，才把修缮工程划为几个片区分开来做；又有说是为了提高工程质量，可以选择自己熟悉的公司，保证质量又能节省成本；又有说是为了提高工作效率，节省了公开招标的时间，可以尽快动工和投入使用。假如我们不清楚相关采购流程和制度，不知道流程中有哪些重点、敏感环节，他违反了哪些规定，很可能我们会被对方误导、被带偏，谈话效果也会大打折扣。所以我们会在调查前做好充分准备，我们从拆分标定义、年度预算、采购标书的参数设定、验收标准要求等重点环节各个突破。最后对象感到有压力，知道瞒不住了，心理防线一下就破了，最后把事情交代清楚，坦然接受了组织的处分。

所以说"打铁还需自身硬"，自身硬就是要求做到政治品格和业务素质双过硬，我们只有一直保持着自身过硬的综合素质，才能把握好纪律的尺度，用好执纪问责这把"手术刀"，践行纪检干部端正风气、救治病人的使命。

在我成长的道路上，领导们、前辈们和同行们，都给予了我很大的帮助与支持，也教了我很多做人和做事的道理，让我充满了感恩。即使我们的工作有时会被误解、被非议，甚至令人觉得反感和抵触，我们也会不忘初心，秉持忠诚、干净、担当的信念，坚守正义阵地，坚持正风肃纪，努力捍卫党的先进性和纯洁性，努力做到让党放心，让人民满意。

最后，作为一名纪检干部，"从严治党"和"严管干部"是我们的政治任务，也是我们的尺度与温度。我为我能成为纪检监察队伍中的一员而感到自豪。

夜空中最亮的星

张 雯 东莞市第六人民医院纪检室副主任

【凡人凡言】对我来说，纪检监察工作不仅是一份沉甸甸的责任担当，也是一次次能力水平的磨砺锻炼，更是精神境界历练提升的机会！这些经历也将成为我职业生命中一段宝贵记忆，是照亮我奋勇前行在纪检监察之路上最亮的星。

我是张雯，来自市第六人民医院。

纪检监察干部，在大家看来是既陌生又熟悉的：陌生的是他们神龙见首不见尾，工作保密性强；熟悉的是他们贴近百姓，伸张正义与公平。我非常骄傲自己是这支纪律铁军的一员，"行军"虽然让人感到孤独又苦闷，但忠诚履职、敢于担当、充满温度，这三个初心汇聚成了我沉寂夜空中最亮的星，照耀着我一路前行。

人们总说：做事先做人。忠诚，便是纪检监察人要寻找并坚守的第一颗星。

2012 年 6 月，我第一次被派参与市纪委党廉室案件调查。随着工作接近尾声，我也顺利完成了工作中的许多挑战：第一次协助谈话，第一次尝试记笔录，第一次参与案卷整理。同时，我还遇到了一个特殊的第一次。

结束当天工作的我在离开路上"正好"碰到了被调查单位的联系人。他邀请我说："现在回去也是堵车，要不就在我们这里吃个饭再走吧。"我婉拒了，他又接着问："这个调查什么时候出结果？被调查的人他问题严重吗？"我心里突然一下紧张了起来，这些问题似乎无关大碍却又总觉得不太妥当。这时我想起了出发前，调查组长跟我们申明的保密义务，他严肃地告诉我们：纪检监察工作的性质，决定了在工作过程中势必会接触到一定的秘密，要守着忠于党、忠于国家、忠于人民的初心办案，严格保守秘密，不能失密泄密，更不能以密谋私。想到这里，我故作淡定地笑了一笑，对他说："不好意思，具体情况我不太清楚。"匆匆结束了这次对话。

正是那次不到一分钟的对话，第一次让我真切地感受到纪检监察工作就像骑独轮车走钢丝，只有坚守对党忠诚老实的心才能勇往直前，安全着陆。纪检监察干部要与人、财、物打交道，避免不了就会有钱、权或者其他诱惑。一旦没有经受住诱惑导致泄密，则有可能造成严重后果：有的直接导致调查对象与证人串供、毁灭证据，使案件查办陷入被动；有的甚至使举报人遭到打击报复。而忠诚履职，这是我入职后上的第一课，也是在我懵懂的纪检监察之路上升起的第一颗星，让我始终坚定地走在正确的道路上。

找准了方向，便要全速前进。人们常说："责重山岳，尽责是金。""担当"二字重千钧。"担当"，则是我们纪检监察人的使命和责任，也是我一直追寻的第二颗星。

在前辈们的教导和帮助下，我终于第一次主办案件。但我没有想到这次的谈话较量远比预计的复杂和艰难。调查对象从头到尾都是一副吊儿郎当、无所谓的样子。谈话时间过了大半天，我却始终没有任何实质进展。也许是调查对象看出了我的窘迫，他开始乘胜追击，最后在一个敏感问题上还反将了我一军。

那天谈话是怎么结束的，我已记不得了。但我永远也忘不了惨败收兵的心情，当时的我感到万分羞愧、失落、沮丧又难过，几乎在返回的路上哭出来。羞愧是因为辜负组织的信任，失落是因为轻敌导致出师未捷，沮丧是因为居然还给被调查对象节节逼退，难过是因为连累了组员无功而返。当天夜里，我辗转反复，无法入眠，我想：要不就向组里申请支援，自己放弃主办，也许还能让案件尽早结案，但这样一来，不仅增加其他纪检组同事的负担，而且让被调查对象觉得党的纪律检查部队不过如此，甚至变本加厉，更加嚣张。第二天，我怀着忐忑的心情向组里领导汇报了情况，领导倒是出乎意料地轻松，她一边鼓励我一边跟我分析原因。她说："谈话的功夫要下在谈话之外，准备工作要做得够细、够实，才能把控好谈话的节奏。"

结束与领导的深入谈话后，我迅速调整心态，重整旗鼓，仔细梳理了调查对象的简历、家庭背景、社会关系、从政履历、性格爱好、往来账目等。通过第二次、第三次、第四次的见面谈话，我们把收集的资料逐条摆在他的面前，他开始有点坐不住；我再从他的成长经历、家庭关系等入手，分析得失利弊。不知从什么时候起，他鼻子开始泛红，我知道他已经被我们击破了心理防线。最后他承认了错误。

"黄沙百战穿金甲，不破楼兰终不还。"纪检监察干部要的就是一股韧劲，面对困难要敢于迎难而上，面对失误要敢于承担责任，面对歪风邪气要敢于坚决斗争。敢于担当，这是我职业生涯成长路上学习的重要一课，也是指引我坚定前行的第二颗星。

纪检监察人专业办案，专注，有态度，更加有温度。而让我点燃心中那团火焰的便是 2016 年我们系统内部巡查的经历了。

巡查中，我组查实了某工作人员搭乘公务用车办理私事。该人员得知事情败露，立马向我们诉说是想快点回家给孩子喂奶。我在一旁听了，不禁想起我的妈妈。小时候，她也总是一下班就心急火燎地飞奔回家给我做饭。现在这位母亲为了照顾年幼的孩子而走错了一步，将心比心，确实下不了狠心。可我又立刻想到，中央八项规定精神重在基层落实，在党规党纪面前，我作为巡察人员，必须要维护好纪律的严肃性。经过我们组讨论研究，对她进行了谈心谈话，并要求做出书面检讨。起初几天，我发现她脸色不太对，对我们巡察组也不大理会，我便主动反复鼓励她重拾工作的信心，当她也敞开心扉跟我交谈时，我心里的一块石头才落了地，也放心结束了那一轮巡查工作。

法理不外乎人情。冷面执纪是为了让他们及时改错，而冷面的背后是我们纪检监察人想要传递温度的初心。

对我来说，纪检监察工作不仅是一份沉甸甸的责任担当，也是一次次能力水平的磨砺锻炼，更是精神境界历练提升的机会！每一次参加案件查办和巡察工作，都督促我铭记"忠诚履职、敢于担当、充满温度"这三个初心，这些经历也将成为我职业生命中一段宝贵记忆，是照亮我奋勇前行在纪检监察之路上最亮的星！

纪检干部的初心和使命

麦才京 东莞市妇幼保健院党委副书记、纪委书记（原东莞市妇幼保健院纪检监察室主任）

【凡人凡言】"德不近佛者不可以为医"，在我看来，"心不正者不可以为纪检干部"，我们纪检干部的初心和使命是什么呢？我想，就是教育人、警醒人和挽救人。

我是妇幼保健院的麦才京。2004 年，我很幸运来到市妇幼保健院办公室工作，在这里一干就是 12 年，直到 2016 年 1 月，我到了医院纪检办工作，成为一名纪检新兵。一转眼，我干纪检工作已经 4 年了。下面，我通过三个故事讲讲自己的体会。

监督和体检

2018 年 5 月，我有幸参加了市委第三轮巡察。在全市巡察工作动员大会上，市纪委戚优华书记指出，巡察是党内监督的重要方式，他把巡察比喻为体检。他说，体检是通过检验指标判断一个人是否健康；而巡察是对一个单位的系统体检，发现问题，形成震慑，推动改革，促进发展。

在巡察中，我担任纪检工作小组的组长，主要负责组织检查全面从严治党方面存在的问题。开展工作中，有一件事让我印象深刻。为了查找四风问题，我们组织了一次考勤纪律检查。我们分成 4 个组检查了 10 多个单位，发现有不少人迟到或缺岗，大家觉得发现了一个重要问题。但是写报告时，我突然起了疑心，于是重新进行核实，这一核查，让我惊出了一身冷汗，我发现只有几位工作人员确实存在迟到或缺岗问题。

之后，我在巡察的时候就变得更加小心谨慎了，正如戚优华书记在动员大会上所说，巡察就像体检，不能有任何差错，因为一个错误判断会给巡察单位带来极其负面的影响。正因为这样，在巡察组组长的带领下，我们实行"白加黑，五加一"工作制，每天晚上加班到 10 点，每周只休息一天。我们的巡察报告不断修改修改再修改，讨论定稿时，全组人员一直从下午 5 点讨论到深夜两点，大家一字一句推敲，为的是准确把握巡察单位的病根所在。最后，我们组的报告成为市委巡察的范文，受到了戚优华书记的表扬。而一年后回头看，证实我们这次巡察确实起到了很好的体检作用，为巡察单位的改革和发展指明了方向。

习近平总书记说过："全面从严治党永远在路上，不能有任何喘口气、歇歇脚的念头。"这就要求我们纪检干部要抓好党内监督，让党员干部知敬畏、存戒惧、守底线，习惯在受监督和约束的环境中工作生活。

执纪和治病

2016 年 3 月，我被派到市纪委跟班学习。不久，我参与了科室一个信访件的核查。核查组共 3 人，组长是科室办案骨干，组员由我和同去跟班学习的另一位主任组成。经过梳理问题线索、开展组内讨论交流，我们制定了初步核实方案，并在组长的带领下来到被举报单位，启动了核查工作。我们在海量的会计凭证中寻找线索，在人手紧缺的情况下完成一次又一次谈话。经过一个月的调查，我们将矛头指向该单位某位领导身上，证据表明这位领导多年来一直指使老婆在单位开展经营活动，谋取私利。于是我们集中力量对涉案人员开展谈话，固定证据。我刚好配合组长对这位领导谈话，由于证据确凿，又是同时进行谈话，这位领导压力山大，很快就承认了错误事实。谈到个人的认识，领导猛吸了一口烟，在烟头快要烧到手指的时候，痛心地说："哎，从你们来调查的第一天起，我就没有睡过一天好觉，现在我把事情交代清楚了，反而轻松了。"他停了一会，继续说："不瞒你们，这些年，我老婆因为我在外违规经商一直担惊受怕，得了抑郁症，经常失眠。这次你们来调查，她知道后就天天和我吵架，闹着要离婚。我们已经商量好了，等女儿高考完就去离婚……"组长听完后就说："你们还不至于走到这一步吧，你的问题发现得比较及时，不至于受到重处分。你老婆吵着要离婚，是怕你有一天戴上手铐走进牢房。我劝你回去好好处理好家里的事情，能不离婚就不要离婚，毕竟有家才是完整的……"

过了一年，我已经从市纪委回到单位上班。一次培训，刚好碰见组长，于是问起了那位领导的情况，原来，领导已经受到了党纪政纪处分，不再担任领导职务了。而且听组长说，他和他老婆已经和好了，现在女儿上了大学，老婆的抑郁症也不治而愈了，一家人很幸福。

2017 年中纪委拍了一部宣传片叫《八项规定改变中国》，大家应该有印象吧？最后一段话是这么说的："你不必屈从于潜规则，你可以有更多的时间看看书，跑跑步，陪陪家人。你可以简单生活，做回自己。"从这段话可以看出，纪检干部治病，治的是歪风邪气，带来的是健康生活。

问责和救人

跟班学习期间，我还参加了省纪委、省安监局组织的一项重大安全事故调查。

本以为只是去配合做一下谈话笔录。可是，刚刚报完到，调查组就第一时间开会，布置工作，安排我和另5名市纪委工作人员每人负责一个追责工作组，在1名安监工作人员的配合下，约谈事故相关责任人。

谈话工作当天下午就开始了。很不幸，我的第一个谈话对象就不配合，他反复强调自己不存在失职，该履行的职责都履行到位了。面对他的强硬，我与另一名谈话人员显得办法不多，措手不及，谈话没有达到预期效果。

在第二天早上的反馈会上，我很忐忑地向组长汇报了谈话情况。没想到，组长很平和地跟我说："才京呀，你代表的是省政府事故调查组，所以你不用怕，今天再找他过来，只管大胆去问。"

组长的话就像给我打了鸡血，让我精神为之一振。于是，我抓紧时间恶补相关法律法规，调取谈话对象单位的三定方案和工作记录，准备谈话提纲。

当天上午，重新进行谈话。该谈话对象一开始很放松，跷起二郎腿，准备继续跟我们硬扛。"给我坐好！"我把一叠材料往桌上一放，很严肃地说："昨天的情况我已经跟组里汇报了，我们也掌握了很多情况，今天如果你再不配合，后果自负！"听了我的开场白，看到我准备了这么多材料，谈话对象有些坐不住了。于是我趁势问他，"你到过事故现场吗？""事故导致多少人受伤？多少人死亡？""对于这次事故你内心有些什么想法？""你认为事故的原因是什么？"在事实面前，我明显感觉谈话对象有点心虚。在说到事故原因的时候，他谈到事故和监管不到位有一定关系。"那么，你可以具体说说哪些方面监管不到位吗？""你的工作职责是什么？""你们有对事故单位进行监管吗？"抓住机会，我立即从工作职责、履职情况入手对其进行发问。在我的追问之下，谈话对象终于承认自己该履行的职责没有履行，监管工作存在真空，对事故负有领导责任。

最终，在这起事故调查中，有多人受到了党纪国法的处分。在谈话笔录中，一位领导是这么说的："事故令人痛心，教训十分深刻。我接受组织对我相应的处理，以此告慰死去的亡灵！"

这是我的一段难忘经历，我认为，纪检干部不能有老好人的思想，对违规违纪要坚决严肃查处。正如习近平总书记所说，"要把维护党的纪律严肃性和信任爱护干部统一起来，体现严管就是厚爱、治病为了救人"。

其实，以上我所讲的三个故事，在我们纪检系统里每天都发生。"德不近佛者不可以为医"，在我看来，"心不正者不可以为纪检干部"，我们纪检干部的初心和使命是什么呢？我想，就是教育人、警醒人和挽救人，在问题未发之时要做好监督，防患于未然；在问题初起之时要抓好执纪问责，及早纠正错误；在问题严重之时，要当头一棒，从重从严处理。

弘扬清风正气　牢记使命担当

周顺良　东莞市人民医院党委副书记、纪委书记

【凡人凡言】作为一名纪检干部，不仅要把"履责任""敢担当"看作一种岗位需要，更应该坚守于心，内化为自身能力素养。唯有这样，才能在工作中更有作为，也才能脚步坚定向前。

一、家风激励我成长

我是地道的东莞人，出生在东莞中堂镇的一户农民家庭。我的父母都是1941年出生，今年78岁。由于家庭原因，我的父亲念书到小学三年级就辍学了，而我的母亲从来没有踏进过校门，到现在依旧是文盲。

我和我的弟弟、妹妹就是在这样一个贫困的农民家庭里成长的。父母虽然文化水平不高，但是他们很重视家庭教育。他们对我和弟弟妹妹讲得最多的是：没文化是很苦的，要好好读书；做人要诚实；不要贪小便宜；要热爱劳动，不能懒惰；要勤俭节约，不要浪费。父母勤劳、节俭、明理，在20世纪80年代那种艰苦的环境下，能把三个儿女全部培养成大学生，我们那些乡亲是很佩服他们的。父母虽然文化程度不高，但他们在利益面前的谦让，对生活的顽强，以及善良、正直、淡泊的人生态度，给我留下了深刻的印记。

2015年11月，我任职医院纪委书记，在这几年的工作实践中，我不断摸索、学习，积累工作经验。我自己的成长历程，仔细想来，父母的言传身教一直都"润物细无声"地影响着我。

二、争取和依靠党委的支持，是纪委工作有效开展的保障

医院纪委工作的开展，必须得到医院党委的重视和大力支持。日常工作中，我会主动联系党委班子成员，增进沟通，经常向党政主要领导请示、汇报工作，党委班子也及时对纪委工作进行研究部署。正是由于有了院党委的大力支持，才使得我院纪委工作开展有了"三个度"。

首先是明确"两个责任"，让纪委履职有"角度"。我院党委为扎实推进医院党风廉政建设，从严压实"两个责任"，紧密结合领导班子分工和各支部、科室医疗业务工作实际，每年制定《落实党风廉政建设和反腐败工作任务分工》，明确年度党风廉政建设责任制工作任务，并把任务细化到分管领导和责任科室负责人，其中也明确了纪委的责任分工，使纪委的履职有了明确的角度，工作更具针对性、实效性。

其次是完善制度，让纪委工作有"力度"。近年来，我院党委重视党风廉政建设基础性工作，统筹编撰了《制度汇编》，同时在《制度汇编》的基础上根据实际情况不断地完善，如议事规则、党委"三重一大"事项决策制度、公务用车使用管理制度、差旅费管理办法，以及专业技术职务聘任规定、高层次人才及短缺专业人才入编办法、临床辅助管理岗位人员选拔和考核、临床中层干部选拔任用制度、退休管理规定等，使院纪委的监督能有章可循。同时，院党委明确要求院纪委在人员招聘、干部提拔、评先评优、大额资金使用等重要工作及重点工作环节中进行监督，保证纪委的工作力度直达一线，也确保权力在阳光下运行，做到公开、公平、公正。

再次是加强队伍建设，让纪检工作者对事业有"热度"。我院纪委设置5名委员，涵盖了党务、纪检、人事、质控、设备等重点部门，具有广泛性，有利于纪委工作贴近医院事业发展的第一线。纪检监察室是独立设置的科级职能部门，配备了3名专职纪检监察干部，有效保障了纪检监察工作的高质量开展。同时，最近我院党支部换届，支部建在学科上，党支部数量增加到49个，每个支部委员会设立纪检委员。目前，监督体系完备，力量充足。党委对纪检工作的重视，让我们纪检工作者干事创业的热情高涨。

三、认真履职，做到三个"一定"

（一）宣传教育"一个都不能少"

近年来，通报查处的发生在群众身边的"腐败"问题，使我最惋惜的莫过于"真的不知道"。我在日常的工作中，找某些人员了解情况时也发现，部分工作人员对哪些能做哪些不能做也是一知半解。我常常在想，在党员干部走向违纪的路上以及在被处理的背后，是不是要反思我们的宣传教育工作还不够到位，宣传教育方式太过陈旧，宣传教育效果不尽人意。

因此，在我院的党风廉政宣传教育工作中，我们最大限度地做到全覆盖，使宣传教育做到"一个都不能少"。首先是加强领导干部反腐倡廉教育和廉洁自律工作，通过集中征订学习资料、开展党委中心组学习等，加强班子的教育。同时，党委书记为党支部书记和全院中层干部上专题党课，各党委委员到所在党支部为全体党员讲专题党课，发挥带学促学作用。其次，利用科务会开展法制教育和医德医风教育，利用中层干部工作会议组织全体中层及以上干部观看专题教育片、警示教育片，以及利用院内 OA、微信群推送教育材料等，进一步提高医务人员廉洁行医、廉洁从政的意识。再次，每年组织对新入职人员进行廉洁自律、医德医风培训，让新员工从一进医院开始就培养他们树立起廉洁行医的意识。我想，我们能多一次有效的宣传教育，或许就能挽救一名党员、一名干部、一个家庭。

（二）监督覆盖"一点都不能缺"

我们纪检监督以保护为目的，通过参与医院管理工作，把存在廉洁风险的问题找出来，剖析问题，对症下药，将清廉干净的理念植入党员干部、每个职工心中。

首先，正确树立党风廉政建设纪检监督责任的意识。我们要找准定位、正确履职，执好纪、把好关、问好责，完成好使命，切实负起党风廉政建设的监督责任，推动党风廉政建设和反腐败工作的深入开展。其次，统筹安排，整体推进。制定医院的年度监督计划，落实每年一次的内部监督、每月一次的专项监督、每周常规开展的日常监督以及对敏感部门和敏感岗位的重点监督，对在监督中发现的问题及时督促整改，并对所涉相关制度规定进行修订和完善。第三，注重源头，强化落实。一是完善廉洁风险防控机制，每年对各科室的廉洁风险点进行梳理，及时更新，有效落实前期预防、中期监控和后期处置机制，适应医院的发展。二是坚持谈话提醒抓早抓小，纪检监察室利用行政查房的契机，对临床科室的中层干部进行廉洁方面的谈话提醒，起到了及时提醒和警示作用。三是开展廉洁自律自查和督查工作，每半年组织全院各科室对科室全体工作人员进行廉洁自律自查，同时由纪检监察室组织对全院的内部督查，发现问题及时督促落实整改。四是贯彻落实上级部署，及时开展"四风""八项规定"、红包"回扣"、"吃拿卡要"、不正之风等专项工作的监督。

（三）执纪问责"一刻都不能松"

虽然说我们纪检监察工作开展监督的目的是保护，但在监督过程中对发现的违纪违规行为一定会去查细查实，绝不姑息，彻底打消心存侥幸的心理，形成高压态势，通过严格的执纪、问责，营造风清气正的发展环境，进一步推动医院持续健康发展。

一是积极做好线索处置工作。常年开通举报电话和举报邮箱，及时调查处理来信来访，对群众反映的问题，认真受理，查清事实，及时处理，澄清问题，化解矛盾，切实维护医疗工作秩序和群众的合法权益，做到了件件有落实，事事有交代，并及时向上级报告信访情况和处理结果。二是加大责任追究处理力度。在线索处置、执纪审查等环节，坚持有责必问，问责必严，加强谈话、函询、诫勉等工作，坚持惩前毖后、治病救人，运用监督执纪"四种形态"，抓早抓小，防微杜渐。三是积极配合上级纪检监察部门进行信访调查。根据上级纪检监察部门的要求及信访处置程序，在保密的前提下，积极协调相关部门和相关人员配合提供信访调查的资料。

都说纪检人常唱"黑脸"，是的，我们习惯了唱"黑脸"，唱"黑脸"的目的是希望做到严管，严管就是厚爱，这点我们不会变。书上说："每一天，每一年都可以是新的起跑线，也可以是终点，全看你怎么选。"我想，作为一名纪检干部，不仅要把履责任、敢担当看作一种岗位需要，更应该坚守于心，内化为自身能力素养。唯有这样，才能在工作中更有作为，也才能脚步坚定向前，不断追逐有诗和远方的梦想。

把纪律规矩挺在前面

赖郭文　东莞市卫生健康局四级调研员、人事科科长

　　【凡人凡言】不用害怕圆滑的人说你不够成熟，不用在意聪明的人说你不够明智，选择坚守，选择倾听内心的呼唤，不忘初心、牢记使命，让廉洁自律意识根植我们的内心深处，成为生命的一部分，在任何时候都能够做出正确的人生抉择，为我们共同的卫生健康事业加油。

我是东莞市卫生健康局人事科赖郭文，1989 年大学毕业，30 年弹指一挥间过去了。我从东莞卫校到原东莞市卫生局法监科，到局办公室，再到人事科，工作岗位不断调整，但是初心从未改变。我始终以忠诚之心对待组织，以奉献之心对待事业，把纪律规矩挺在前，把责任扛在肩，在平凡的岗位上默默耕耘，逐梦前行。今天借此机会，我想从三个关键词，跟大家分享我在党风廉政建设道路上的点点滴滴。

关键词一：坚持公平公正

我大学毕业后进入东莞卫校工作，担任医用生物化学、生物遗传学和英语教学工作。第二年，我担任西医护士班的班主任，一干就是 3 年。刚接到任务时，心里感到很亢奋。当时觉得，要管好 60 多人的班级，任务重，责任大，这个班是面向全省招生的成人班，学生年龄差距大，大部分学生的年龄与我相当。

如何管好？我认为，最重要的就是做到公平、公正。俗话讲"一碗水端平"，如果不端平或端不平，学生就会有意见，记在心里，久而久之，班级的和谐就难以实现。所以在处理班级事务上，不管年龄大小，所有学生一视同仁。

抓公平公正，我首先抓考场纪律，营造公平公正环境。当时学校条件有限，基本不是单人单桌考试。但我担任的课程，测验考试都想办法实行单人单桌。我当班主任后，要求科任老师全部实行单人单桌考试。刚刚实施时，班里还是有多名抱有侥幸心理的学生作弊，被发现后立即收缴试卷，赶出考场，做零分处理。任何新的尝试在刚推行时，总会遇到这样那样的阻力，但是经过实践，学校最终将单人单桌考试制度在全校实施。

抓公平公正，其次抓校规校纪执行。我管的班级中，有两名学生大部分科目不及格，按照校规应当作留级或劝退处理。我向学校提出按校规处理建议，不到两天，学生和家长通过不同途径向我求情，希望网开一面。也有同事说何必太较真呢，让其正常升级。当时我顶住同事、家长各方面的压力，坚持自己的处理意见。后来学校同意按校规处理。

事实证明，抓考场纪律、抓校规校纪执行是正确的选择。我从所教学科抓起、从所管班级出发，推行单人单桌考试，最终在学校全面实施，创造了公平公正环境。同时，对不符合升级的学生坚持按校规处理。我的做法，得到了广大师生的一致认同。我负责的班级参加全省毕业统考，全部学生顺利通过！学校肯定了我的工作，给了不少荣誉，先后获得了广东省中等专业学校 1992年优秀班主任、东莞市教师育人优秀教师、广东省中等专业学校先进德育工作者等称号。

关键词二：坚持法监结合

2001 年 3 月，我被调到原东莞市卫生局法监科工作，一干就是 6 年。期间担任副科长。当时法监科的职责包含现在的政法科、纪检监察组职能，但科室只有两名同志，我负责科室全部文字材料工作，包括案件调查报告的起草等。6 年来，基本上每周 6 天工作制，没有休过一天年假。

我的工作方法是"先法后监，法监结合"。"先法后监"，就是坚持把法律法规摆在前面；"法监结合"，就是监督发现问题后，督促落实整改，推进完善制度，构建长效机制。

记得 2002 年一个下午，一个患者家属直接跑到我办公室上访，反映主诊医生索要红包。主诊医生的这种行为让他反感，但又不敢不给，所以选择了投诉举报。刚好当时局主要领导巡查到我们科室，了解情况后立即指示要现场抓获！经与上访人充分沟通后，我们临时通知该院一名领导一起跟随上访人，但不正面与主诊医生接触。

上访人返回医院后，主诊医生再次暗示红包问题，刚接过红包我们立马出现，表明身份，这名医生吓到双腿发软，扑通下跪。我们对这名医生进行了处理。然而，事后我接到了该院领导的电话，他说遇到这种情况，打个电话直接跟我说，没有必要布局抓人。言外之意我是懂的。

纸是包不住火的，如果单位的领导出面庇护，与组织"讨价还价"，那是对纪律没有敬畏之心，最终害的还是自己的干部。习近平总书记曾指出，"抓纪律，就要敢于板起脸来批评。不要等犯了大错误才去批评，平常有问题就要及时批评。"

记得 2006 年，我们接到群众多次对某公立医院防保科的投诉，反映该科工作人员私自收费、推销产品、强买强卖、设有小金库等。我们多次摸排调查，也没有找到真凭实据。领导指派我与该科室主要负责人进行提醒谈话。针对群众反映的有关问题，要求他立行立改，完善科室相关规章制度。但是该名同志在谈话过程中，根本听不进去，多次避开话题，并且说他与某领导很熟，经常与某某领导在一起等。我当即提出了严肃批评。

过了大概两个月，一个周四上午，又接到对该科室的投诉。我们立马前往医院进行突击调查，我负责重点调查私自收费和小金库情况。按照举报线索，找到了破绽，发现了小金库。他们以私人名义开设账户，这个账户进出金额巨大，超过 100 万元。我意识到问题的严重性，继续展开深入调查，发现该科室负责人还挪用小金库几十万未还。当时该同志休假回老家，我们电话责成他第二天要将款项全部转回医院账户。时隔两天，医院收回他挪用的几十万元。

仅过了两个工作日，上级部门直接将该科室的涉案人员带走调查。原来上级部门早已介入，只是未打草惊蛇。该科室主要负责人因违法违纪被判有期徒刑。

"小金库"的钱来路不正，出路也必然是各种问题，有的用于请客送礼，有的中饱私囊。一个单位设立"小金库"，就是种下一个毒瘤，埋下一颗"定时炸弹"，一旦被查出引发的就是窝案、串案，必须我们引起重视。

2006 年，我们接到群众反复对某医院一名领导的投诉，内容涉及收受贿赂、挪用公款，特别是收受回扣等问题，但是由于调查手段有限，一时难以取证。对此，我们决定对该院领导进行提醒谈话。在谈话中我问了一句，"对你有这么多投诉，你怎样看待？"该院领导听了之后突然大发雷霆，"你认为我有不当你就查吧，我开了几家工厂挣了不少钱，不在乎这点！"直接对抗组织谈话。

其实投诉者早已将该院领导的违纪情况向省、市有关部门反映。上级部门查证他收受回扣，其中有一笔回扣达到 10 万元，同时也查实了该院领导有巨额财产来源不明。据了解，审查期间，他说是向许多亲戚朋友借了钱。但没有一个亲戚朋友承认借过钱给他。最终该院领导因收受回扣和巨额财产来源不明，被判有期徒刑。

这些案件，都存在共性问题，就是相关涉案单位制度不完善，相关涉案人员把利益当成唯一的价值，把理想信念当成交易的筹码，视法律法规于不顾铤而走险，群众反复举报，纪律部门反复调查、谈话，但涉案人员没有珍惜组织对他的挽救，仍不收敛，最终把自己送进了牢房。

在法监科工作期间，我始终坚持原则，严于律己，警醒自己，同时守住底线，敢于碰硬，先后获得"全市纪检监察系统先进工作者""全市纪检监察信息工作先进个人"等称号。

在这里，我多讲几句。现在有个别医生为了照顾熟人，不用他们挂号、候诊，然后通过微信等方式收受红包，几十到几百元不等，我要提醒大家的是，不要抱有侥幸心理以为这种方式很隐蔽没人发现，但送红包的人可以截图为证。去年我处理过一宗信访，有位医生当初跟患者相处和睦、称兄道弟，后来发生医疗纠纷，患者立马翻脸不认人，通过截图、截取短信等方式进行投诉举报。

"一丝一粒，我之名节。"有些党员干部总以为在大是大非面前把握住自己就行了，所以在"小节"上疏于防范，其结果往往是"小节不慎，大节难保"，最终酿成大错，悔之晚矣。习近平总书记曾不断强调，思想的口子一旦打开，那就可能一泻千里。干部不论大小，都要努力做到慎独、慎初、慎微，"不以恶小而为之"。

关键词三：坚守纪律底线

2007 年 12 月，我轮岗到原东莞市卫生局办公室主持全面工作，一干近 12 年。期间，我致力于"三服务"工作，当好参谋员、协调员、服务员和督查员，致力于建立健全办公室系统各项规章制度，特别是车辆管理、公务接待、信息公开、机要保密等，每一个环节严格把关，努力确保在制度的轨道上运行。

公务接待方面，说起来容易，但要体现人情风味，又要严格执行标准、不能铺张浪费，要在这两者之间找到最佳的平衡点实属不易。局办公室牵头的每一个接待任务，我都亲自把关，综合考虑各种因素，做到既勤俭节约，又大方得体。

今年3月，我轮岗到局人事科担任科长，严格执行《党政领导干部选拔任用工作条例》《公务员职务与职级并行规定》等有关文件精神，严守纪律和规矩，做到心有所畏，言有所戒，行有所止。

打铁必须自身硬，正人先正己。参加工作30年来，无论是在卫校教书育人、在法监科治病救人，还是在办公室处事待人、在人事科选人用人，我始终坚持公平公正、法监结合，坚守纪律底线，认真贯彻执行八项规定精神，努力践行党风廉政建设各项要求。我先后获得了"公务员三等功""全市办公室系统先进工作者""全市接待工作先进工作者""国家安全工作先进个人"等荣誉称号。

前面发言的几位同志都谈到，在履行纪检监察工作中，往往得不到理解，在这里我有几句话与大家共勉：不用害怕圆滑的人说你不够成熟，不用在意聪明的人说你不够明智，选择坚守，选择倾听内心的呼唤，不忘初心、牢记使命，让廉洁自律意识根植我们的内心深处，成为生命的一部分，在任何时候都能够做出正确的人生抉择，为我们共同的卫生健康事业加油！

我的故事我来讲

第十四期

（2019 年 10 月 29 日）

导语

主持人／曾凡荣

学模范坚守初心，做表率担当使命。

今天"我的故事我来讲"主讲人有三位，他们分别是叶伟洪、魏彩珠和潘家扬。

没有等来的辉煌，只有拼来的精彩。伟大出自平凡，平凡造就伟大。只要有坚定的理想信念、不懈的奋斗精神，脚踏实地地把每件平凡的事做好，一切平凡的人都可以获得不平凡的人生，一切平凡的工作都可以创造不平凡的成就。

在平凡的工作中实现不平凡的人生价值

潘家扬　东莞市公安局沙田分局立沙派出所教导员

【凡人凡言】对于群众百姓，救人是大义，是良心，但对于我们警察、医护人员来说，救人是义务，更是职责。我不敢说我有多勇敢、多伟大，我所做的是我的职责所在，我只是做了一名人民警察本应该做的事情。

我叫潘家扬，是东莞市公安局沙田分局立沙派出所教导员。我参警至今第十个年头了，有过一些特殊经历，但更多的是平凡普通的日常工作。

　　今天我站在这里，一是觉得非常荣幸，二是觉得非常幸运。因为几年前我和你们医护人员经历了一件特别的事情，是一个我保护了医护人员、医护人员又救了我的故事。那是 2013 年，当时的我是厚街镇厚街派出所的一名民警，恰逢国庆假期 10 月 2 日中午，我和同事、副所长在厚街镇康乐南路巡逻时接到出警同事的请求支援电话，副所长立即带领我们开车赶往现场。这是一起恶性伤害案件，嫌疑男子在电梯里把一名女子捅伤后，挥动着手中的刀具依托狭窄的电梯口，与出警的同事对峙，现场周边已经围满了群众，120 的医生已经赶到。我们增援到达后多次向嫌疑男子劝说，但是没有效果，经现场商讨、分析后，我们决定控制嫌疑男子并救出受伤女子。我们迅速拿起装备向嫌疑男子靠近，医生跟在我们身后。我们把嫌疑男子逼退到电梯角落，这时医生想靠近伤者查看她的伤势，嫌疑男子见状突然把刀刺向医生，我一个箭步冲上去挡在嫌疑男子前面并用盾牌将他顶开。由于电梯口狭窄、嫌疑男子身材瘦小，他迅速从盾牌一侧钻到我身前并用刀刺中我的左胸……受伤后我坚持了几分钟就失去了知觉。两天后我醒来了，发现自己身上吊着各种药水躺在 ICU 重症监护室。当看到面容憔悴的父亲和一夜白头的母亲，我非常愧疚，感觉自己好像要离开了却什么都没有为父母做过，心里十分难受，一直默默地掉眼泪。

　　事后我听医生们说，我身上的伤口有 20 多厘米长，从胸口一直划到腹部，左心室被刺穿，急救时我全身的血几乎都流光了，输血量 5000 毫升，我身上的血几乎被换了一遍。医生说，如果我被送到医院再迟两三分钟，我就不能站在这里了，当时恰好有 120 的医生在现场，恰好现场的医生对处理心脏创伤很有经验，恰好去医院的路没有堵，恰好心脏手术的医生和麻醉师没有放假休息……正是由于种种机缘巧合以及你们医护人员的悉心救治，我才顺利完成了手术，奇迹般地挺了过来。

　　在恢复的那段日子里，我常想，万一我在救治的过程中有一个环节出了问题，万一我"回不来"了，那怎么办？人心都是肉长的，就算现在想起来，我还是会后怕，说不怕那是假话。事后有很多人问，你为什么会冲上去？你当时有什么想法？说实话，在那种性命攸关、千钧一发的时刻，根本就容不得去想，也来不及想后果，职业本能、正义感驱使我冲上去制服歹徒、保护群众。在那个时候，完全没有时间去考虑个人安危。拯救生命，我们民警、你们在座的每一位医护人员都会做！

受伤后，我获得了不少荣誉，但我只是一名平凡的人民警察，只是做了人民警察应该做的事，我相信在我们身边有比我更值得去学习的人．

东莞市人民医院张若愚，三万英尺上"挺身而出"的勇者。2019年初，张若愚在飞机上遇到两名突发疾病患者，两次主动挺身而出、伸出援手、大胆施救，"我没带医师证，但我必须去看看"这句平凡、朴实的语句成网红名言，展现出医者大爱。

东莞市长安镇社区卫生服务中心刘汉海，身在基层卫生岗位，做居民健康"守门人"。在基层卫生工作中，刘汉海服务的人群范围从几个月的婴儿到近百岁的老人，每个工作日都要为70多位患者看病，面对各种各样的症状，他都会耐心、细心为每一位患者提供持续性服务。虽在平凡的岗位，但因良好医德和精湛医术，他被称为"老百姓的健康卫士"。

对于群众百姓，救人是大义，是良心，但对于我们警察、医护人员来说，救人是义务，更是职责。我不敢说我有多勇敢、多伟大，我所做的是我的职份之事，我只是做了一名人民警察本应该做的事情。父亲从小教导我"人要本分做人，在其位尽其职"。当警察，就要尽到警察的本分，为人民服务就是警察的本分。

为什么选择当警察？我偶尔也会问自己。当警察是我儿时的一种向往，一个理想，为了追求，为了伸张正义。我小时候就向往正义，警察是最正义的职业，当警察让人崇敬、让人羡慕，我小时候总希望自己能够穿上那身威风凛凛的制服去抓坏人、破大案，这是我当警察的初心。但当自己真正穿上警服，才品味到警察的酸甜苦辣，作为一名基层民警，工作更多是琐碎的、繁杂的，每天面对形形色色的人、日复一日地处理各种各样的小事，确实很苦、很累。特别是在侦查破案中，有时候为了一条小小的线索，夜以继日地蹲点、排查，确实挺难熬的。但破了案，抓到了犯罪嫌疑人，什么苦、什么累一下子都无所谓了，心里感到很充实、很有成就感。现实与理想的碰撞、平凡工作中的苦与乐，让我渐渐明白到当警察不仅仅要有正义感，还要有责任感、有担当意识和奉献精神。

怎样才能做到有责任、有担当和奉献精神呢？我的理解就是不怕苦、不怕累，尽力做好工作，为群众排忧解难，让群众满意。工作做得怎么样，群众都会看在眼里，记在心上，只要我们尽心尽力了，就会赢得群众的信任和尊重。我在阅读《人民公安报》的时候，一位"80后"河北民警郑伟的一句话，让我很有感触，他说："群众来所里办事、求助或者报警，可能是我们工作中的百分之一，然而却也可能是群众对我们印象的百分之百。群众的满意或者不满意，有时候并不在于我们处理事情的结果好坏，很多时候在于我们对待群众的态度、动作、眼神和处理问题的细节。"确实如此，我们经常说"全心全意为人民服务"，什么叫作为人民服务？我个人觉得在平凡的工作中为群众办好每一件小事，让群众满意，就是为人民服务！我们做好这些小事，得到群众的理解和信任，这正是对我们工作的最大鼓励。在我受伤之后，我没有想到社会上会有这么多的人给我送来祝福，更没有想到至今还有那么多群众记得我，我想，我只是尽了我作为警察的职责，就赢得了群众的关心、认同和赞许。群众对我的关心、认同和祝福，这不正是一名警察的价值所在吗？

人生的价值，不应当看他取得什么，而应当看他为社会为人民贡献什么。东莞市南城医院王三贵，他是结石专家、"手术室超人"。为病人治病、做手术、采集样本，对每一位医护人员都是再平凡不过的工作。而王三贵26年如一日专注结石病灶，为数千名患者解除病痛；他平均每天工作14个小时以上，最多一年完成700多台手术；他收集超过10000份胆石症相关标本，创建全国首家人类胆石博物馆。他在平凡的工作中实现了不平凡的人生价值。中央电视台的专访报道这样评价：人类胆石博物馆，传递着一个基层医院医学工作者脚踏实地、刻苦钻研的正能量！

为什么当警察？为什么从事医务工作？我们不能忘了自己的初心。工作并没有崇高和底下之分，我们都是平凡的人，做着平凡的事，而崇高的事业都是由许许多多平凡的工作汇集而成的。我们脚踏实地地做好当下工作，每天都全力以赴对待每一件平凡的小事，坚持不懈，我们就会在平凡的工作中实现不平凡的人生价值！正如东莞市中医院宁为民所说：假如说我有一点点成绩，那也只是多坚持了一下而已。

热情与勤勉，伴我无悔护理路

魏彩珠　原东莞市石龙人民医院副院长

【凡人凡言】我想借这个平台，衷心祝愿伟大的祖国在中国共产党的带领下，更加繁荣昌盛，人民更加幸福健康！希望全市卫生事业工作者，能够"不忘初心、牢记使命"，以更好的状态，更昂扬的斗志，投入"健康东莞"的建设中去，为广大人民群众的健康做出更大的贡献。

我是魏彩珠，是东莞市松山湖中心医院原副院长。一个月前，叶向阳局长来到我家中，将一枚珍贵的"庆祝中华人民共和国成立70周年"纪念章颁发给我，并热情邀请我参加"我的故事我来讲"活动，令我感到万分荣幸和激动。为此，我要衷心感谢党和各级领导、医疗卫生界的同事们和广大群众一直以来对我的厚爱和信任，也不禁回忆起自己43年工作生涯的点点滴滴。

　　医疗卫生事业是一个救死扶伤、伟大而神圣的职业，关系到每一个伤病员的健康和生命，关系到千家万户的悲欢离合，为此这几十年来，我始终不忘初心，立足本职，全心全意为伤病员服务；一直鞭策自己要做一个称职的医务工作者，做一个有爱心的白衣天使。

艰苦奋斗，初出茅庐显身手

　　1947年，我在广州出生。因小时候家里条件比较困难，而且当护士可以帮助别人，所以初中毕业后我选择在广州卫校就读。1964年，我以优异的成绩从卫校毕业，那年我刚满17岁。20世纪60年代的广东农村贫穷落后，缺医缺药，但我积极响应国家号召，上山下乡扶持农村医疗事业，来到了东莞石龙。

　　相比广州，石龙的条件非常艰苦，医院十分简陋，住的宿舍就是个竹棚，书桌是我用废纸壳搭起来的，床就是在两条板凳之间放两块木板，夜晚睡觉的时候，甚至还能听到老鼠的动静。作为一个从广州来的姑娘，我很不适应，心里有过当逃兵的念头，但想到国家的栽培，学校的培养，我下决心要克服困难，接受挑战。我默默地对自己说，留下来吧，好好干。

　　那时候全院只有大约20个护士，算上我，只有两人在专业院校受过训练，所以我到了之后大家都很开心，同事们不时会向我请教，遇到困难也会找我帮忙。因为我技术过硬，许多病人都记住了我，他们都夸我：这个"四眼妹"技术特别好，打针就找她！随着工作越来越上手，我感觉到单位以及患者都很需要我，于是我下定决心，在这里落地生根，更好地为伤病员服务。

　　当时分工不比现在细致，护士不仅要做护理工作，还要包揽收费、配药、治疗等"一条龙"工作。每天，全院只有一个值班护士，还要兼顾门诊和住院部的工作。我第一晚值夜班的时候，就在门诊接受处理 140 个病人，别说坐着，连站都没法站，整个夜晚我在门诊部和住院部来回奔跑，恨不得长出三头六臂。

除了每日的忙碌，有时还会遇到紧急的考验。一天夜里，一名临盆的产妇由母亲送到医院，大声地喊："救命呀，救命呀，宝宝快要出生了！"听到呼救声，我赶忙把产妇带到接生室。当时情况非常紧急，已经来不及呼叫其他人帮忙，我只能凭着在卫校学过的助产知识，独自帮她接生。此前，我完全没有接生经验，第一次面临这种状况，心里难免有一些慌乱，但是我来不及有任何顾虑，按照学过的知识，有条不紊地进行一系列助产步骤，并一直安慰产妇，对她说："不要害怕，放心，我在这里会帮你的！听我说用力就用力，我说深呼吸就深呼吸。"最后，一个大胖小子顺利出生，产妇也没有任何不良反应，我终于松了一口气。

对于别人不愿做、不敢做的工作，我总是能够主动站在前面。在医院就免不了遇到医治无效去世的患者，当时都是由护士协助送往太平间。其他护士都不愿碰，怕晦气，我作为受过专业护理训练的人，就主动承担了这个别人避之不及的苦差事，一干就是好几年。正是这种不推诿、不怕苦的精神，同事们越来越信任我、肯定我。

从 17 岁第一次值夜班开始，我就清晰地意识到这份工作的巨大难度，那是对个人能力的极大挑战，同时也是对意志和精神的考验。但每当看到从四面八方的乡村乘坐火车、船只前来求医的病人，看到他们盼望康复的殷切的眼神，我感到他们对医院的信赖，感受到他们对恢复健康的渴求，于是我就拥有更多的力量与勇气去支撑自己克服重重困难。

我就是在这种环境下逐渐成长，从初出茅庐的卫校毕业生，成为独当一面的护理能手。从事临床工作 13 年，我一直认真负责，勤勤恳恳，可以说是无愧于心。

锐意进取，苦练实干带团队

1978 年党的十一届三中全会召开，整个社会和医院都逐渐迎来了生机和活力，而我也迎来了人生的新起点。1979年，全国恢复高考，我抓紧机会，利用一个星期的时间，每天下班后抓紧学习，晚上只睡3个小时，最终顺利通过全国第一批主管护师考试，当时全东莞只有3人通过晋升。医院领导很赏识我，同年提拔我为副护士长，并在1981年提拔我为护理部主任，希望我肩负起建设护理事业的重任，带领出一支专业优秀的团队。

当时医院虽然发展了，有将近100人，但很多人只是初中毕业就参加护理工作，没有受过系统训练，所以许多工作做得不够规范。我决定采取行动，真真正正把护理队伍带好。

从1981年开始，我就制定出26项护理操作规程，并且自己办护理培训班。那时候医院没有人体模型，为了能够让护士更好地掌握护理技术，我就琢磨出一套办法，手把手传授护理操作技巧。我买来一些番茄、萝卜、冬瓜教大家练习打针，教大家做好日常生活护理，包括洗头、床上浴等，让大家互相练习插胃管、灌肠等。大家都知道，插胃管是非常难受的，练习的过程中肯定难受，有些护士会出现畏难情绪。我就鼓励大家，要勇敢坚强一些，我们现在做得越熟练，病人受的苦就越少。当年靠这样的训练方式，培养出了一大批优秀的护士，她们都熟练掌握了26项护理规程，顺利出师，也能够切身理解患者的感受，在日后的护理过程中，能做到更加体贴关怀患者。

过去很长一段时间，护理都是单纯的功能性的工作，打针就只是打针，换药就只是换药，缺少对病人的主动关怀。我意识到这是多年来制度单一、医护人员观念落后导致的，因此我提出了整体护理的概念，取代过去单一的责任制护理和功能性护理，要求护士不但对病人病情进行身体护理，还要进行包括生理、心理、社会、文化、精神等多方面的全方位的护理工作。实行整体护理后，加强医患间的沟通，充分尊重患者的尊严、情感和自主性，增进医患之间的信任与合作。当时，我建立了新的巡视制度，规定在门口挂巡视记录表，要求对一级护理的病人半小时巡视一次，二级护理的一小时巡视一次。我叮嘱每位护士，对病人要热情主动，看看吊针是否打完了，敷热水袋或冰袋等治疗的病人有否意外，多一些主动问候。那时候没有对讲机，也没有床头呼叫器，靠的就是自己主动。同时，我要求建立一个规范整洁的工作环境，提出"四固定，五条线"原则，即枕头一条线，水壶一条线，椅子一条线，被子一条线，痰盂一条线，人定岗物定位，所有护士必须对医疗器具的位置心中有数。

经过多年的努力拼搏，从护理人员的业务培训、护理质量阶段考核，到护理工作的职业道德等系列工作，我全部一丝不苟地抓好，培养出了一支过硬的护理队伍，使医院的护理质量在群众中有口皆碑。也是在那几年，我获得了"广东省优秀护士""广东省职工特等劳动模范""全国先进工作者""全国模范护士""全国三八红旗手"等荣誉。我深深知道，荣誉是人民给的，所有优秀的成绩都是全院人员努力的成果，我必须要以加倍的工作来回报。

不忘初心，爱岗敬业做奉献

1989 年，我迎来了人生特别有意义的时刻，在黄锦麦院长的引领和介绍下，我成为一名光荣的共产党员，从那时起，党员的身份让我更严格地要求自己。

1991 年我走上医院领导岗位，作为副院长，我主管医院的行政、人事、财务、护理、总务后勤等工作，身上的责任更加重了。当时，院领导班子前瞻性地意识到信息化对推进医院管理的作用，并在全省率先建立了一套完善的医疗网络管理系统，使医院的各项管理走上了规范化、科学化、信息化的道路。为了让住院患者能清晰了解自己的住院费用，我和财务、信息的负责同志共同攻关，在最短的时间内研制出一套软件，让住院病人能每天收到《住院费用通知单》，每天支出一目了然。我大力推进医院的精神文明建设，大力支持妇委会和团委开展"巾帼建功"活动和创建"青年文明岗"活动，为医院的两个文明建设建功立业。在院领导班子的带领下，医院全体职工团结奋进，1995 年在东莞市率先创建成为二甲医院和国家级爱婴医院。

尽管工作繁忙，但我对医院的护理质量高度重视，每天坚持到临床第一线查房，看看护士的工作是否到位，病人的需求是否满足。每当医院遇到重大紧急的护理任务，我必定挺身而出，冲锋在前。

1991 年石排镇发生特大火灾，医院一下子来了三十多个严重烧伤的患者，给我们的护理工作带来很大的压力。我勇敢迎接挑战，全力协调好全院护理工作，带领护士昼夜给予病人精心的生活护理和心理安慰，整整两个月时间，无一例病人发生并发症及褥疮。事后，许多患者都送上锦旗和感谢信，其中有一封信写道："你们的工作虽然没有惊天动地，但是关系到千家万户的悲欢离合，你们的博大爱心让我们可以全家团聚，感谢你们！"

2003 年在抗击"非典"的斗争中，我院是全市"非典"病人定点收治单位。我们领导班子都冲锋在前，我担任了医院防治"非典"的专家组副组长，前往一线指挥护理工作，并负责保障后勤物资供应。那时候我叮嘱隔离区里所有的同事务必切实做好隔离、预防感染，保护好自己，但是遇到紧急情况，患者呼吸道被痰阻塞，抢救就在转瞬之间，我们的医护人员顾不上那么多，立刻上前抢救。那时大家的脑海里根本顾不上个人安危，挽救病人的生命就是他们的第一念头。直到如今，我依然会感到很欣慰，我们的医护人员是那么的坚定和可靠，那么勇敢和无畏，能够与大家一起奋战，是我毕生难忘的记忆。后来，这次战役终于结束，我院被东莞市政府评为"抗击非典型肺炎先进单位"，我也被授予"东莞市优秀共产党员"称号。

在岗位上那么多年，我没有懈怠过，因为作为一名党员，作为医院的负责人，我必须要对患者、职工和广大群众负责，直至 2007 年退休之后，我依然在医院质控办工作，发挥余热，每天查阅数十份病历，查找病历缺陷，为确保医疗安全、提高医疗质量，继续努力。

这些年来，我国医疗卫生事业从弱到强，卫生管理体制、医疗保障体制、公共卫生体系日趋健全，人民健康水平稳步提升，我有幸见证着，经历着，并且参与着，以自己夜以继日的点滴付出为东莞市卫生事业做出了应有的贡献。我也曾遇到过一些疲倦的时刻，但只要看到病人恢复健康，重现笑容，我便感到非常欣慰，只要想到还有更多的患者需要获得帮助，我就有更大的动力。

如果问我这些年有什么心得和体会，我只想说两点，那就是热情和勤勉。

首先是热情，就是对人热情，对事主动。我发自内心喜欢护士这份工作，每当看到病人痛苦的面容，我总希望能帮他们一把，所以我会很主动地关心他们。为了能够给他们最好的治疗，我就不断地学习，提升自己的护理技术，怀着这份热情，多学，多做，多交流，慢慢就会收获成长。

第二点是勤勉。为了提升自己，更好地适应新形势，我一直积极钻研业务技术，看护理杂志，看报纸，学习新的知识理念，做到与时俱进，这才能让我有更高的本领服务病人，让我收获更多的快乐。

我的故事就说到这里，如果我的经历能带给大家一些触动，一些鼓舞，我将不胜荣幸。

脱不下的白大褂，放不下的医患情
——我的从医故事

叶伟洪　原东莞市中医院副院长

【凡人凡言】我愿以我有生之年与同道和热心中医药工作的同仁们一起，抓紧宝贵时光，向屠呦呦等同志学习，把中医药事业推向新的高度，在全世界放出异彩。

一、成长之路

我是在新中国成立第二年接受小学教育的。1962 年在东莞中学毕业后，我考入了广州中医学院医疗系，成为第七届 120 名学生中的一员。"健康所系，性命相托……"在庄严的医学生誓词中，我走进了神圣的医学殿堂。从那年起，我真正选择了医生这个神圣的职业，穿上了这身圣洁的白大褂，叩开了悬壶济世的大门，踏上了救死扶伤的征途，开始与病魔斗争、与死神赛跑，为肩上沉甸甸的使命而努力。医学院的人才培养目标是培养出一批能够掌握中西医两套本领的高级中医师。这也是我的初心。六年寒窗，苦读经书、钻研学问、掌握真本领，只为能更有效地减轻患者的痛苦。"不为良相，当为良医。"这就是我的使命。

我于 1968 年毕业，响应党的号召，被分配到海南崖县，当一名全科医生。当时，当地既无中医，也无中药。在当地领导的支持下，克服各种困难，在中心卫生院办起了中药房，当地患者再也不用步行 6 公里去看中医配中药了。那时我的服务对象主要是部队官兵、军垦农场干部职工以及少数民族患者。我被他们为保家卫国、建设海岛的勤奋精神深深感动，暗下决心，努力工作，尽力减少病痛对他们的折磨。从不懂、怀疑到坚信中医中药，直至走上治病救人的从医之路。初期，由于环境与形势要求，我义无反顾做一位"全科医生"。只是由于一次偶然的经历，使我下决心专职当一名骨伤科医生。

一次我到水利工地巡回医疗，遇到一位约 20 岁的年轻女工，因不慎被爆炸的飞石砸伤小腿，致开放性骨折（伤口很小），我当即为她行无菌加压包扎，简易夹板外固定后派人送到县医院进一步治疗。当时的我并不具备进一步为她治疗的技术，心想县医院那边人才、设备相对先进，一定可以给予她最好的治疗。可是一年后，我始料未及的是，当我再见到她时，已是下肢高位截肢，扶拐行走的残疾者。救死扶伤，本是我们的使命，我们应该倾尽全力，不辜负每一位患者。但是我目睹了一位花季少女，小腿受伤骨折，一年后的结局竟然是下肢高位截肢！这是何等的残忍啊！当时当地骨科人员太缺乏了！那个时候，我感觉穿在自己身上那件轻薄的白大褂的重量越来越重，顿时明白"来之能战，战之能胜”的重要性，所有的患者都是自己肩上的责任，只有用强烈的责任心和精益求精的技术水平才能将自己的价值最大化，不辜负每一位病人和家属的殷切嘱托。

人民的需要就是无声的命令，既然选择做医生，也就选择了终身学习，于是，我在当了七年全科医生之后，再返母校附院，师从蔡荣老师、曾传正老师等著名骨伤科前辈，专心进修一年。随后我回到崖县人民医院（即现在的三亚市人民医院）外科，当一名骨外科医生，继续完成我的使命——挽救劳动者，减少伤残。在海南工作12年，我与那里的人民建立了深厚的感情。虽然生活艰苦，但精神却很充实愉快。直到现在，我仍时常怀念。

1980年，我调回东莞市中医院工作。当时，医院骨科专科发展缓慢，以普通的中医骨伤手术为主。不久后我有机会参加全国骨伤科师资班学习半年，后来又多次到天津、西安、郑州医院参加骨科短期学习，不断进行“充电”，提升自己。一路走来，我始终没有离开骨伤科的临床、教学、科研第一线，与同事们一起团结协作，开拓进取，不断推动医院骨伤专科的精细化、突破性发展。从医51年，我诵读唐代大医孙思邈的《大医精诚》并以此为训诫。我尊崇现代大医裘法祖院士，他的名言“做人要知足，做事要知不足，做学问要不知足”我常记在心。另外，裘院士的名言“德不近佛者不可为医，才不近仙者不可为医”，也是我从医以来一直所秉承和追求的。我时常教育青年医师要树立高尚、仁爱的医德，穿上这身白大褂后，要做一个有“心”人，要做到真正的仁心仁术，只有不忘初心才能回归医学的本质。

二、感恩之心

我是在新中国的阳光沐浴下成长，受党的教育培养出来的医生。大学6年，几乎免费，宿舍伙食，全由国家供给。毕业了，国家分配工作，有优厚的工资待遇。党和国家对我厚爱有加，我从医半世纪，见证了祖国的巨大变化，从贫穷落后到繁荣富强。加入中国共产党30年，缅怀无数革命先烈，我守初心、担使命，履行党员义务，践行医学誓言。我个人所有的一切，都是党和人民给予的。所以，我非常感恩我们的党和国家。随着医院骨伤科的不断发展，患者数量的持续增长，手术难度的逐渐提升，总要频繁面对各种突发情况。但是良好的工作氛围，能马上让我干劲十足。我将同事视作家人。在疲惫时，"家人"给我鼓励；在迷茫时，"家人"给我点拨。所以，我非常感恩自己的同事，感恩自己的工作团队。只要穿上这身白大褂，就要专心致志，心无旁骛，对得起这份工作。我的专业技术，除了学校老师的教诲，都是伤病患者对我的信任、配合获得的。所以，我永远由衷地感谢他们，感恩这份"医患情"。

这些年来，我虽然获得了一些荣誉，这里面包含着党和人民对我的褒奖与鼓励，但我时刻铭记"荣誉只属于过去，为人民服务永无止境"这句话。退休后，在历届领导的信任下，我接受了组织的安排，如今始终坚守在返聘的一线岗位上，继续发挥着"老中医"的余热，为有需要的患者解除病痛。通过设立工作室，为年轻的医生答疑解惑，为医院的科研尽心尽力。我只是"一滴水"，融入大海，才能发出浪花。我永怀感恩之心，感恩党，感恩人民，感恩"中医人"！

三、珍惜之情

自离开学校，从老师手中接过"白大褂"那一刻起，这件圣洁的"身上衣"便一直陪伴着我的从医生涯。在我的理解里，神圣"白大褂"所彰显和传递的不仅是职业的标志，更是一种从医治学精神的传承。每念及此，一份发自内心的珍重便会油然而生。

习近平总书记指出：中医药学是祖先留给我们的宝贵财富，是中华民族的瑰宝，是打开中华文明宝库的钥匙，凝聚着深邃的哲学智慧和中华民族几千年的健康养生理念及其实践经验。这些重要论述，凸显了中医药学在中华优秀传统文化中不可替代的重要地位。各级政府，根据习近平总书记的重要讲话精神，正在加大力度支持振兴中医药事业。我们东莞市领导、卫生健康局领导和市中医院的领导，也给予了中医药事业极大的支持和重视。这是难逢的大好形势，我愿以我有生之年与同道和热心中医药工作的同仁们一起，抓紧宝贵时光，向屠呦呦等同志学习，把中医药事业推向新的高度，在全世界放出异彩。

通过努力，医院群众满意度不断提高，社会效益、经济效益不断增长。丰碑无语、行胜于言，虽然我没有感天动地的豪言壮语，但我和我的同事们立足平凡的岗位，用自己的无言行动展现着医院医护人员的人生观、价值观，展现着报效社会、报效人民的责任感和使命感，为党和人民的医疗事业的辉煌、为无愧于生命卫士的光荣称号，努力推动中医药事业不断发展，谱写救死扶伤的新篇章！

我的故事我来讲
第十五期
（2019 年 12 月 28 日）

导语

主持人／王　晓

　　回望来时路，扬帆再出发。

　　今天"我的故事我来讲"主讲人有五位，他们分别是谢国良、黄燕萍、苏柯洁、程宏和苏少辉。

　　他们的故事，也许很平凡，讲的都是岗位上的点滴，但是我们从中可以看到全市的卫生健康事业的蓝图已绘就，全市的卫生健康人都在自己平凡工作中奋力谱写新时代东莞市卫生健康事业不平凡的新篇章。

因难而变，因变生情
——以执行力建设促基层服务能力新提升

谢国良 东莞市东坑镇社区卫生服务中心主任

【凡人凡言】因难而变，因变生情。基层社卫的工作很充实，也很有意义，无论是群众患者，还是我们的同事，常常给我热泪盈眶的感动！我非常热爱社卫工作，我非常感恩我社卫的同事，我将永远珍惜这份"社区情"，希望情难变，情不变。

我是来自东坑社卫中心的谢国良。由我给大家分享一下"东坑故事"。

故事的第一个关键词：难

"我太难了"，是 2019 年极具人气的一个"网红"词语，2019 年对于大家来说，或许都有各种各样说不出的"难"！不过还好，再过几天，"太难的 2019"很快就要过去，我们即将迎来充满美好、充满希望的 2020。

而"太难的我"，却要时光倒流，回到 2015。在 2015 年的 3 月 16 日，我从组织系统"跨界"来到卫健系统，担任东坑社卫中心的负责人。一个既没有医疗卫生专业背景，也没有社区卫生管理经验的"外行"，要来管"内行"，而且还要管好，你说难不难？碰巧的是，刚好当年的"网红"词语叫"压力山大"，真是有点意思！不仅如此，东坑社卫中心在 2013 年已经成功创建为"国家示范中心"，在这种情况之下，我必须自加压力，既要继续擦亮这块"国字号"金字牌匾，又要在此基础上有所创新、有所突破，我是"难上加难"。

由我这个"外行"来管"内行"，曾经受到过一些质疑，我的内心也产生过"自我怀疑"，到底能不能做好社区管理？不停地思考，不停地学习，如何改善、如何优化？怎样提升、怎样才能做得更好？虽然我所做的工作，远远谈不上是"医疗卫生的改革"，但面对种种困难，我的确想了许多办法，付出了很多努力！如何进一步打好基础、抓好质量？如何提高待遇、稳定队伍？如何因地制宜，既做出东坑特色，又能满足群众需求？……脑海中、笔记里、手机上，都是各种"精细化管理"的点子和方案。

举个例子，我们要强化中心各楼层、各区域的指示指引效果，需要重新设计更为清晰、更为醒目的指示标牌，但遇到办公经费严重不足的难题，实在请不起专业的广告设计公司，就连效果图的设计费我们都不太够用。但我平时注意观察和学习，我习惯从别人做得好的地方获取灵感，为我所用，结合自身的实际，形成我们的理念。我找来了小公司共同研究，出方案，出样板，并经过我自己反复修改和不断完善，小公司也能打造出与一流大公司同样的甚至更好的产品。面对困难，总有出路，我始终坚信，事在人为！

故事的第二个关键词：变

这里的"变"，回归到故事的主题当中，可以叫作"因难而变"，而我更愿意把它称之为"难中求变"。刚才的"小公司、出精品"的例子，也是"难中求变"的一个小故事。

世上无难事，只要肯登攀！不会游泳的游泳教练，也能带出游泳世界冠军！就凭着这种顽强拼搏的精神和毅力，我义无反顾地走上了我的管理和改革之路。

我是"外行"不要紧，因为我不是一个人在战斗！我善于发挥团队协作的积极作用，善于发挥技术骨干的专业特长，为我管理所用。

首先，我从"抓班子建设"做起，强化党支部的领导核心地位，发挥班子各成员的主观能动作用，调动全体党员和中层干部的积极性，以点带面，树典型、立标杆，在中心内部形成强大的凝聚力，打造团队整体作战精神！2016年4月13日，东坑社卫中心主动承担我市"国家基本公卫"省级考评的检查任务，我们充分做好准备，并以此来检验自身的综合实力！最终，我们顶住各种压力，克服重重困难，取得了不错的成绩！

其次，我们东坑社卫中心明确树立了"小社卫，大作为"的工作目标，坚定推行"8S"精细化管理和"质量优先"的工作理念，不断创新，敢于"先行先试"，创造了东莞基层社区多个"第一"，例如，在基层第一个推广使用胰岛素，第一个获得CLSI"国际临床和实验室标准化"认证，第一个提供24小时"远程心电监测"服务和"慢阻肺"筛查服务，第一个设立"慢病管理"门诊和"伤口造口护理"门诊，第一个实施"老年人流感疫苗免费接种"公益项目……虽然这里所说的基层社区"多个第一"，但与我们东莞很多大医院所提供的"高大上"服务对比起来，我们的确显得微不足道。尽管如此，我们也必须提高认识，牢记我们肩上的责任，同时看到我们的优势和短板，认真进行总结和分析，拿出对应的方法和措施，做持续改进，力求满足人民群众对"美好"的医疗卫生和健康服务需求。

接着刚才所提到的东坑实施"老年人流感疫苗免费接种"的工作，下面给大家讲"难中求变"的第一个故事。

记得我到东坑社卫工作不久，叶向阳局长来东坑视察调研基层卫生服务工作情况，亲切地给我们分享了关于他对公共卫生和"医防融合"的理解和所见所闻。当时叶局叮嘱我们，作为基层社卫中心，一定要贯彻好"医防融合，以防为主"的卫生工作方针，叶局介绍了公共卫生经费的投入，对疾病预防所发挥着巨大的作用，还很清楚记得当时叶局说的话："我们的公共卫生经费每投入 1 元，就可以节省我们的医疗卫生开支平均高达 17 元，1:17、1:19，甚至更大的卫生经济效益。"

给我印象更为深刻的是，叶局还专门给我们介绍了香港儿童预防接种门诊的设计和管理，他说，虽然香港的儿童预防接种门诊绝大多数都建在高楼里，地方很小，但却设计得很专业，管理得很专业，非常人性化，非常有特色。小朋友打预防针，从入口到出口，一个流程接一个流程往下走，不走回头路。已接种的人群和未接种的人群，相互不交叉。其中最大的亮点就是，儿童预防接种门诊的空气中，还弥漫着一种特殊的香味，这种清香的气味会让儿童感到特别安静、安宁和舒服，不会因为害怕打针而惊怕、哭闹。叶局的教导，让我深受启发，上面我所提到的"流感疫苗的免费接种"公益项目，就是在叶局的启发之下，我们所实施"医防融合"的其中一项工作；另外，我们预防接种门诊的升级改造，特别是人性化、专业化管理等工作，也有了初步方案，计划在 2020 年，尽快把叶局推荐的"香港服务"，变成"东坑现实"。

"难中求变"的第二个故事，是东坑社卫实施"标准化建设的再提升"。你没听错，是"标准化建设的再提升"，是标准化建设的"东坑升级版和加强版"。"社卫机构标准化建设"是 2018、2019 年"市政府十件实事"之一，对此，我们东坑社卫中心领导班子高度重视。当时我明确提出要提前完成任务，体现"东坑速度"。在明确工作目标后，我迅速召开中心党支部领导班子扩大会议，邀请中心有关部门负责人列席和商讨，认真研究相关标准和要求，对照东坑"1 中心 5 站点"的现状，逐条找出不足和差距，逐条列出"达标"

的方法和措施。2018 年初，我们向东坑镇党委镇政府提交了标准化建设的工作说明和实施方案，并提出了有关经费的申请。

东坑镇党委和镇政府历来高度重视社区卫生服务工作，全力支持我们的标准化建设工作。我们也非常努力，前后用了不到 10 个月的时间，100% 完成"1 中心 5 站点"的标准化建设任务，比东莞市的要求整整提前了 1 年。

但我们并没有因此而停止标准化建设的步伐，当别人还在为"完成达标任务"而加班加点的时候，我们早已谋划"东坑社卫中心 2020—2021 标准化建设再提升"的初步方案，目标是在未来 1—2 年内，搬迁升级 3 个站点，进一步提升服务能力和水平。

"难中求变"的第三故事，是东坑社卫中心高度重视技能培训工作，为基层医疗卫生高质量发展打基础、谋长远。

人才缺乏本来就是我们基层服务能力建设中的短板，加上受到多方面因素的影响，人员队伍不太稳定，人员流失不可避免。而最大的问题恰恰是，在人员招聘和人才引进方面，我们仍然存在巨大瓶颈，困局如何破解？

提高执行力，发挥主观能动性，继续"难中求变"。我们在继续努力对外招聘人才的同时，转换思维，考虑把我们原有的队伍稳定好，培养好，通过能力的提升，促进效率的提高，"一个顶两个"，也能"暂时"解决问题。人员技能培训的平台、设备、场地在哪里？刚好，我们遇到了全市启动"全科医生实训中心"建设的大好机遇。

在第一批全科医生实训中心建设的申报阶段，当时我们与先进的镇街同行对比，的确存在较大差距，场地不足是东坑的主要短板。我们没能把握住第一批申报的机会，但我们从未放弃。我深入思考，没有条件，我们能不能创造条件？我们是否可以通过内部优化调整，腾挪出足够的建设场地？或者寻求镇政府的帮助，从政府的高度和层面帮我们解决这个难题？……我们在困难中，努力寻求突破的各种办法，目标是要成功拿到第二批实训中心的建设名额。

我们现有可用的场地才 200 平方米，距最低标准 500 平方米的要求还差300 平方米。怎样才能增加这 300 平方米？通过内部的优化调整不是不行，但空间很有限。更何况，要建设一个区域性、覆盖东部产业园片区 7 个镇街的技能培训中心，总不能太小气，我们需要有更高的定位和更高的标准。为此，我利用周末的时间，一个人跑到深圳龙华、龙岗等技能培训中心学习经验，做好功课，做好准备。

"场地不足"的短板，我们依然无法回避。在这种困局当中，我们看到了希望，我们"瞄准"了与"社卫中心"连体建设的"城建中心"的二楼办公区，位置很好、布局很好，非常成型，而且可以与我们社卫中心现有的区域实现"互联互通"，连成一体，无缝对接。但遗憾的是，二楼办公区已经有别的部门正在用，是"名花有主"了。

"难中求变"再次发挥作用。我把我们东坑有意申报全科医生实训中心建设的个人想法、目的意义、存在困难和初步解决方案，向分管的副镇长汇报，由副镇长向镇委书记汇报。两天后，镇委书记带领相关镇领导班子成员，召集我们相关的部门负责人，到社卫中心召开工作现场会。经过现场查看、方案论证等环节后，镇委书记现场决定，把我们看中的地方，整体划拨给我们，并让我们迅速向市局提出申请，表达"东坑诚意"。后来，经过市专家组现场评估，认为东坑条件比较成熟，配套较为完善，市卫健局决定把"东部产业园片区全科医生实训中心"的建设名额，分配给东坑社卫中心。虽然时间已过去了1年多，但有心不怕迟，在此我代表东坑，对市卫健局的各位领导和同事们再次表示衷心的感谢！

如今，总面积超过1000平方米的"东部产业园片区全科医生实训中心"已高标准如期建成，并投入使用，接下来我们几个实训中心都要大力拓展"香港金牌家庭医生"培训，同时利用多方式和多渠道，向全市人民立体展现"东莞全科医生是如何练成的"，以进一步增强东莞市民对东莞全科医生的信心！

故事的第三个关键词：情

因难而变，因变生情。不知不觉间，我已经到东坑社卫工作超过4年半的时间。基层社卫的工作很充实，也很有意义，无论是群众患者，还是我们的同事，他们都经常给我不断前行的力量，常常给我热泪盈眶的感动！我非常热爱社卫工作，我非常感恩我社卫的同事，我将永远珍惜这份"社区情"，希望情难变，情不变！

　　展望来年，"优质服务基层行"的任务更为艰巨，对此，东坑已经做好了准备！我们一定要发扬"亚马莞马"当中，东莞卫健系统全体上下"不畏艰难、顽强拼搏"的精神，乘风破浪，继续前进！

强基层中的沙田故事

黄燕萍　东莞市沙田镇卫生健康局局长

【凡人凡言】医疗卫生是靠技术和口碑说话的，让老百姓信任基层、愿意留在基层看病，往往取决于基层医疗技术水平的高低，能否把患者"接得住，接得好"。

感谢市卫生健康局给我这个机会，让我给大家分享强基层中的沙田故事。

我先讲一件事情。昨天星期二，是我和镇卫健局、医院、社卫的同事一起下村走访群众的固定日子。当我们走进一个家庭时，一位60多岁的阿婆知道我们是管医疗卫生的，显得有些激动，她跟我们说："以前因为冠心病、糖尿病、高血压在省人民医院住院治疗，后来还要定期到省医复诊，又花时间又花钱。两年前，家庭医生上门服务的时候跟我讲，后期康复在沙田就可以搞定，不用跑大医院这么麻烦。当时实在是挂不到省的专家号，就抱着试试看的心态去社卫中心看一下，用药治疗后我各项指标都控制得很好，现在不用再跑广州看病，省时又省钱，真是太好了。"

这样的情景在五年前我们是想都不敢想的！在以前，我们下村走访听得最多是老百姓的牢骚，他们抱怨最多的是沙田医疗设施设备落后、就医环境差，医生技术水平有限、服务差、基本药物不足等问题。很多人遇到小病都喜欢跑省市大医院。同时，我们也了解到老百姓外出求医其实也是很艰辛的，用他们的原话就是"寄人篱下、做二等公民、要找关系、要排长队"，他们常常都在问："我们什么时候能在自己家门口享受到好的医疗服务？"

如何解决这些问题，给老百姓提供优质医疗服务，成为当时我们的头等大事。我们马上开展广泛调研、谋划布局定位，明确目标任务，制定工作措施，召开全镇动员大会，得到全镇上下的重视、支持和参与。镇主要领导更是努力谋划、部署，下最大决心要彻底改变沙田镇医疗卫生工作落后局面。我记得，2014年镇街公立医院移交属地管理后不久，时任镇委书记为医疗卫生系统召开专题会议，坚定发展信心，鼓舞干事创业的决心，要求我们全面建立以"镇医院为核心，社卫服务为兜底，民营医疗为有益补充"的三级医疗服务体系，启动沙田医院"二甲"创建工作，完善社区卫生服务网络布局，打造15分钟医疗服务圈，让老百姓"小病不出社区，常见病多发病不出镇"；并给我们系统提出要紧跟国家省市医改大方向，补短板、促提升，要求我们集中力量，用3—5年时间，打赢这场"攻坚战"。

针对医疗卫生工作存在的短板，要补哪些地方？如何去补？绕不过去的就是设施设备问题。俗话说"巧妇难为无米之炊"。

五年前，沙田医院是全市唯一一家没有 DR 的公立医院，社卫中心由旧沙田医院改建，业务用房只有 900 多平方米，而且都是 30 多年的老旧平房，每到台风来临我们都要担惊受怕。为了解决这些问题，我们加大了投入力度。

从 2014 年起，每年镇财政安排专项资金为医院购置设备。第一次投入 1000 万元配备了 DR、四维彩超；第二次也是 1000 万元，配备了腹腔镜、关节镜、椎间孔镜等设备；第三次 500 万元，配套了科教设备等。今年又安排了 1600 万元配置了核磁共振等设备。随着沙田医疗技术水平的提高，越来越多患者选择在沙田就医，沙田医院出现了医疗病房不足问题，患者常常需要在病房、走廊加床。为此，镇财政安排 2200 多万建设了新的住院楼，增加床位 130 多张，满足医院发展需要。

对于社区也是一样。2015 年我们安排了 1500 万元，在镇中心区建设了 6000 多平方米的社区卫生服务综合大楼。近几年我们还新建了两个社区卫生服务站，建成了"1 中心 6 站点"的社区卫生服务布局。在 2016 年，我们投入 1000 多万元为社卫配置了 DR、彩超、生化仪、血液分析仪和全科诊疗系统等设施设备。近两年，我们还根据社卫标准化建设需求，再投入 300 多万元补齐相关设施设备，实现了社卫中心及所有站点设备、面积双达标。社卫中心还被评为"国家优质服务示范社区卫生服务中心"。

正如有一次镇委主要领导在公立医疗机构调研时说："只要有利于推动全镇医疗卫生事业发展，有利于保障群众健康，你们需要什么，镇委镇政府努力给什么，确保你们发展没有后顾之忧。"

在夯实硬件设施的同时，我们也充分认识到没有人才，再好的设备也没有用。

为解决镇公立医疗机构领导班子长期配备不齐的问题。我们积极与市卫生健康局沟通协调，并得到市局大力支持，2015 年给他们配齐配优了班子。现在沙田医院是 1 正 2 副，还配了 1 个副书记，社卫中心为 1 正 1 副，班子的年龄、专业结构得到全面优化。在工作中，我们还坚持以党建为引领，把沙田医院党支部升格为党总支部，社卫中心成立了党支部，全面加强党的领导。

为解决基层医疗单位人才流失，这些年，我们鼓励和支持公立医疗机构完善绩效分配方案，他们也相继出台了年薪制、协议工资、享受编待遇、安家费等一系列机制，努力吸引和留住人才。今年，我们紧跟市局的步伐，启动了薪酬制度改革，医院、社卫相继启动，探索建立符合我镇医疗卫生特点的薪酬制度，医院、社卫医务人员人均待遇明显增长，其中社卫人员待遇较2017年增长30%以上。

医疗卫生是靠技术和口碑说话的，让老百姓信任基层、愿意留在基层看病，往往取决于基层医疗技术水平的高低，能否把患者"接得住，接得好"。

我们启动了沙田医疗卫生人才"大轮训"。这5年来，先后选派180多人到北京、上海、广州、东莞等国内高水平医院进修学习，80%以上的医生都进修过了，全面提升了技术水平。

我们积极配备好人员和设备，大力推进基层的妇产科、儿科、急诊科、ICU建设，保障基本服务功能。我们还按照老百姓的需要建立特色专科，让基层能有叫得响的"品牌科室"。我们将沙田医院骨科列为"重点培育专科"，老年医学科、疼痛科列为"特色培育专科"，连续三年，每年投入50万元进行培育，2018年沙田医院骨科被评为市级特色专科。这几年，我们还积极对接高端医疗资源，沙田医院、社卫中心共与30家市内外三级医院、知名院校建立协作关系，推动沙田医院、社卫中心在管理能力、学科建设、人才培养、服务水平等方面快速发展，填补了诊疗领域多项技术空白，让老百姓在家门口可享受省市专家服务。

随着我们医疗技术的发展，现在已经实现从以前的单一救命，发展到保护患者的功能，让更多的患者回归社会，回归工作岗位的转变。我记得那一年中秋节，广深沿江高速公路发生车祸，当时大巴司机为了赶着和家人团聚，和货车追尾了，他的头部、胸部、腹部等多处受伤，人昏迷不醒，两腿被严重变形的车头死死卡住，消防救援人员最后出动了电锯锯开车头才把他弄出来。送到了沙田医院的时候，患者已是失血性休克，双下肢大血管断裂。急诊CT检查显示患者颅内出血、胸部多发肋骨骨折并创伤性湿肺，腹部脾脏、胰腺、肾上腺均有挫伤出血，血氧低，病情十分危重，要救他就必须尽快手术止血。当时的有关方面有顾虑，担心沙田的医疗技术不过硬导致人员死亡，希望尽快把病人转到镇外大医院去。转不转走？这是一次艰难抉择！转走，出了事不用我们承担，但患者很有可能死在路上；不走，很可能保住司机的最大利益，但我们也要承担巨大压力和风险。最后，沙田医护人员顶住压力，火速输血就地进行抢救，保住了患者的生命，也保住了他的一条腿。患者家属激动地说："谢谢你们，给了我们家老陈再一次活着的机会！"这事得到媒体报道后，全社会对沙田医疗技术水平的信任更加深了。

时间匆匆、弹指一挥间，我们很欣喜地看到，沙田的卫生健康事业旧貌换新颜，全镇医务人员精神面貌焕然一新，干事创业精气神越来越足，不仅人才流失的问题得到有效"止血"，还引进一批高层次人才扎根沙田。公立医疗机构门诊人数由 2015 年 64 万人次增加到今年的 95 万人次，住院人数由 7000余人，增至今年 12000 多人，5 年业务量翻了一番。现在沙田群众普遍认为沙田的就诊环境变美了、看病方便了、技术水平提高了、在家门口就能看好病了。我印象最深的是，去年护士节那天，我们去慰问医务人员，我看到 95 岁老太太扶着助行器，拿着锦旗来到医院感谢我们的医生和护士。在这特殊的日子、收到这个特殊的礼物，我们的医生护士们都说这是对他们工作的最大肯定。

看看我"家"的大变化
——我在松山湖的这些年

苏柯洁 东莞市松山湖社区卫生服务中心护士

【凡人凡言】大胆的改革,让我的这个"家"充满了活力,充满了希望!而这个关于探索、蜕变的故事,永远不会画上句号。为了居民的健康,我们将扎根社区,为"顶天立地"的医疗格局铺垫基石,在未来的路上不断向前!

我是松山湖社区卫生中心的苏柯洁。今天我很荣幸地站在这里，和大家分享一下我的"家"事。

大家都知道，东莞医疗发展有着"顶天立地"的目标。"顶天"是高水平医疗技术，"立地"则是我们身边的社区医疗提升。我的"家"事，是松山湖社卫生中心的故事，也是家庭医生的故事。近年来，这个"家"有了翻天覆地的大变化，我也有很多很多的故事要讲。

首先，跟大家分享一组数字：

2015 年，松山湖的年终绩效考核是全市倒数第一；2019 年，松山湖的标准化改造 100%，是全市率先完成建设任务的三镇街（园区）之一。

2015 年，松山湖社卫只有 1 个中心 1 个站点；2019 年，我们有了 1 个中心 6 个站点，站点数量增长了 5 倍。

2015 年，我们的中心门可罗雀；2019 年，中心接诊量 22.02 万人次，同比增长近五成。

我是 2016 年到松山湖的，至今刚 3 年，也是中心飞跃的 3 年。大家可能会好奇，短短 3 年时间，我"家"为什么会有如此大的变化？

我的第一年：社卫中心孤立无援，群众看病就医难。对我来说，松山湖社卫中心，就像一个不断蜕变发展的大家庭。但是，2016 年我刚到这个家的时候，松山湖没有医院，唯一的公立医疗机构却被园区居民"瞧不上"。

为什么这么说，从居民需求来说，中心当时的诊疗能力有限：一方面是，园区有很多高端人才，他们对医疗需求挺高；另一方面，我们只有一个站点，连覆盖能力都有限，更不用说技术水平了。

所以，第一年的时候，我在中心经常看到患者无奈的表情，更有甚者，有的患者来到中心连诊室都不愿意进，直接要求开转诊单！

看到此情此景，我心里很难受，"咦，这里真的能为老百姓服务好吗？"中心负责人陈雷主任也很焦急，我看到他经常在办公室加班加点，思考中心的出路。

我的第二年：大胆探索，"医联体"合作踏出第一步。想成为让老百姓满意的社卫机构，松山湖的出路在哪里？作为全市科技和经济发展的一张名片，医疗健康服务绝对不能成为园区的短板。否则，如何对得起在这里抛洒汗水的人才，对得起他们坚守大后方的家人？

这样的责任感，让陈雷主任经常睡不好，我们经常看到他带着黑眼圈，走访周边的大医院，探索合作、提升的新办法。但是，没有政策支持，也没有前例可循，一个崭新的园区想要高水平的医疗，实在太难了。

一次次地失落而归，一次次地迎难而上。终于，我们迎来了转机。在一次会议上，陈雷主任又开始锲而不舍地找大院长们"谈心"。当时的第三人民医院邓伟均院长听到了主任的想法，一拍即合。在高度的执行力下，很快，双方团队就在一起针对合作探讨起了具体的方案。

一家三甲医院、一家社区中心，怎样合作？当时的东莞并没有现成的答案。通过各种信息，我们了解到上海等地试行"医联体"，那我们就去国家医改的最前线去看看。短时间内，他们陆续走访了上海、厦门、深圳、杭州的数家医院，以"开荒牛"的精神为松山湖社卫的发展探明道路。

2017 年 9 月 20 日，在社会各界的关注下，东莞市第三人民医院与松山湖社区卫生服务中心共建医联体正式成立，成为东莞市首个三甲医院与社区卫生服务机构共建医联体，松山湖进入了"医联体时代"。

组建管理团队、医联体门诊成立、远程会诊启动、医联体家庭医生团队组建、人才招聘和培养托管……一步步踏实的脚印，双方的合作、探索更上层楼。

专业技术力量的加强、服务水平的提升、医联体家庭医生服务团队品牌的建立，让社区居民更加信任社卫、认可社卫，居民们看病模式悄悄发生了变化。这样的 2017 年分外忙碌，也分外骄傲。

我的第三年：攻坚克难，迈过改革路上每一道难关。本以为成立了医联体，社卫中心的发展就会突飞猛进，然而，改革的道路从不可能一帆风顺。很快，我们就遇到了第一个难题：松山湖距离东莞三院需要 1 个小时车程，百姓转诊就医不太方便。

2018 年 5 月，一台印有"医联体直通车"的中巴停在了社区卫生服务中心的门口。这辆免费专线，让转诊就医更加高枕无忧。直通车一天 6 趟，方便快捷，大大缩短了三院和松山湖的距离！更加贴心的是，三院为松山湖转诊居民开通了绿色就诊通道，缩短了他们的排队时间，可以当天往返。

如今，在松山湖的各个社卫服务站点，都有固定专科、固定专家坐诊，居民们预约就诊，不用排队，不用奔波。大家对"家门口的三甲医院"优质服务赞不绝口。

然而，经过一段时间的发展，我们又遇到了另一个瓶颈：虽然许多居民都认可了社卫中心的服务，但是还有很多人并不了解医联体。我们决定，要把医联体的"健康甜头"送到这些居民的嘴巴跟前，让医联体走进每个居民的心里！

2018年下半年，医联体医护人员开始出现在松山湖各个居民小区、企业、学校、商业区，将健康知识送到家门口。三院康复医学科周光辉主任在华为公司开设"颈肩腰腿痛"的讲座时，那场面堪称火爆，讲课时间也比预计延长了一倍。我想，正是找准了松山湖高新人才最需要的"医疗痛点"，才能让这些活动如此受欢迎。

医联体建立以来，松山湖社区居民转诊率从40%下降到16%，锦旗、感谢信不断送到中心，居民们的脚步越来越轻松，脸上满意的笑容也越来越多了。

金杯银杯，不如百姓的口碑。

逢山开路，遇水搭桥。我们以勇气和责任创建了前人从未想过的合作模式，也收获了居民的信任和口碑。如果你问我，这个医联体的建设到底取得了怎样的成果？我想，松山湖百姓身上的故事足以回答。

还记得2017年11月，医联体成立不久的时候，我遇到了医联体的第一位粉丝。这位东北阿姨姓赵，因为儿子在华为公司上班，就一同来到了松山湖居住。但是子女工作忙，阿姨总得自己照顾自己。我向她推荐我们的"家庭医生"服务，赵阿姨很快就来签约了。

那阵子，我们正计划在松山湖的兰馨园站点组织"慢阻肺日义诊"活动，赵阿姨说她正感到身体不适，老是咳嗽。义诊当天，东莞三院呼吸内科的陈美华主任耐心地给她看诊，判断她患上了间质性肺炎，对症下药。从那以后，赵阿姨成了我们的铁杆粉丝，大小义诊讲座，她都准时出现，每次都和我们有说有笑，仿佛亲人一般。

期间，赵阿姨患上了癌症，本想在市区的大医院住院化疗。由于身体虚弱，她时不时需要吸氧缓解，大医院又没有床位，无奈之下，她第一时间找我们求助。

我们赶紧致电了医联体出诊的三院肿瘤专科孙一主任。孙主任不但为赵阿姨看诊，更通过医联体绿色通道将赵阿姨送到了三院肿瘤科住院，彻底解决了她住院难题。这都多亏了我们的医联体，让无助的赵阿姨省去了很多后顾之忧。有时候，她精神好点了，还会给我们发条微信，说说自己的近况。

在那个冬天，农历新年还没到，赵阿姨终究还是没能对抗住病魔，永远地离开了。

2019年1月，赵阿姨的老伴来到社卫中心，还带着一饭盒热腾腾的饺子。老人步履蹒跚，却满怀诚意地把这盒饺子捧在手里，郑重交给我们。他说，赵阿姨永远离开了，此前阿姨总想向我们表达谢意，无奈身体不好不能亲手包饺子。现在这盒饺子，是家人的心意。

看着老人苍老却真诚的双眼，我们都忍不住红了眼眶。那一刻，我庆幸自己是一个社卫人，能够帮助我们的居民。我更庆幸社卫中心有了医联体，使我们更有力量、更有底气。

正如开头我说，松山湖社卫服务中心就像我的"家"。

曾经，我的"家"里门可罗雀，患者稀少。现在，患者络绎不绝。医联体成立后，三院专家到社区服务2000余人次，服务群众2.6万余人，超声检查2000人次，开展医学影像远程阅片5000例，形成运用PDCA循环对医疗质量进行持续改进。

曾经，我们的全科医生数量少、待遇低。现在，我们用"医院招、社卫用"的模式，增加了5名全科医生，有效缓解了社区的压力。

曾经，我们的基本医疗质量在全市检查排在末尾。现在，基础医疗、家庭医生服务能力不断攀升，今年在东莞市社区卫生服务绩效考评中名列前茅。我们开展业务学习14场，不断选派医务人员到三院进修，科研能力也取得突破。

曾经，那些让我们难堪、让我们头疼不已的局面，都在不断消失、蜕变。大胆的改革，让我的这个"家"充满了活力，充满了希望！而这个关于探索、蜕变的故事，永远不会画上句号，为了居民的健康，我们将扎根社区，为"顶天立地"的医疗格局铺垫基石，在未来的路上不断向前！

再次同行在追梦路上

——奋斗新时代开启新征程建设新高地

程 宏 东莞市中医院保健办副主任

【凡人凡言】我的医院"她"有一种引力，能吸引志同道合的人走在一起；"她"有一种魔力，能让有梦想的人凝聚在一起；"她"更有一种魅力，能让她的员工为了实现梦想而共同奋斗。

我是东莞市中医院程宏。6 年前，因工作需要，我离开市中医院，先后在原东莞市卫计局考核评价科和东莞市卫生健康局保健科工作。6 年后的机构改革，我服从组织安排，服从工作大局，以及对医院的那份情感，又回到曾经抛洒青春汗水、工作奋斗过 15 年的东莞市中医院。刚回到医院，殷炯棠书记就交给了我一项光荣而艰巨的任务，让我以一名"新人"加"旧人"的特殊视角，谈谈医院的变化，特别是近年来在创建广东省高水平中医院方面所做的一些工作和取得的一些成绩。我感谢医院对我的信任，感谢市局给我这样一个好的平台，同时，也深感任务艰巨，压力山大。下面，我就谈谈自己的切身体会，请大家和我一起来感受中医院近年来的变化，分享中医院人建设高水平医院的"追梦"故事吧！

第一次邂逅，"她"让我"情愫"暗生

我至今仍清楚地记得，那是 1999 年 7 月 1 日，是一个有纪念意义的日子，我成了市中医院的一员。第一次走进医院，大家正热火朝天地进行拔河比赛庆祝党的生日，热闹的场面，朝气蓬勃的人群，让生性活泼的我一下子找到了共鸣。渐渐地，我惊奇地发现"一个枕头、三个指头"，"望、闻、问、切"就能诊病。知了壳、木棉花、蒲公英还能入药。针灸、拔罐、刮痧、推拿就能手到病除……中医药真是太神奇了！于是我成了它的"小迷妹"，身边的亲朋好友身体抱恙，我总是极力推荐他们看中医，对医院的感情日渐深厚。

当年的中医院年门诊量只有 60 万人次，年住院病人也只有 3000 多人。骨科、内科都指的是一个病区，没有儿科、妇产科、新生儿科、ICU 和层流净化手术室，更别提什么核磁共振等高端医疗设备了。随着东莞经济的发展，医院病人和车辆日渐增多，因地处老城区，医院扩建难度大，医疗用房极度匮乏，就医环境也亟待改善，被时人戏称为"麻雀医院"。经常被病人投诉挂不到号、排队时间长、停车难。那时候，建设一所现代化的中医医院是多少人的梦想啊！

第二次相遇，"她"让我惊艳万分

近两年，常有医院的老同事及社会上的朋友对我说，现在的中医院和以前可大不一样，变化真是太大了！这不禁勾起我的"思院"之情，再次回归，我心想，要像老中医一样，认真地对她"望、闻、问、切"一番。

首先，最直观的感觉是：车多了，人多了。以前空空荡荡的停车场现在停满了车，但井然有序。门诊病人很多，但各窗口排队的人却不多。住院病人很多，每个病区都可谓"一床难求"。此外院容院貌改善了，徜徉在医院，有一种逛公园的感觉。之前一年四季散发臭味的黄沙河，经治理后河水清澈，两岸还种上了花草树木，做了亮灯工程，华灯初上，"一河两岸"成为医院最靓丽的风景。感受最深的，是全院干部职工的精神面貌焕然一新，身穿量身定做的院服，个个精神焕发、斗志昂扬！我在医院碰到一位老朋友，当时，她刚刚学习完中医养身"八段锦"，正愉悦地坐在长廊上休息，她说这两年在中医院的就医体验越来越好，不但就医环境好，服务态度好，而且挂号、看病、交费基本不用排队，拿药也快，只要下载个医院 APP，微信、支付宝全部搞定，医院还举办很多中医养生讲座和活动，使她受益匪浅。

这一切的改变源于什么？我决心一探究竟。听党办的同事讲，2017 以来，在院新领导班子带领下，我院以加强党建为核心，以创新管理为抓手，积极发挥党组织和党员的模范带头作用，带动了医院工作全面发展。近两年，门诊人次、住院人次与同期相比大幅增长，而医疗纠纷、信访、投诉等大幅下降。医疗质量、服务水平、员工待遇显著提高，员工和社会群众满意度也大幅上升。我院宁为民、叶小汉、黄忠强、吴萍等同志先后被评选为东莞市"最美医护"，成为全市卫生系统学习的楷模。

"若虹昭揭显毅力，再登高峰无惧心。"近年，我院把"创建广东省高水平中医院"作为发展方向和目标，拟用三年时间，将我院建设成为地区中医医疗中心、广东省中医名院、广东省现代管理制度示范医院，努力打造现代化高水平中医医院。助力"湾区都市 品质东莞"，满足人民需要。

为了这个梦想，全院上下齐心，团结拼搏。我院牵头组建了东莞市骨伤科专科联盟、东莞市针灸推拿专科联盟、东莞市中医护理专科联盟。与佛山市中医院合作，组建四个跨区域专科联盟。引入了国医大师唐祖宣、沈宝藩传承工作室。成立了"中德足踝交流中心"。日前，东莞市首个高层次人才柔性引进团队——暨南大学第一附属医院肾内科团队在我院正式落户。医院可谓亮点纷呈。

听说，在引进国医大师沈宝藩过程中，还发生了点小插曲。为了引进沈老，医院煞费苦心。听闻沈老到深圳讲学，立刻派出一名副院长赶赴深圳，请他来院考察。因深圳交通限行，时间有所耽搁，老爷子是性情中人，面色有点不好看了。殷炯棠书记听闻后立刻从外面赶回，推心置腹地和沈老面谈，谈医院未来的发展，谈当前面临的困难。沈老被书记的真诚所打动，欣然同意在我院开设工作室。第二天，趁热打铁，叶国华院长陪同他到松山湖高新技术开发区参观。沈老感慨地说："没想到东莞有如此美丽的地方，没想到东莞经济发展这么好，你们中医院的发展前景是一片光明啊！"一高兴，不单同意收徒，还一改以往只收一两个徒弟的惯例，一下子收了四个。

妇产科一直缺乏高端人才，医院便把目光瞄向了旁边的深圳。相对东莞，深圳医务人员待遇优厚，要想挖深圳的"墙角"谈何容易。为了引进妇产科人才王乃平主任，殷书记可谓三顾茅庐，还解决了她先生的工作问题，解除了她的后顾之忧。待遇留人，事业留人，情感留人，王主任最终放弃了深圳，来到我院，一起为建设高水平医院而奋斗。

走近奋斗者，他们让我深深感动

要建高水平医院，我们还面临着科研能力薄弱、高端人才短缺等问题。院领导班子想方设法找到一个在短时间内突破的"点"，那就是，加强与高校合作，"他山之石，可以攻玉"。于是，说干就干。一周内马不停蹄，跑广州、进校园、虚心请教、多方调研、论证决策。以最快速度完成了共建广州中医药大学东莞医院的书面报告，报市卫生健康局。并请市政府牵头尽快与广州中医药大学校签订校地共建合作协议，以推动项目取得实质进展。院领导班子这种"干实事，实干事"的工作作风，深深影响和鼓舞了全院干部职工，他们觉得，医院有前途，他们有奔头！

为了实现梦想，医院有这样一群"拼命三郎"。时间已经是下午1点，骨一科黄中强主任还带着学生在病房忙碌，中午饭都还没来得及吃。我院骨伤科是国家中医重点专科建设单位，省中医重点专科。骨一科是关节专科，患者特别多。黄主任常说自己是"痛并快乐着"。有时一天四五台手术，中间只有一点点时间休息和吃饭，这让他有椎间盘突出的老腰受不了了，实在顶不住了就趴在手术室的地板上缓一缓，然后再继续战斗。往往是人还在手术台上，手机又在"嘀嘀"作响，新的病人又来了。他说："做手术就得站着，再痛也得忍着，但看到患者康复后的一张张笑脸，再苦再累也值了！"这个与骨头打了33年交道的人，硬是把自己打造成了"铮铮铁骨"，成为名副其实的"拼命三郎"！

针灸科护士长吴萍，不仅是一个坚守护理岗位27年的"钉子户"，还是一个拥有多项专利的护理人才。随着医院的发展，自感康复知识不足的她，立志走上了学习之路，白天上班，晚上参加中医"魔鬼"训练，利用所有的休息时间学习中医经典。她甚至用自己的身体做试验，"以身试针"，反复在自己身上校验新技术的疗效，身上经常是青一块紫一块。她花费大量的时间精力去摸索、去实践，首创了"阴阳烫"技术，为一位饱受尿潴留痛苦的患者解除了病患。在她的带领下，科室的中医护理特色越来越突出，火龙灸、督脉灸、铜砭刮痧、穴位贴敷等中医护理技术为越来越多的患者解除了痛苦，并推广普及，带动了全院护理水平的提高。

随着"望、闻、问、切"的深入，我想，或许找到了答案。我的医院"她"有一种引力，能吸引志同道合的人走在一起；"她"有一种魔力，能让有梦想的人凝聚在一起；"她"更有一种魅力，能让她的员工为了实现梦想而共同奋斗。一分耕耘，一分收获。光是在今年，在原有重点专科的基础上，我院就申报了妇产科、儿科、治未病科等8个省中医重点专科建设单位，并且全部通过公示。

展望未来，"她"让我激情澎湃

回到医院，很多老同事热情地和我谈起医院的未来发展，眉目间是满满的自豪和憧憬。接下来，我院将打造市国医馆精品项目，打造骨伤科大楼精品项目，打造高质量校地共建精品项目，打造分院科学发展精品项目，引进四个高层次医学团队，引进高端医疗设备，推进多学科诊疗模式等。全面提高医院的核心竞争力。想象着医院美好的未来，我激情澎湃，为自己是一名中医院人而倍感骄傲和自豪。

我们应当庆幸，我们这代人赶上了伟大的时代，赶上了好时候，我们的中医院赶上了好时候。我们要时刻牢记习近平总书记对中医药工作的重要指示："传承精华，守正创新。"在市委市政府关怀支持下，在市卫生健康局正确领导下，开启中医药传承、创新、发展的新征程。力争实现医院编制床位数1500 张、日均住院患者 2000 人，实现从"量"的提升到"质"的飞跃，达到省高水平中医医院标准，成为粤港澳大湾区乃至全国知名的现代化三级甲等中医医院。

最后，我想请大家和我一起看看我梦想中的中医院。她不仅有着中国园林建筑之美，富含中医药文化底蕴，更是一所中医特色突出的高水平中医医院。

我坚信，这个梦想总有一天会实现！我相信，在建设高水平医院的追梦路上，我和我的医院的故事将会越来越精彩！

高水平建设在路上

苏少辉 东莞市人民医院心血管内科万江一区副主任

【凡人凡言】作为医生,我们的使命只有一个,说出来没有任何华丽的语句,就是简简单单地想要治病救人,用自己的拼搏精神,不断攀登,不断超越,为健康东莞绘出更加精彩动人的画卷。

我是东莞市人民医院的心血管内科医生苏少辉。近两年来，我们医院加快了建设高水平医院的进程，我们科发生了一些故事。

今年9月，一名年近六旬的患者因为三条冠状动脉全部严重堵塞引发重急性心梗，从外院紧急转入我院重症医学科抢救。诊断发现，这是复杂高危有介入指征的病例，在医学上简称CHIP。

CHIP是冠心病中最"不受待见"的病症，具有来得晚、病复杂、病情重、没指征等诸多特点，手术抢救非常棘手，在术中患者随时可能有生命危险。可以说，这是心血管内科和心血管外科公认的高危病例。

虽然"不受待见"，但我们不能退缩。当时，患者已经出现了恶性心律失常，并发心源性休克，性命危在旦夕。与此同时，家属在情急之下，也向我们提出了质疑："你们能吗？要不要送广州？"面对这样的质疑，我们明显感到有压力，可是患者已不具备转运到市外接受治疗的条件，我们的团队已经成为患者生存的最后希望。

"我们会尽力的。"郭素峡主任的一句回答给了我们团队勇敢面对这一挑战的勇气。作为医生，我们所能做的不就是在这样生与死的瞬间，用自己的专业与勇气去战胜病魔吗？

于是，在安抚家属并做好解释工作的同时，我们团队顶着压力，联合重症医学科，立即使用ECMO和IABP这两项代表高水平医院顶级难度的技术对患者进行抢救。

通过ECMO技术，患者暂时维持住了心肺功能。如何快速打开堵塞的血管，此时IABP技术发挥了主力作用。在团队成员的紧密配合下，我们仅用了半个多小时，就为患者开通了全部三条冠状动脉，成功挽救了这名患者的生命。这时，家属终于从质疑转变成了满口的感谢。

像这样的紧急抢救，在我们医院经常上演。在以往，像这种冠脉三支病变，我们要么建议患者去心外科进行心脏搭桥手术，要么建议转去省级医院就诊或请院外专家来院实施手术。现如今，在医院创建高水平医院、大力推进多学科联合诊疗的工作部署下，我们已经实现从单兵作战到联合作战转变，对危重症的诊疗水平得到了进一步提升。每一次，在抢救濒死病人的过程中，看到患者的眼神逐渐由浑浊变清澈，呼吸、脉搏渐渐恢复，家属紧皱的眉头舒展开来，我们都发自内心地产生一种愉悦的成就感，也更加坚定了我们创建高水平专科的初心和使命感。

随着我们国家进入老龄化社会，心脑血管疾病等老年病呈多发趋势。今年全市 60 周岁以上人口已经达到 33 万，市民对心血管内科领域高品质的医疗需求与日俱增。我们按照医院建设高水平医院落实公益责任的总体部署，加大力度推动优质医疗资源下沉到基层。经过摸索，我们创新出一种特殊的"双向转诊"绿色通道。2019 年，我院与谢岗医院医联体启动了"极速救心"模式，开启了"转运手术者"替代"转运患者"的新尝试。

今年 3 月的一天，已是凌晨两点，在我们科与谢岗医院医联体的微信工作群里，突然发出了一张心电图，提示为下壁心肌梗死。这是谢岗镇的一名患者，突发剧烈胸痛，心电图明显显示为急性梗死，病情危重，生命体征不稳定。当时，谢岗医院暂不具备对这类胸痛病人的救治能力，同时由于救护车上条件和设备有限，患者随时可能死于救护车上，转送到上级医院过程中的风险非常高。

时间就是生命，面对患者生命安危，郭素峡主任迅速集合医生团队，驱车火速赶往谢岗医院。经过一个多小时的赶路，凌晨三点多直接进入谢岗医院导管室，此时患者已是浑身湿冷、反应迟钝，经过 45 分钟的紧急手术，我们为患者成功开通了心脏闭塞的血管，患者呼吸平顺，缺氧情况好转，面色渐由青灰转为红润，终于脱离了危险。

完成手术后，团队的一名医生看到手机里妻子发来的信息："不用担心，爸爸已经醒过来了。"顿时百感交集，流出了男儿泪。原来，当时团队里这名医生的父亲昏迷入院，接到命令后，他匆匆交代妻子和年迈的母亲照顾父亲，毅然在寒风中驱车赶往医院。因为，他不仅是别人的儿子、丈夫、父亲，更重要的是他还是一名医生。

诚然，这样的转运机制会很累人、累神、累心，甚至会让我们觉得愧对家人。忙碌了一天回到家里，我们也想好好地陪伴家人；凌晨时分，当接到急救电话，从睡梦中醒来，匆匆赶往基层医院进行手术，第二天照常又要忙碌一整天的时候，我们也会感到疲累。但是，患者生命高于一切，凭借着救死扶伤的信念，我们一次又一次扛了过来。

就像郭素峡主任说的，"我们不求功名利禄，只需尽心尽责。"采取这种"转运手术者"的做法尽管累，可对基层医院医疗技术水平的提升有着莫大的帮助。以谢岗医院为例，我们的专家到他们医院主持救治，他们就能够全程参与，现场观摩。在我们的帮扶下，谢岗医院成功实施了第一台心脏起搏器手术、第一台电生理检查、第一台射频消融治疗。谢岗医院的医务人员经常对我们的团队成员说，"你们太辛苦了，应该给你们颁发谢岗医院的五一劳动奖！"

"丰碑无语，行胜于言。"前进的道路没有终点，我们一次次补短板，一次次求突破，一次次开创全市的技术先河。

今年4月，我们的团队完成了全市首例冠状动脉内激光销蚀术。

5月，完成首例冠状动脉瘘封堵术。

5月，完成首例左束支区域起搏。

5月，完成首例ECMO、IABP辅助下急危重症冠脉介入手术。

10月，完成首例房颤冷冻消融术。

11月，完成首例TAVI（经导管主动脉瓣植入术）。

开展这些新技术的意义，不仅填补了东莞市医疗技术空白，更在于向全市人民表明，我们有能力成为守护东莞市民健康的最后防线。

作为首例TAVI手术的主刀医生，郭素峡主任在手术后告诉我，术前一晚她迟迟不能入睡。她说，为了这次手术，我们举全院之力，做了充分的准备。她不怕手术失败给医院和她自己带来负面的影响，只怕辜负患者家属和同事们的殷切期待。作为一名医者，患者的生命安全才是我们不断拼搏的动力。所以，即便每次手术后，防护衣里面的衣服一再湿透；即便每次手术后，腰痛伴双腿无力，行走困难；即便每次手术后，眼窝深陷，疲惫的面容久久说不出话来，可是我们依然坚守在每一个白天和黑夜。

2018年以前，我们的团队年手术量1000台左右。今年截至11月中旬，我们的介入手术总量已经突破3000台，全年介入手术量有望跻身全省前五名。这个数字的背后是 3000 多名被治愈的患者，是 3000 多个家庭的幸福，是科室医生们超乎常人的拼搏与付出。我们把患者当亲人，用自己的实际行动践行医院倡导的医疗技术和人文关怀齐头并进、协同发展的办院理念。

经过不懈努力，我们的团队迎来了一项项集体荣誉：成功获得中国房颤中心认证，成为第一批国家级房颤中心，也是东莞市第一个国家级房颤中心，获得中国心血管疾病医疗改善项目"急性冠脉综合征医疗质量金奖""心房颤动医疗质量铜奖"，入选今年新增的市级重点专科。随着专科建设的不断进步，我们打造了结构性心脏病等 5 个亚专业小组，我们心血管内科手术团队的影响力也越来越大，许多东莞的患者开始首选在我们心血管内科住院治疗及手术，甚至周边的一些城市如深圳、惠州的患者也慕名而来我院要求安排住院手术。接下来，我们将致力于打造心脏重症救治中心和心脏康复中心，进一步提高全市心血管疾病救治水平，为东莞市民提供更好的健康保障。

这些发生在我们心血管内科的点点滴滴，只是东莞市人民医院建设高水平医院的一个缩影。作为医生，我们的使命只有一个，说出来没有任何华丽的语句，就是简简单单的想要治病救人。我相信，在医院党委的坚强领导下，我和我的同事们有决心、有信心，用自己的拼搏精神，不断攀登，不断超越，为东莞市民提供更高品质的医疗服务，为健康东莞绘出更加精彩动人的画卷！

我的故事我来讲

第十六期

（2020年6月23日）

系统"我的故事我来讲"党建主题活动

新时代最可爱的人

——致敬最美逆行者（专场）

主持人／崔　含

导语

2020 年初，新冠肺炎疫情防控阻击战骤然打响。东莞白衣战士在大考中践行初心和使命，在大战中书写忠诚与担当，与时间赛跑，与病魔较量，用生命守护生命，不愧是"新时代最可爱的人"，不愧是人民健康的忠诚卫士。

那最紧张的 100 多天里发生的一幕幕，从未远去，一直留在我们的脑海，成为我们的精神财富。很多年后，我们很多人一定还会跟孩子讲起，这一年春天发生的故事。

今天"我的故事我来讲"主讲人有六位，他们分别是罗东、师清莲、徐汝洪、刘会文、冯嘉蕙和王浩。

逆行，是沉甸甸的责任担当，是舍家卫国的勇气，是无论生死的抉择。

我们的家园仍然需要我们去守护，疫情就是命令，防控就是责任，我们将继续逆行出征，若有战，召必回，战必胜！

为了人民健康，我们愿意奉献一切

罗 东 东莞市疾病预防控制中心党委副书记、副主任（原东莞市卫生健康局医政医管科科长）

【凡人凡言】这"最后一战"预计还得持续，一天不宣布疫情结束，这"最后一战"就一天不会结束，我们也将一直保持战时状态，继续打下去。

我是东莞市卫生健康局医政医管科科长罗东。自 1997 年预防医学专业毕业以来，我一直在卫生健康战线工作，算起来有 23 个年头了。

　　这 23 年我概括为"三个四"。一是到过四个单位工作：黄江医院、市卫生防疫站、市卫生监督所、市卫生健康局；二是先后挑起了卫生防疫、医疗机构监督、疾病预防控制、医政医管四个重担；三是经历了四件大事：2002 年清溪职业中毒事件，2007 年打击非法行医事件，2008 年汶川抗震救灾和今年的新冠肺炎疫情。

　　抗击新冠肺炎疫情，是我们东莞卫生健康系统成立至今面对的最严峻的一次考验，这中间太多可歌可泣的故事，我永生难忘。

　　2019 年 3 月，医疗机构改革，我被任命为东莞市卫生健康局医政医管科科长。医政医管科是局的核心科室，负责统筹全市的医疗资源，这个科长不好当。但组织上信任我，把我放到这个位置，没说的，我顶着上，必须干好。

　　新冠肺炎疫情发生后，叶向阳局长超前谋划，迅速成立了局新冠肺炎疫情防控指挥部，他任总指挥。1 月 24 日，大年三十，全市抽调而来的 189 名医护人员在九院集合，叶局做战前动员。那天开完会，叶局站在走廊上凝望东江的画面，我一直忘不了。从那一刻的凝望中，我深深地感受到了担当和使命。

　　来不及过年，局指挥部办公室下设的 8 个组就开始高效运转。秘书组迅速吹响"集结号"，保障组四处筹集防疫物资，医疗组组织救治力量，应急监督组制定应急预案，疾控组密织防控网络，材料组信息组起草重要文稿，督查组提供纪律保障，宣传组为白衣战士注入强大的精神动力。

　　那最紧张的 100 多天，东莞所有的白衣战士把压力看成动力，用最强的斗志，以最好的状态，投入持续的战斗中。我想，我们卫生健康系统之所以能在这次抗疫中取得优异成绩，得到市委市政府高度评价，跟这种精神是分不开的，东莞卫生健康工作者都是拿命在拼！

　　作为医政医管科科长，我义不容辞成为局疫情防控指挥办医疗组组长，市医疗救治组联络员。医疗组的工作重心是优化调配全市医疗资源，落实"四早四集中"措施。疫情一开始，我们就设计好了完备的救治路径，建立起涵盖预检分诊、全面筛查、分级转运、集中救治以及出院后统一管理的闭环式层级网络救治体系。

我们在全市设置 396 个社区预检分诊点，在 52 家医院开设发热门诊的基础上，优选 42 家医院作为发热门诊重点医院，重点做好发热病人以及疑似病例的隔离诊查工作。我们还率先在省内建立了片区专家会诊制度、三线专家会诊制度，这种模式，以后也被省认可和在全省推广。

随着疫情的发展，东莞的病例后续持续增多，我们又仅用两天就腾空了两家医院，在市九院空地上仅用 7 天建成具有 200 张床位的临时病房。4 所区域中心医院也分别腾空改造了不少于 400 张病床。到目前为止，全市收治确诊病例数还是 100 例，但我们全市早就常态化储备了隔离床位 3043 张。我们要为医疗救治做最坏的打算、尽最大的努力。

新冠肺炎患者的救治困难重重，全世界至今都没有一个非常明确、一定有效的治疗办法。2 月 16 日，东莞出现了一例新冠肺炎死亡病例，这是东莞到目前为止 100 例确诊患者中唯一的死亡病例。

张亚林副局长是市新冠肺炎防控指挥办医疗救治组副组长，局医疗组的牵头领导。出现死亡病例的那个晚上，张局说他一晚上没睡着，一直在思考："我们的治疗是不是有问题？我们的努力是不是还不够？我们的各项工作是不是还做得不到位？"我也睡不着，市人民医院 ICU 内，还有好几个危重症患者呢，要是接二连三地死亡，我这医疗组组长哪撑得起这山一般的压力？

必须感谢钟南山院士、李兰娟院士的远程会诊，感谢前来支援的省专家组，更要感谢市人民医院的专家团队，顶住压力，永不放弃。最终，在全省确诊病例数前五的城市中，东莞第一个实现动态清零。

"最后一座大山"是 73 岁的谭再安，他体内病毒载量一度高达 850 万拷贝，在省专家组的指导下，东莞不计代价，组成一支由 24 名专家、68 名护士的团队全力救治，经历 39 天 ECMO、70 天的呼吸机辅助治疗后，迎来奇迹。

这次抗疫，东莞卫生健康工作者英勇无畏，舍生忘死，无论是援鄂的三批医疗队员，还是坚守东莞的医护人员，都不愧是"新时代最可爱的人"。尤其是东莞援鄂的 57 名队员，是全省援鄂医疗队中最有战斗力的队伍，也是平安归来后精神状态最好的队伍。

这与整个东莞众志成城的状态密不可分。三批医疗队出发和归来时，都是市委书记梁维东、市长肖亚非、市委副书记白涛送行、迎接，东莞以最高礼遇对待，让白衣战士充满了无限力量。

这难忘的 100 多天，我也收获了很多。我不会忘记，星夜组队出征时的紧张，送别时的不舍，迎接归来时的喜悦。我忘不了大战前夕叶局凝望东江的那一幕，也忘不了张局为国为民奋不顾身的样子。张局到今年年底就满 59 岁了，这或许是他职业生涯中的"最后一战"。他拼命的样子，真让人万分崇敬。他那句"我们愿意'重于泰山'，我们愿意献出生命，来保卫东莞人民的健康。"我听着都落泪了。

按照这几天疫情发展的形势，这"最后一战"预计还得持续，一天不宣布疫情结束，这"最后一战"就一天不会结束，我们也将一直保持战时状态，继续打下去。我坚信，在伟大的中国共产党的领导下，没有什么是战胜不了的，我们的中国梦定能实现。

星夜驰援武汉，践行初心使命

徐汝洪 东莞市第九人民医院副院长（原东莞市人民医院呼吸与危重症医学科万江一区副主任）

【凡人凡言】经历过这一次战"疫"，对我来讲，是一个毕生难忘的回忆，也激励着我在今后的工作中，继续保持这种不畏艰难、一往无前的战斗精神。很多人问我，回来东莞后有什么打算，我的打算其实很简单，就是好好积累这次战"疫"的经验，在今后继续践行初心使命，救治更多的病人。

我是东莞市首批支援湖北新冠肺炎疫情防控医疗队队长徐汝洪。2020 年春节，新冠病毒席卷中国，武汉处在病毒的暴风眼中。1 月 26 日，在市卫健局的号召下，全市征集驰援武汉抗击疫情的志愿者。我当时第一个念头就是我从事呼吸专业 10 多年，有一定的临床经验，武汉人民正处于危难之中，作为一名医者，更作为一名党员，义不容辞地冲到战"疫"的最前线是一种担当与使命。因此，我在第一时间报了名。可当我看到出征名单上没有自己的名字时，有些失望。但我还是告诉自己说，无论在武汉还是在东莞，也不能阻挡投身抗击疫情的决心。

临危受命，奔赴武汉疫情防控第一线

谁也没预料，事情出现了转折。1 月 27 日，大年初三的夜晚，我在医院值班。晚上 8 点突然收到通知，我的一名同事由于临时身体不适，不能成行。我替补跟上，临危受命。通知要求次日要出发，同时担任东莞首批援助湖北医疗队的队长。我一收到通知，心里已经决定要去了，但是太突然了，我想到了我妻子。几乎没有多说两句，妻子就说，你去吧，一定要注意自身安全。这时候，我感觉自己马上精神振奋起来，进入了一种备战的状态，在与其他同事交接班后，立刻回家准备行李。一路上，要出征的消息已经炸开了锅，手机短信不断，各种问候的短信："你真的要去武汉吗？""兄弟，一定保重！""汝洪，一切小心"……几乎所有的短信都来不及回复，回到家中边收拾行李，边不停地同省队的领队对接，部署次日出发的行程、注意事项，努力记住每一个队友的名字。那一夜，我几乎没有闭上眼睛，可能是因为紧张，可能是因为忙碌，可能，有太多的可能与不确定性在我脑海闪过……

终于到了 1 月 28 日夜晚，在广州白云机场内，广东队员们有了第一次的见面。我还记得当时出征的情形，省第二批援鄂队员 147 人，互不相识，但是心却朝着一个方向，向武汉出发，当时感觉有点悲壮，有点迷茫，心情很复杂。我在想，自己从未担过如此重任，我一定要让自己尽快进入角色，完成好救治任务，完整平安地把东莞的队员们带回家来。这是我给自己定下的目标。

带好队伍，展现东莞医疗系统的力量

到达武汉后，摆在我们面前的困难是一波接一波。为了鼓舞士气，我同我的队员们说："此刻起，武汉就是我们的家，接下来的日子，我们就是战友，就是兄弟姐妹，我们要坚决捍卫好我们共同的家。"

我担任整个广东二队物资组的组长，因为要保证每一个队员必定做到"标准防护"，为全队医护人员"零感染"做出关键的物质保证，我的心理压力很大。好在市委市政府、市卫健局为我们准备了全省最优质最充分的防护物资，使我们成为省队"大户人家"，让队员们深深感受到了东莞家乡大后方对我们的厚爱。但是由于经验不足，会出现各种各样的问题：例如单单防护服的数量够是不行的，还得考虑队员的尺寸；防护服就算够了，鞋套并不够，也等于零。这样的问题靠自己想办法，并寻求多方资源支持，慢慢解决了，也积累了很好的经验。

在武汉，我们接管的是汉口医院呼吸科第七病区。汉口医院原是综合性医院，被临时改为传染病收治医院，早期大量病患聚集，而医疗设备却远远跟不上，可以说是条件艰辛的"战场"。深入病区，现实情况让我们这些见惯了生死的医护人员更受触动：76张病床早就爆满，收治的患者过半重症，往往这位刚抢救过来，那一位患者又快不行了，救治压力非常大。抢救任务远超日常，而供氧不足又成为一大难题。有的时候，四五百人需要同时吸氧，部分情况严重的患者需要高流量吸氧或是上呼吸机，可是医院设备有限，无法一一供应。

无法吸氧就意味着病人没有生存的希望。所以正常呼吸变成这些患者的期盼。医疗队想了很多办法，比如采取供氧机、钢瓶氧气等措施改善吸氧。女护士们纷纷当起了"女汉子"，最娇弱的一位女护士体重才76斤，却扛着100多斤的钢瓶氧气瓶来来回回，就连我一个大男人看着都觉得重。深夜的医院走道上，光是搬运钢瓶氧气瓶的工作量，一日可达上百瓶。通过改善供氧，患者血氧饱和度从60%上升到95%以上，救治的生存率大大提高。

而东莞医疗队的队员们，每个人都有各自的特点和专业能力，发挥了自己应有的作用。如护理能力较强的王艳娜带领着其他护理队员，还化身成了护工、清洁员、送餐员、搬运工，负责污染区的垃圾清理、拖地送水、换床单、患者二便处理、搬运氧气瓶等各项工作。她们都是家人父母心中的公主，现在却变成了"女汉子"，搬抬扛送都要做。

六名医生当中，张丽华主任作为省队的医生二线，负责全队的日常医疗排班以及临床救治的指导专家，为医疗队开展救治工作献计献策，其余五名医生都冲到一线，协同作战，无怨无悔。

锤炼团队：互相扶持"一个也不要倒下"

初期进驻时，床位紧缺，呼叫医生"抢救"的声音此起彼伏，每每看到患者最终离去，医护人员协助将遗体转入临时设置的太平间时，都禁不住泪流满面。

床位紧缺时该优先收治哪一位？日后我的良心会否受到谴责？几乎每一天，一线医护人员都要面临一番灵魂拷问。然而，这种不知归期的持久战，心理上首先不能垮。我们既要救治患者，也不要让医护人员倒下，保证全队零感染，保证每个队员都能平安。

为了帮助战友们疏导情绪，通过党建活动，组织一些活动，夜行宝岛公园，为队员庆祝生日，偷偷为队员拍摄家人在后方鼓励支持的小视频等，市委市政府主要领导也多次在线慰问，让大家深切感受到党的关怀和温暖，队伍的凝聚力不断增强。

与患者的互动也给我们注入了一股股有力的强心剂。医护人员纷纷捐献出自己的营养粉给予病床上的患者。带着吊瓶给重症老伴一口一口细心喂食、点击量过百万的网红"老爷爷老奶奶"，其中83岁的老奶奶是我的病人，从一开始病情危重，卧床不能活动，反复发热气喘，经过全队合力，强有效抗感染，结合营养支持，到康复运动疗法，到最后终于下地扑入护士的怀抱中，并能扶持下地行走，直到顺利康复出院。全队队员欢呼不已。武汉大学水生态研究所所长、博士生导师，科技部973项目首席科学家常剑波教授，当时病情已经非常严重，经过耐心的诊治，3天后迅速好转，10天后便治愈出院，也给了队员们极大的信心。重症病人的康复是我们最欣慰和有成就感的事情，在他们出院那一刻，我们感觉一切辛苦都是值得的。

3月22日，我们医疗队圆满完成了救治任务，撤离武汉时，广东省第二批援助武汉医疗队领队姚麟这样形容东莞医疗队："召之即来，来之能战，战之能胜！""东莞医疗队员把病人当亲人看待，东莞医疗队的团队协作能力让我印象深刻。"54个日日夜夜，队员们从陌生到熟悉、到亲如家人。这期间，我们医疗队有13名队员提交了入党申请书，5名队员在武汉火线入党。他们积极向党组织靠拢，在抗疫战场上经受考验、接受洗礼。

经历过这一次战"疫"，对我来讲，是一个毕生难忘的回忆，也激励着我在今后的工作中，继续保持这种不畏艰难、一往无前的战斗精神。很多人问我，回东莞后有什么打算，我的打算其实很简单，就是好好积累这次战"疫"的经验，在今后继续践行初心使命，救治更多的病人。同时也希望通过我的故事，我们医疗队的故事来感染更多的人，将这股无形的力量化作动力，激励大家在平凡的岗位上续写不平凡的故事，用自己的努力为疫情防控和经济社会发展贡献更多的力量。

既然选择了远方，便只顾风雨兼程

刘会文 东莞市长安镇社区卫生服务中心党务专员

　　【凡人凡言】社卫人一直都在构筑生命的全方位防线，在这次战"疫"中社卫人更是勇挑重担，社卫人不计较名利，不计较待遇，既然选择了远方，便只顾风雨兼程。

2020 年年初，一场突如其来的疫情，让全国按下了暂停键。当城市的街头空空如也，人们的生活陷入沉寂，仍然有一群人为爱逆行。他们当中有医务工作者、人民警察、社区工作人员、志愿者等。今天，我想和大家分享的是中国医疗体系里最基层的一群人，那就是社区卫生服务中心的医务人员。我很自豪，我也是其中一员。

面对疫情，我们最早站出来。在凛冽的寒风中守住高速路口，在众人阖家团圆之时上门排查，为居民群众做自我防护培训，给居家医学观察者上门送医送药，做集中医学观察者的知心大姐，对情绪激动的隔离者悉心劝导，灵巧的双手自制防护面具，连续值守 12 小时只为节省一套防护服。

流调消杀分队，咽拭子采样分队，转运司机分队，基本医疗预检分诊分队，成立三人行动小组……疫情防控的每个角落，都有我们的身影。社卫人走了最远的路，干了最累的活，社卫人构筑起了隔绝病毒传播的铜墙铁壁，用实际行动兑现了"健康守门人"的庄重承诺。

高速公路的卡口是疫情防控的第一道防线，也是我抗疫工作的第一站，经过统一培训后我被分到了车流量最大的广深高速疫情防控点，对于这个防控点我早有耳闻，用大家毫不夸张的话说就是"4 最"卡口——最忙最累最寒冷和嗓子最痛。当天夜里凌晨两点要去接班，可我却失眠了，脑海里一遍又一遍地播放白天培训时的内容和注意事项，生怕自己做不好，万一漏了哪个环节或是漏掉从疫区回来的人没有被检疫到而确诊怎么办……这后果不堪设想。我唯一能做的就是，不管环境多恶劣，一定要打起十二分精神，必须坚守住疫情防控的第一道防线。二月的夜晚，风雨交织，寒风刺骨，防护服、面屏、口罩、手套、脚套……沉重的防护下，想要完成排查工作并不容易，为了节省一套防护服，我们不敢喝水不敢上厕所，但是我们从没退缩，我们对得起那位向我们竖起大拇指并称我们为"马路天使"的新莞人所赠予的称号。

说到咽拭子采集，那是需要直接面对对方口腔的，采样过程中，对方可能会因为咽部不适忍不住咳嗽、打喷嚏，甚至呕吐，风险还真不小。为了更准确地操作咽拭子采集，在接受培训后，长安社卫的医生欧阳长兰拿了 20 多根棉签试剂，回家对着镜子在自己口腔练习，直至黏膜破损，吞口水喉咙都痛。当问及欧阳长兰为何如此执着？她说，她就想确保经她手采集的每份样本都可靠有效。

不顾个人安危的，大有人在。横沥社卫中心疾控办主任吴玉强差点就倒在了疫情防控一线。疾控办平时就是传染病防控与检测的主要力量，危急时刻更是任务繁重。不但每天要收集疫情信息、核实信息、梳理流调线索、排查密切接触者、健康随访，还要开展疫情分析研判，制定各类防控措施。自 1 月19 日起，吴主任就坚守在工作岗位上，以办公室为家，吃方便面果腹；累了，就靠在椅子上打个盹，撑不住了就在沙发上躺一会儿。最艰巨的任务，最困难的事，最高风险的活，总是少不了吴玉强的身影。

40 多个昼夜的连轴转后，突然有一天，他发现右手右腿开始麻痹，而且麻痹感越来越强烈，他赶紧请假去了医院，一查是脑出血。他的爱人也是疾控战线的一员，在松山湖社卫中心工作。疫情发生后，夫妻俩已经有一个多月没有碰过面了。他爱人赶来时，医生告诉她，"真的很幸运，如果脑出血的位置多那么 0.5 厘米，就有偏瘫的风险。"幸亏救治及时，吴玉强经过治疗，身体逐渐恢复，但出院后休养的他一点都不"安分"，放心不下工作，经常通过微信、电话等方式联系单位，询问关于疫情防控的情况。"每个同事的工作强度都很大，这个病生得真不是时候。"吴玉强说，他觉得自己不能将抗疫坚持到底，总感觉亏欠了大家。

为了抗疫胜利，为了人民健康，社卫人真的是连命都可以拿出来拼。可是，社卫人也有家，也有亲人，也有儿女。夜深人静的时候，多少人想着年幼的孩子，在偷偷流泪呢？那段时间，道滘社卫中心的护士邓宝如每天的工作时间是从早上 8 点到晚上 11 点。抗疫期间，她和两个同事租住的宿舍离她家只有几十米远，回宿舍的路上有时都能听到孩子哭着喊妈妈，她也只能偷偷看一眼，不敢回家。她怕自己身上可能残留着病毒，不小心传给了家人。有多少人像邓宝如一样想回家却不敢回家的？很多，很多。

他们不敢回家照顾孩子、父母，却成了隔离点群众最好的亲人。长安社卫中心总护士长彭登在一线隔离点因陋就简、废寝忘食，连续奋战了 30 多天。又是一个深夜，忙碌已久的她拖着疲惫的身躯回到住处。当躺在临时床上的她随手打开白天不能使用的手机，1000 多条未读信息的红色提示格外引人注目，而其中一条短信让她瞬间泪目了。"妈妈，今天是我的生日，以往的每一个生日，你都会陪伴在我身边。今天，我好想你陪我过生日。不过，妈妈，我理解你，你放心工作吧！我们会照顾好奶奶，你要注意安全，保护好自己……"彭登这才想起，忘了问候婆婆的病情、忘了祝福儿子的生日……顿时鼻子一酸，泪水瞬间模糊了她的双眼。

他们的小故事，仅仅是东莞社卫人的缩影。东莞社卫成立至今 12 年，社卫人一直都在构筑生命的全方位防线，在这次战"疫"中社卫人更是勇挑重担。社卫人不计较名利，不计较待遇，既然选择了远方，便只顾风雨兼程。

未来，全市社卫人将继续秉承"情系社区，呵护健康"的服务宗旨，以优质的服务，过硬的医疗技术，努力做好健康守门人，为东莞打造顶天立地的健康服务体系站稳脚跟。

让两米之爱激荡万丈情怀

冯嘉蕙　东莞市企石医院 ICU 护士长

【凡人凡言】"两米之爱"是我的，也是经历了这场战"疫"的每个白衣战士的。我坚信这次疫情不会阻挡我们实现中国梦。未来，我将始终铭记曾经许下的南丁格尔宣言，不忘"学医为民"的初心，牢记"竭诚协助医生之诊治"的使命，用精湛的护理技术、良好的职业素质和服务意识，为维护群众生命健康贡献自己的青春。

"有一种爱，你可明白，两米之爱，是女儿的期待……"听到歌曲《爱在两米之外》，我仿佛又回到了 2020 年 2 月 12 日，那天是我生日，丈夫带着女儿来看我，女儿远远地想让我抱，我却不敢靠近。她忍着泪，隔着两米距离为我跳了一支舞。是的，我就是"两米之爱"里的冯嘉蕙，企石医院神经外科及 ICU 的护士长。

2020 年春节前夕，新冠肺炎疫情突如其来。大年三十，我与 188 名骨干医务人员紧急驰援市第九人民医院。凭着丰富的护理经验和专业的护理技术，我被临时任命为市第九人民医院第二病区副护士长，从此开始了与新冠肺炎的较量，开始了一场充满未知的战斗。

我从 18 岁开始投身护理行业，至今 14 年，对于抗击疫情，我有信心，有能力，也有经验。但一想到家人，想到孩子，我内心仍然会害怕与紧张。等到进入病区，看到重症病人恐惧、绝望的眼神时，心中的声音、肩上的责任告诉我，不能退缩，既然选择了白衣执甲，奔赴抗击疫情一线，就要勇往直前。当时，我和并肩作战的战友们只有一个信念，守好东莞，守住我们的家园！

东莞市第九人民医院第二病区作为抗击新冠肺炎重症患者的最前沿阵地，无疑是最危险的地方。每天从穿上严实的防护服那刻起，我们就开始了与病毒的搏斗。隔离病区的患者需要每天抽动脉血进行检测，穿着厚重的防护服，戴着护目镜和两层手套，对操作影响很大。以往很容易就可以完成的抽血，在隔离病区要花上一个多小时。为了能一次操作成功，减少患者痛苦，我先要在病床边弯腰用手摸好患者的血管位置，做好标记，然后小跑到病房外走廊，用暖风机对着护目镜吹，等到镜内的水汽消散，视线恢复好点，马上跑回患者身边抽血。有时候，抽一次血下来，腰都痛得没办法直起来，为了防止操作时手套松掉，我特意选小一码的手套，每天工作完，脱了防护服、手套，十根手指都是青紫色的。每天工作完都会疲惫不堪，但当看到渐渐好转、由重症病区转出普通病区的病人，我又有了不懈的动力。

由于对疾病的恐惧和无法接触外界，隔离病区的患者普遍焦虑不安，因此除了精心做好护理工作之外，我们也经常陪患者聊聊天，给他们打打气，帮助病人和家属做好沟通，缓解他们的心理压力。还记得患者方叔因为饮食习惯不同，想吃辣椒酱，咨询了营养师意见后，就买了 10 罐辣椒酱带给他，那天我看见他脸上露出了久违的笑容；还记得患者张阿姨想吃炒面，我就在驻地酒店打包了炒面带进病房给她。我们做的这些事情，都是为了带给患者战胜病魔的勇气和信心。在隔离病区，护士和病人都是同一个阵营的战友，我们并肩作战、互相鼓劲、坚定信念，就能够更快战胜病毒。

新冠肺炎患者病情变化快，往往短短几小时就可发展为危重症患者。还记得 2 月 4 日，我配合医生共同完成第一例新冠肺炎患者气管插管，这是救治新冠肺炎患者过程中风险最高的操作之一，一旦飞沫喷溅到医护人员身上，就有感染的可能。所以，气管插管就相当于是敢死队、冲锋队在战斗。在当时环境受限、药品不足、设备不全、人员磨合不到位的情况下，我们医护人员犹如没有穿防弹衣、没有拿武器的战士在战场上向前冲。冒着感染风险，近距离直面病人呼吸道，真的是步步惊心。

当时，我的脑海里滑过无数个念头，想过很多个"万一"：万一插管失败了，病人怎么办？万一不幸被感染，自己怎么办？尽孝父母、守护女儿、与丈夫厮守一生，这些责任和承诺我通通还没有完成啊！那一刻，我甚至有些犹豫了。但容不得我多想，下一秒我便把所有思绪投入到此次气管插管操作上，聚精会神，谨慎专注，插管成功了，为患者争取到了救治时间，也守好了九院最后一道防线，避免了重症患者向危重症患者的转化。

从 1 月 24 日至 4 月 20 日，我在九院工作了 87 个日日夜夜，期间没有回过家。我丈夫是企石公安分局的一名民警，他也要驻守战"疫"前线，那段时间我们只能将女儿交给外婆照顾。还记得我刚到九院和女儿视频的时候她总是哭着在问我：妈妈，你什么时候可以给我讲故事？妈妈，你什么时候可以搂着我睡觉？印象最深的是有一天晚上女儿打电话，用稚嫩的声音自豪地告诉我：妈妈，我学会了煮泡面，很好吃，学会照顾自己了，等你回家我煮给你吃，好不好？听到女儿这么说，想起自己把无限的牵挂和思念留给我最爱的人和最爱我的人，我忍不住流泪了。2 月 12 日是我的生日，丈夫抽空带女儿来九院看望我，为避免感染风险，女儿在两米之外为我跳了一支舞，为我送上一份特别的生日礼物，恰巧被同事拍下并被央视新闻频道、学习强国、健康中国等全国多家媒体报道。"两米之外"激荡起的"万丈情怀"打动了很多人，也安抚了很多跟我一样的护士妈妈。我留给女儿的只是一个两米之外的拥抱，我给患者的却是真实的拥抱。康复患者的一声感谢、网友的无数声加油，都是这样刻骨铭心、弥足珍贵。

回来后有人问我：为什么要报名驰援九院？因为国家兴亡匹夫有责；因为苟利国家生死以，岂因祸福避趋之。回顾这 87 天来的工作历程，有过恐惧、有过艰辛，但是更多的是感动、是收获。这期间我看到了最美最和谐的医患关系，见证了无数康复患者的喜悦。我永远都忘不了患者杨女士出院时高声歌唱"阳光总在风雨后，期待明天会更好"；我永远忘不了清零那天战友们相拥在一起不舍离别。这期间我从未感觉到自己在孤军奋战，因为我背后有东莞人民给我们加油鼓励，给予我力量，正是因为有这样强大的后盾，我才能心无旁骛地工作。现在，我们随时待命，继续坚守，只要一天不宣布疫情结束，我们就一天不放松警惕。

"两米之爱"是我的，也是经历了这场战"疫"的每个白衣战士的。我坚信这次疫情不会阻挡我们实现中国梦。未来，我将始终铭记曾经许下的南丁格尔宣言，不忘"学医为民"的初心，牢记"竭诚协助医生之诊治"的使命，用精湛的护理技术、良好的职业素质和服务意识，为维护群众生命健康贡献自己的青春！

让青春在方舱绽放

王　浩　原东莞东华医院风湿免疫科主治医师

【凡人凡言】在东华，我只是一名普通的员工，但在出征武汉的那一刻，我代表的是东华医院，背负着东华三千名同事的信任和期望，正是因为这份重托和厚爱，让我选择继续留下。

　　我叫王浩，是一名"85后"党员，也是东华医院风湿免疫科的一名医生。作为东莞市第二批援鄂医疗队的队员，很荣幸今天能够在这里和大家分享我的抗疫故事。

　　当新冠肺炎疫情在国内暴发的时候，我们医院迅速组建了抗疫志愿队伍，作为一名党员医生，我第一时间报名并递交了请战书，随时准备出战。

　　2020年2月9日凌晨，在市卫健局的组织下，来自14家医院的医务人员一夜成军。感谢各级组织的信任，我很荣幸地加入了东莞市第二批援鄂医疗队。那时，我自豪，因为我肩负着国家和人民的重托；我坚定，因为我的身后有我的医院和我的东莞；同时，还有一点点忐忑，那是对未知的恐惧。

　　从2月11日进驻武汉东西湖方舱医院，到3月20日任务结束返回东莞，那难忘的41天抗疫历程，至今依然历历在目、刻骨铭心。

　　那是我进驻方舱医院的第14天，我诊治的第一位病友痊愈出院了，这让因为连续工作而疲惫的我备感欣慰和振奋。这位病友办完出院手续后对我说："王医生，我可以在国旗下为您单独拍一张照片吗？"面对我的疑惑，他向我解释，他是一名中学老师，在方舱医院接受治疗的这段时间，他深切地感受到了党和国家对武汉人民的关爱和支持；武汉虽被封城了，但并未因此变成孤岛，全国各地逆行而来的医务人员，给武汉带来了无限的温暖和力量，他想和他的学生们分享这份感动，并向他的孩子们传递这份温暖和希望。他的话深深震撼了我，让我久久不能平静，让我内心充满了力量和感动。

　　同样给我力量让我感动的还有他们，一群朝气蓬勃的年轻人，方舱医院里确诊的新冠肺炎患者，他们上有老下有小，正面对着陌生而凶险的传染病带来的恐惧，饱受病痛的折磨。然而，他们是党员，关键时刻，他们要挺身而出啊！在指挥中心党委的领导下，迅速在方舱医院组建了患者临时党支部，担任起方舱医院的生活管理员，协助医护人员照顾有困难的病友。他们的行动，绽放着青春的光芒，为方舱医院注入满满的正能量。正如3月15日习近平总书记在给青年党员回信中提到的：新时代的中国青年是好样的，是堪当大任的！这句话就是对他们最大的肯定和褒扬。

　　援鄂抗疫，无悔逆行。我们医疗队一共有15名医务人员，此前大家互不相识，为了共同的使命我们走到了一起。记得刚进舱时，一下子面对几千名确诊的新冠肺炎患者，他们团团将我围住，面对面近距离对着我说话，扑面而来的恐惧让我紧张不已。我们穿着密不透风的防护服，持续在舱内工作六七个小时，要克服不能吃喝拉撒的困难，忍受着穿防护服带来的疼痛和缺氧，穿着纸尿裤熬过漫长又寒冷的夜晚；每班要管理200多名患者，为了更好地救治患者，我们对每个患者都要进行详细检查，根据他们的病情制定个体化的治疗方案，针对情绪焦虑的患者进行一对一的心理疏导，在这样高强度的工作和巨大的心理压力下，我们15个人紧密地团结在一起，互相关心、互相鼓励。

队长师清莲不顾自身安危，每天都坚持进舱，高强度的工作让她时常感觉胸口憋闷不适，看着她原本纤弱的身体一天天地消瘦下去，我们心疼地劝她不要再进舱了，她却坚强地说，"我的战友在里面，成千的患者在里面，不进去，我不放心啊！"正是在她这种精神的感召和带动下，我们虽然面临着未知的危险，但队员们始终坚定地奋战在抗疫前线，用心诊疗每一位病友，履行自己的职责。

15个人，41天，我们一起战胜了病毒，战胜了恐惧，归来的那一刻，我们激动得热泪盈眶，这眼泪饱含了太多的感动和力量。

我们没有辜负大家的期望和重托，不辱使命，平安归来了，受到最高规格礼遇的迎接。当"欢迎英雄回家"的灯光点亮了城市夜空的时候，我的内心反倒平静下来了。我们只是平凡而普通的一分子，在特殊时期，做了我们该做的事，完成了我们该担负的历史使命。"健康所系、性命相托"——这是我踏入医学神圣殿堂那一刻许下的承诺；"履行党员的义务，随时准备为党和人民牺牲一切"——这是我在党旗下对党忠诚的宣誓。

我从没想过，此行归来，会得到如此多的褒奖，甚至还可以获得事业单位的入编资格，这对援鄂医疗队的41名编外人员来说，无疑是一个惊喜。我的内心无比地激动和感恩。与此同时，对于我而言，这又是一次艰难的抉择，接受编制，我就要离开东华。考虑良久，我还是决定放弃入编，不是我不在乎，而是我舍不得。在东华，我只是一名普通的员工，但在出征武汉的那一刻，我代表的是东华医院，背负着东华三千名同事的信任和期望，正是因为这份重托和厚爱，让我选择继续留下。

我相信，随着国家医疗改革的不断深入，民营医院同样有着光明的前景和发展机会。东莞是全国社会办医的典范，民营医院的发展舞台更大。我坚信，不管在编制内还是编制外，我都可以尽到党员该尽的义务，都是一个可以救死扶伤的医者。

任何言语都无法表达在武汉的这段经历对我的影响，也许多年以后，当我再次回忆起这段经历时，依然会激情澎湃、热血沸腾。我的人生还将继续，并归于平常，但我的人生观和价值观早已在那一刻发生改变。我将不辜负习近平总书记给广大青年党员的寄语和期望，继续在救死扶伤的岗位上拼搏奋战，不惧风雨，在平凡中创造不平凡，让青春在党和人民最需要的地方永远绚丽绽放。

"红色血脉" 永不褪色

师清莲 东莞市茶山医院副院长

【凡人凡言】2020年2月9日，我们带着祖国的重托、人民的期望，肩负着医者的使命、责任和担当，立下誓言勇敢出征。41天后我们不辱使命，圆满完成任务，平安回归。在过去的41个日日夜夜里，全体队员舍生忘死，发挥了火线上的中流砥柱作用，为武汉疫情防控工作做出了应有贡献。

我是广东省第十一批援鄂医疗队护理领队，也是东莞市第二批援鄂医疗队队长。2020 年 2 月 9 日，我们带着祖国的重托、人民的期望，肩负着医者的使命、责任和担当，立下誓言勇敢出征。41 天后我们不辱使命，圆满完成任务，平安回归。在过去的 41 个日日夜夜里，全体队员舍生忘死，发挥了火线上的中流砥柱作用，为武汉疫情防控工作做出了应有贡献。

去时冰霜雨雪，回时春暖花开，在这场没有硝烟的战斗中，我们承受了常人难以想象的身体和心理压力，武汉这片英雄的土地留给我们太多的悲壮和感动。在武汉我流下了成年以后最多的眼泪。这泪水是湖北遇难时心痛的泪，是得到党和人民无微不至关怀时感恩的泪，是曙光再现时激动的泪与武汉人民离别时依依不舍的泪……唯愿此生无多泪。

一、请战如愿

2020 年 2 月 8 日深夜 11 点 10 分，我接到市卫健局罗东科长和聂鑫主任的电话："师姐，东莞市第二批援鄂医疗队正在紧急组建，明天下午出发到武汉，你是否同意参加？"电话这边我无比激动和紧张。新冠肺炎疫情发生以来，我多次向组织请战，今天终于如愿。我当即回答：参加，能有幸奔赴前线，救死扶伤，不负党和国家数十年的培养教育，倾尽毕生所学在抗"疫"战场报效祖国，还有什么比这更令我向往和振奋？那一夜我彻夜未眠。当然，我的出征也让领导们多了一份担忧和顾虑，毕竟已是 58 岁的人了。第二天清晨 7 点，叶向阳局长又打电话，问我身体能行吗？我回答：叶局，请您放心，我每天坚持晨跑，20 年如一日，有足够的信心和体能。出征欢送会上我立下誓言：敢于担当、知难而上是我的初心，更是我的使命，我出生于革命干部家庭，护士职业是父亲帮我做的选择，先辈的英勇事迹激励我逆行而上。疫情不退我不归。

二、鏖战方舱

顺利进驻武汉客厅方舱医院

到达机场后，我们 15 名队员要与广东省第十一批医疗队汇合，医疗队来自全省 20 个地市、108 家医院。省卫健委徐庆锋副主任当场宣读了成立"广东医疗队第四临时党总支部"的决定，我被任命为总支部委员和第十一批医疗队联络员，深感责任重大。当飞机降落在武汉天河机场，我看到了最震撼的一幕，密密麻麻的人群都是医务人员，当天有 41 架包机、6000 多名医务人员从全国各地赶来支援湖北。"一方有难、八方支援"，这是中华 56 个民族在中国共产党的领导下，万众一心、勇往直前的生动写照，我为自己是其中的一员感到骄傲和自豪。

曾有很多人问我："师姐，你去武汉害怕吗？"我说不怕是假的。尤其在我们刚去的前十几天，武汉新增确诊病例持续在千人以上，临床诊断病例归入时一度破万，病人数量"井喷式"增长，医务人员感染和牺牲的消息时有传来，武汉的疫情形势不是严峻，是非常严峻。我们进驻的是武汉客厅方舱医院，床位 1461 张，医务人员 1160 名。广东医疗队共有医务人员 303 名（护理人员 199 名），是客厅方舱医院人数最多的一支队伍。根据组织分工，我负责广东医疗队感控管理并担任护理领队，同时被医院指挥中心委任为方舱医院护理副院长。舱内病人最多时有 1434 人，虽然大多都是轻症和普通型患者，但仅在三天内迅速建成的医院有着千头万绪的工作需要梳理。如何完成任务、保证医疗队零感染的责任和压力完全超乎了我的想象。时间紧、任务重，疫情就是命令，病区就是战场，容不得我有过多考虑，必须尽快投入工作。我随即召集队友们一起安排工作，组建护理管理架构，成立感控管理领导小组，制定相关防护措施等，全方位开展各项工作。由于前期工作准备完善，与医院指挥中心对接非常顺利，得到了指挥中心的高度赞扬。

让人文关怀照亮方舱

进舱工作后，我不顾疲惫，竭尽所能及时掌握病人情况和信息，舱内病人焦虑、烦躁、紧张，都急切想了解自己的病情——从核酸检测、CT 检查结果到出院时间……总有问不完的问题。落实好各项护理措施、安抚病人情绪是我们工作的重点。由此，我们开展了一系列人文关怀活动，如设立许愿墙、张贴"小林漫画"、成立心理护理干预团队、开展"同心抗疫"文艺活动等，让人文照亮方舱，驱散患者心中的阴霾。

2 月 15 日，武汉大雪纷飞，舱外寒气逼人，舱内暖意融融，第一批痊愈的 17 名患者要出院了。看着患者安全"出舱"，我们好高兴，曙光就在眼前。队员们也和患者结下了深厚的友情。舱友华磊住院 24 天拍摄了 92 条短视频，浏览量高达数百万。他说：自己被医护人员和很多人感动着，要通过视频，让更多的人知道我们的艰辛和不易。舱友罗芬心疼我们，想抱抱我们却又担心传染我们。接送医护人员上下班的司机，舱内安保、保洁等志愿者，大家相互关心、相互帮助，感受到了无限的爱和温暖。

生死之交的战友

由于舱内工作时间长，虽然每个班是 6 小时，但基本都是 8 小时以上不能进食、喝水、上厕所，加之出汗、缺氧等，身体能量消耗很大。看着队友们日渐消瘦的身躯和疲惫的眼神，我痛在心里，泪水直在眼里打转。作为领队，我更是知道自己身上的责任，常常抽空把队友们招呼到一起抚慰大家的情绪，鼓舞作战士气。因我身兼多职，许多工作无形中落在了队友们身上，我对他们说："对不起，让你们承担了许多本职工作以外的事情，让你们受累了。"可他们却说："师姐，是你给了我们更多学习和锻炼的机会，我们一定要同心协力，战胜疫情，平安回家。" 41 天的战斗，15 名队员从同事到战友，从此结下生死之交。

家书鼓励我战斗

在武汉的日子，我所有的关注对象都是工作、患者和队友。家人、同事和亲人们的关心问候全然顾不上一一回复。直到 3 月 2 日随着疫情好转，哥哥在千里之外从手机上传来一份家书。哥哥说："家里的亲人们无时无刻不在为你担忧、紧张，也为你骄傲；得益网络，仿佛看到你和队员们在病床间穿行的身影，感觉到你的疲惫和担任队长的另一份操劳，体察到你的坚强与勇敢，让我们深切地理解初心、使命和担当的内涵。更是怀念退役后再赴担架队被流弹击中牺牲的外公，在120师白求恩手术台前无惧炮火连天救治伤员的父亲和部队后勤工作表现优秀的母亲……坚强的妹妹，盼望你早日平安归来。"看着家书我泪流满面。家人的殷切期盼、祖辈的奋不顾身，再次提振了我抗疫决胜的勇气。

三、平安回归

3月8日客厅方舱医院正式休舱。从入舱到休舱，东莞第二批医疗队累计参与救治患者1760名，患者满意度达99.44%，实现了医护人员零感染、患者零死亡、安全生产零事故、进驻人员零投诉、治愈患者零复发的管理目标。指挥中心周俊辉副院长说：疫情大考难不倒东莞医疗队，他们的表现很突出，不仅有精湛的护理技术，更有人文关怀之心……所有队员分别获得了客厅方舱医院先进标兵、优秀个人表彰；广东医疗队获得国家三部委颁布的"全国卫生健康系统新冠疫情防控工作先进集体"称号，我本人也获得了"全国卫生健康系统新冠疫情防控工作先进个人"荣誉称号。看到表彰决定，我流下了激动的眼泪，这是全体队友用性命换来的荣誉。在医疗队离开时，武汉人民说得最多的一句话是：感谢你们为武汉拼过命。是的，我们为武汉拼了命，而且拼赢了。

3月20日在我们回程期间接受了最高迎接礼遇，当时心情很激动也很忐忑，救死扶伤本是我们的职责，我们只是做了一名医护人员该做的事。而面对疫情，个人的力量轻如尘埃，国家的意志、全社会的支持、所有人对生命的热爱，像三山五岳巍峨，像江河大海澎湃，没有这强大的力量，就不会有我们的平安归来。经历了这场战斗的洗礼，队友都纷纷表示要在各自的岗位上继续发扬前线英勇奋斗的精神，为祖国、为人民、为东莞的卫生健康事业奉献终身！

为者常成　行者常至

至今，"我的故事我来讲"党建主题学习活动已开展四年了，最美的故事在这里传唱，一股积极向上的正能量凝聚起7万多东莞卫生健康人开拓进取的磅礴力量……

四年来，一批又一批主讲人走上讲台。他们中，有党员干部，也有普通党员；有的来自机关，有的来自基层；有的来自医院，有的来自社卫中心。

四年来，16场活动，64个平凡人。他们讲述初心不改、使命不渝的信念；他们讲述忠诚担当、勇于奉献的情怀；他们讲述砥砺奋进、逐梦前行的坚毅；他们讲述平凡工作中不平凡的故事！他们的故事，汇聚成一本厚重的人生教科书，描绘出新时代奋斗者的最美模样！

四年来，改变的是"要我学"到"我要学"，转变的是"他人讲"到"我来讲"，形成的是业务相长、思想共融、能力提升的党建品牌。活动被东莞市直工委评为全市"机关党员讲学课堂"优秀品牌。

汇聚榜样力量，礼赞忠诚担当。

在这些先进典型背后，彰显的是闻鸡起舞、日夜兼程、风雨无阻的进取精神，他们在担当上比干劲，在干事上拼效率，在执行上见高低……

看似寻常最奇崛，成如容易却艰辛。"我的故事我来讲"每一期的开讲，都凝聚着艰辛的汗水；每一步成长，都离不开同志们的辛勤付出；主讲台下的每一阵掌声，都承载着我们每一位追梦人的激励和鞭策……

思想的引领，让一切行动都发出光彩！

真可谓——

因为是自己身边的人讲故事谈感悟，所以"我来讲"很接地气；

因为典型榜样都有精彩的人生经历，所以"我来讲"很有底气；

因为大家讲述的故事很感人很动听，所以"我来讲"很聚人气；

因为我们榜样讲的都是满满正能量，所以"我来讲"很展神气。

为者常成，行者常至。"我的故事我来讲"党建主题学习活动是党员同志学习教育的平台，是锻炼展示自我的舞台，是记录岁月痕迹的讲台。精彩的故事属于大家，属于每一个人，愿"我的故事我来讲"这艘航船承载着我们每位追梦人的美好憧憬，乘风破浪，行稳致远……